# 大学生廉洁教育

## 迈向新征程

张楠　张文杰◎主编

郭鹏　雷丽萍◎副主编

九州出版社

JIUZHOUPRESS

**图书在版编目（CIP）数据**

大学生廉洁教育.迈向新征程／张楠，张文杰主编.
—北京：九州出版社，2019.1
ISBN 978-7-5108-7740-7

Ⅰ.①大… Ⅱ.①张… ②张… Ⅲ.①大学生–品德
教育–高等学校–教学参考资料 Ⅳ.①G641.6

中国版本图书馆CIP数据核字（2018）第285339号

**大学生廉洁教育.迈向新征程**

作　　者　张　楠　张文杰　主编
出版发行　九州出版社
地　　址　北京市西城区阜外大街甲35号（100037）
发行电话　（010）68992190/3/5/6
网　　址　www.jiuzhoupress.com
电子信箱　jiuzhou@jiuzhoupress.com
印　　刷　河北盛世彩捷印刷有限公司
开　　本　710毫米×1000毫米　16开
印　　张　15
字　　数　227千字
版　　次　2019年2月第1版
印　　次　2019年2月第1次印刷
书　　号　ISBN 978-7-5108-7740-7
定　　价　59.00元

# 目　录

# 前　言

　　高校是高素质人才的摇篮,高等学校的重要任务之一,是为国家和社会培养大批高质量的德、智、体、美全面发展的建设者和接班人。大学生不仅应该是高级"知识人"、高级"技能人",更应该是比普通人水准更高的"道德人",应该成为"国民表率、社会栋梁"。要实现这个目标,既要求他们扎扎实实学好专业知识、掌握本领,同时也要把他们培养成为有远大理想、坚定信念、政治合格、作风正派的合格人才,使他们能够与时代同步伐、与祖国共命运、与人民同呼吸共奋斗。

　　大学生这一特殊的青年群体,是民族的希望、国家的未来。党的十八大报告中指出:"中国特色社会主义事业是面向未来的事业,需要一代又一代有志青年接续奋斗。"大学时期是一个人道德意识形成、发展和成熟的重要阶段,在这个时期形成的思想道德观念对人的一生至关重要。大学生的廉洁教育,不仅关系到他们是否拥有正确、积极、健康的道德观念、法制意识和社会责任,更关系党和国家的未来。在大学阶段,对他们进行及时有效的廉洁教育,提高他们对不良风气的抵御能力和廉洁自律意识,促进大学生思想政治素质、科学文化素质和身心健康素质协调发展,真正成为德智体美全面发展的中国特色社会主义事业的合格建设者和可靠接班人,确保党和人民的事业代代相传,具有十分重要的战略意义。

　　在新的历史条件下进行廉洁教育,就是以营造清正廉洁、公道正派的社会氛围为指向,树立牢固的廉洁理念、构筑反腐倡廉的社会公众思想体系为根本任务,使廉洁意识内化为社会公众的思想准则和道德准绳,外化为社会公众倡导廉洁的自觉实践,让廉洁文化深入人心,形成良好的社会精神风貌,增强人们的精神力量,促进廉洁社会的形成和发展。

"士不可以不弘毅，任重而道远"。对大学生开展廉洁教育是一项宏大的社会系统工程，不可能一蹴而就，更不可能一劳永逸，需要全社会的共同关注、共同探索和共同努力。随着社会的进步、时代的发展，廉洁教育的作用将越来越重要，工作将越来越繁重。

本教材由张楠、张文杰主编，郭鹏、雷丽萍为副主编。作者分工：王琪（第一章），雷丽萍（第二章），马飞翔（第三章），刘川（第四章），程惠丽（第五章）、赵欣华（第六章）。

由于水平有限，书中难免有疏漏和欠缺之处，恳请各位专家和广大读者批评指正。

# 第一章 "廉洁"迈向新征程

中华民族是一个具有优秀文化传统的民族，传统文化中蕴含着丰富的廉洁文化思想，继承和弘扬传统优秀的廉洁文化思想，对我们当今的廉洁文化建设、个人的廉洁修身以及自我完善将起到积极的指导作用。

## 第一节 传统廉洁思想的解读

廉洁，作为一种社会价值取向，始终引领着社会向前发展，长期以来形成了一种良性的社会追求。"廉洁"最早出现在战国时期伟大诗人屈原的《楚辞·招魂》："朕幼清以廉洁兮，身服义尔未沫。"此后一直沿用至今。东汉著名学者王逸在《楚辞·章句》中注释说："不受曰廉，不污曰洁。"也就是说，不接受他人馈赠的钱财礼物，不让自己清白的人品受到玷污，就是廉洁。在历史发展进程中，"廉洁"一词也从个人修养领域发展到政治领域，成为对官员的道德要求，到今天它已经成为社会的一种普遍价值取向，社会崇尚的一种价值追求。我们要对廉洁的丰富内涵做出科学界定，就必须先从最基本的概念开始。

"廉"，形声。从广（yǎn），兼声。从"广"，表示与房屋有关。本义：厅堂的侧边。"廉"字最早见于小篆，大约产生于西周到春秋时期。廉字字形从"广"，读音从"兼"。这里的"广"不是廉的简化字，而是一个独体字，读音不是"guǎng"，而是"yǎn"。关于"广"字的含义，东汉许慎在《说文解字》中这样解释："因广为屋，象对剌高屋之形。凡广之属皆从广。读若俨然之俨。"根据清代王筠著的《说文解字句读》的解释，"广"是依山而建，有着高耸屋顶的房子。根据《说文解字》的解释，"兼"以手持两棵禾苗来表示同时涉及两个及两个以上的事物，凡是合二为一都以"兼"称之，如"兼职""兼并""兼收并蓄"等。可见，"廉"最初为房子中兼有二者的一个组成部分。清代段玉裁著的《说文解字注》对"廉"的含义做了比较全面的介绍："廉之言敛也。堂之边曰廉。天子之堂九尺。诸侯七尺。大夫五尺。士三尺。堂边皆如其高。贾子曰廉远地则堂高，廉近地则堂卑是也。堂边有隅有棱。故曰廉。廉，隅也。又曰。廉，棱也。引申之为清也，俭也，严利也。"《辞海》中关于"廉"的解释有五种，除作为姓氏外，其余四种的解释分别是：①堂屋的侧边：廉隅（棱角，喻品行端方，有气节）。②不贪污：廉洁。廉正。廉明。③便宜，价钱低：物美价廉。④察考，访查："且廉问，有不如吾诏者，以重论之"。其中第一种解释引申为品行方正。第三种解释可以引申为节俭、简朴。第四种解释可以引申为求真、务实。《辞源》关于"廉"的解释，除包含《辞海》的五种解释外，还包括：①不苟取，与贪相对；②清白高洁；③俭约，节俭简约。

"洁"形声。从水，絜声。本义：干净，清洁。按："洁"和"潔"本是不同的两个字。"洁"是河流名，后来成为"潔"的俗字，现在是"潔"的简化字。但是，在《说文解字》中没有收录"潔"字，只有"絜"字，根据清代段玉裁著的《说文解字注》，"潔"和"絜"通用，引申为洁净。归纳起来，"洁"的本义为干净、清洁；如《管子·水地》："鲜而不垢，洁也。"《国语·周语》："姑洗所以惰洁百物。"《史记·五帝纪》："直哉维静絜"。《乐府诗集·陌上桑》："为人洁白皙。"可以引申为操行洁白，品德高尚。如《楚辞·招魂》："朕幼清以廉洁兮。"柳宗元《答韦中立书》："参之太史公，以著其洁。"欧阳修《醉翁亭记》："风霜高洁。"《辞海》和《辞源》中关于"洁"的解释是对中国传统文化中的相关解释的总结。《辞海》中关于"洁"的解释有两种：一是干净；二是廉明，不贪污或指人的品德高尚。《辞源》关于"洁"的解释也有两种：一是干净；二是操守清白。

关于"廉洁"一词，《辞海》解释为：一是清白高洁，不贪污；二是女子品行端正，为人贞洁。《辞源》上解释为"公正，不贪污"。汉代王充《论衡》中有"案古纂畔之臣，希清白廉洁之人"之句。东汉王逸在《楚辞章句》中释注为："不受曰廉，不污曰洁。"《汉书·贡禹传》："禹又言孝文皇帝时，贵廉絜，贱贪污。"唐崔令钦《教坊记》："夫以廉洁之美，而道之者寡；骄淫之丑，而陷之者众,何哉?"可见,不贪得,不妄取,不接受不应当接受的钱财礼物,不让自己清白的人品受到世俗丑行的玷污,这就是廉洁。《现代汉语词典》对"廉洁"的解释是:"不损公肥私;不贪污。"如:廉洁奉公、刚正廉洁等。

综合以上关于"廉洁"的解释,我们可以看出,"廉洁"的内涵至少包含以下几个方面:与贪污相对,不贪不污;志气高洁,品行方正;节俭简约,不过分追求物质享受;求真务实,克己奉公。廉洁应该是价值观念和行为规范的统一。"洁"是"廉"的内在动力和精神支柱,"廉"是"洁"的外在表现和文化影响。廉洁是一种道德要求和规范,是高尚的道德情操,它要求主体自我约束,自我修养。廉洁是中华民族的传统美德,是一个人安身立命的道德底线,也是当代大学生应该有的政治修养和品德情操。"不廉,则无所不取;不耻,则无所不为"。所以,廉洁不仅指不贪污、不腐化、不奢侈浪费、不以权谋私、不贪赃枉法,同时也指有道德修养、行为纯洁,不随便索取不应有的报酬和不正当财产,并以身作则,同腐败现象做斗争。

廉洁是一个道德高尚、公正廉明的人应该具备的道德。古有名言警句:"松竹梅,岁寒三友;廉正清,为官三要。""俭以廉为本,奢为贪之源,戒之,慎之。"具体而言,一个人要以下列标准来严格要求自己:不贪污,不行贿受贿,不奢侈浪费,不利用权力为亲友牟取私利,不做损公肥私的事情。廉洁反对拜金主义、个人主义,反对一味追求个人利益而放弃群众观点、群众路线,反对放弃正确的价值取向,铤而走险,做出一些危害社会安全和人民利益的事情。

廉洁,是国家发展昌盛的保证。一个社会,如廉洁占了主导,会有助于形成良好的社会风气,促进社会和谐与经济发展的良性循环;反之,一个社会,若是腐败现象频繁发生,将会付出沉重的政治代价和经济代价。所以春秋时期管仲就把"廉"与"礼""义""耻"并列为治国的四大方略,更是指出"四维不张,国乃灭亡"。只有坚持社会道德的正确取向,国家机器才可以正常运转,社会的和谐安定才有保障。事实表明,国家只有以稳定为后盾,才会有发展;而廉洁正是维护社会稳定的重要因素。历史已经证明:清正廉洁盛行之日,则国家昌盛;贪污腐败猖獗之时,则国势衰微。正是"廉则国昌,腐则国亡"。

## 【原典解读】

国有四维，一维绝则倾，二维绝则危，三维绝则覆，四维绝则灭。倾可正也，危可安也，覆可起也，灭不可复错也。何谓四维？一曰礼，二曰义，三曰廉，四曰耻。礼不逾节，义不自进，廉不蔽恶，耻不从枉。故不逾节，则上位安，不自进，则民无巧诈，不蔽恶，则行自全，不从枉，则邪事不生。

——《管子·牧民》

译文：立国要依靠四大纲维。一维断绝，国家就会倾斜；二维断绝，国家就会危险；三维断绝，国家就会颠覆；四维断绝，国家就会丧亡。倾斜尚可扶正，危险尚可转为安全，倾覆尚可东山再起；唯独丧亡了，就不可再怎么处置了。什么叫四维呢？一是礼，二是义，三是廉，四是耻。礼，可使人们不会超越应守的行为规范；义，可使人们不会自行钻营求进；廉，可使人们不会文过饰非；耻，可使人们不会追逐邪恶。人们的行为，都不超越应守的规范，君主的地位就会安稳；不钻营求进，人们就不会取巧欺诈；不文过饰非，品行就能完美；不追逐歪风丑行，邪恶的事情就不会发生了。

释义：管仲把礼、义、廉、耻四种道德看作治国的四个纲，故名四维。维，原指系物的大绳。

管子把礼、义、廉、耻视为"国之四维"，强调"饰四维""张四维"，强调礼义的强制作用。同时对礼的一些方面有所突破，诸如"礼不下庶人，刑不上大夫""尊尊""刑不可知"等，以达"礼以导民"，任用贤能，及以法令作为人们言行之准则。管子在齐设立"三国五鄙制"，将齐人分成士、农、工、商四民，使四民分居定业。齐桓公因用管子之谋，通过改革立法使邦国日渐强盛，并成为春秋霸主，"九合诸侯、一匡天下"。

爱因斯坦曾经说过："一个人真正的价值在于他在什么程度和意义上从自我中解放出来。"他倡导的是奉献主义价值观。而个人主义价值观则是廉洁的主要敌人。因为它主张个人具有最高价值，社会和他人只是达到个人目的的手段。

在个人主义之下，必然产生腐败。作为领导者，只有坚持人民群众路线，坚持群众观点才能有出路；腐败和个人主义只能害人害己，只有廉洁才是一条正确的路。因此，明智的人，不想被人民和历史抛弃的人，都不会铤而走险、冒天下之大不韪。廉洁作为主流的价值取向而始终被大众所认可，所以我们必须要明辨是非，选择真正适合自己的廉洁之路。

## 第二节　廉洁文化教育的重要意义和路径研究

党的十八大以来，以习近平同志为总书记的党中央高度重视、全面推进党风廉政建设，使党风、政风为之一新，得到了全国人民的衷心拥护和高度评价。中共中央关于《建立健全教育、制度、监督并重的惩治和预防腐败体系实施纲要》中要求："反腐倡廉教育要面向全社会……教育行政部门、学校和共青团组织要把廉洁教育作为青少年思想道德教育的重要内容，培养青少年正确的价值观念和高尚的道德情操。"中央的文件精神明确了廉洁文化进校园的必要性，廉洁文化教育必须要从小，从早抓起，真正做到入脑入心。

### 一、廉洁文化的内涵和历史渊源

#### （一）廉洁文化的内涵

廉洁是中华民族的传统美德。廉洁和贪污相对，表示不贪不污、志气高洁、品行方正、节俭简约，是个体自我养成的内在品质。洁是廉的内在动力和精神支柱，廉是洁的外在表现和文化影响。廉洁文化是廉洁的理论和行为方式及其相互关系的文化总和，是关于廉洁知识、理念、制度及与之相对应的生活方式、行为规范的总概括。它内含了一种崇高的价值理想、合理的价值取向和重要的价值评判标准。廉洁文化对于个人修身养性来说，是个人操守、品德的基石和必要条件，它使人们认识到，廉洁是一种责任、一种义务、一种德行，一种精神追求；廉洁文化从处理个人和他人的关系来说，廉洁是光荣、是荣誉、是赞许，不仅自身要做到廉洁正直，而且对待别人，以及处理与他人的关系时，也要保持廉洁；廉洁文化对社会来说，廉洁是一种社会文化规范，就是要在全社会培养廉洁理念，树立廉洁意识，营造廉洁氛围，通过每个人对廉洁的追求，形成一个廉洁、和谐的社会。

廉洁文化渊源于中华民族五千年文明史，又植根于中国特色社会主义伟大实践，贯穿于社会主义的精神文明建设和政治文明建设两大文化领域。

廉洁文化，是人们关于廉洁从政的思想、信仰、知识、行为规范和与之相适应的生活方式和社会评价，从根本上反映着一个阶级、一个政党的执政理念、执政目的和执政方式，是廉洁从政行为在文化和观念上的客观反映，主要内涵是从政的思想和道德、从政的社会文化氛围、从政人员的职业道德和社会公德。

社会主义廉洁文化体现了中国先进文化的基本特征。建设社会主义廉洁文化必须面向社会、面向基层、面向群众，以广大人民群众闻乐见的内容和形式，培育面向公众的廉洁文化，使廉洁成为每个人的立身之本、每个家庭的立家之本，使廉洁文化渗透到社会的方方面面，在社会"以廉为荣、以廉为美、以廉为乐"的廉洁文化观念的影响下，使廉洁成为一种行为习惯，成为一种文化自觉，成为一种价值理念，使中华廉洁文化不断发扬光大，推进反腐倡廉工作的深入开展。

## （二）廉政文化的历史渊源

廉政文化是悠悠五千年中华民族积淀下来的优秀文化，是传统文化的重要组成部分，处处闪耀着廉政为民思想的光辉。在中国古代，"廉"作为一种道德观念和治国思想，其源头可以追溯到西周初年。《周礼》上就有"六廉"的记载："一曰廉善，二曰廉能，三曰廉敬，四曰廉正，五曰廉洁，六曰廉辩。"这"六廉"就是最早的考核官吏是否廉洁的标尺[1]。在把"廉政"作为核心思想的文化发展过程中，我国历史上产生了很多关于"廉政"的思想。如舜帝时代就提出从政要有九种品德的思想，其核心内容归纳为"简与廉"；西周时期，把"廉"作为官吏一种必备的品质加以考核；春秋时期，管仲把"礼义廉耻"视为治国理政的纲领，称作"国之四维"，他说："四维不张，国乃灭亡"；孔子提倡"廉政"，反对执政者奢侈浪费，他说："礼，与其奢也，宁俭"；宋代司马光也说："简则寡欲，奢则多欲"，把奢侈视为为官的罪恶之源。再如邓牧的论败坏官场政治风气的思想，唐甄的论怎么治理贪官的理论，黄宗羲的论吏治廉洁的标准等。这些内

---

① 加强校园廉政文化建设［EB/OL］．［2017－09－6］．http://wenku.baidu.com/view/4959923d0912a21614792944.html.

容丰富、形式多样的廉政文化，对我国历代经济、政治、文化和社会的发展都产生了极其深远的影响。中国共产党以博大的胸怀兼收并蓄、博采众家之长，以此形成了具有中国特色的社会主义廉政文化。这些文化是中国共产党"全心全意为人民服务"根本宗旨在执政文化形态上的反映，是党执政实践的凝练和提升，是中国先进文化的重要内容，是我们建设中国特色社会主义的根本保证。

## 二、开展廉洁文化教育的重要意义

第一，开展廉洁文化教育是践行社会主义核心价值观的必然要求。

要践行社会主义核心价值观，必然要求大学生要全面了解中国共产党在革命、建设和改革等过程中形成的反腐倡廉理论与实践，积极参与社会廉洁文化建设和校园廉洁文化建设，自觉抵制各种消极腐败现象，与腐败行为做斗争，树立廉洁自律、爱岗敬业的职业精神，为以后走向社会打下良好的基础。在高校中开展廉洁文化教育是践行社会主义核心价值观的必然要求。

第二，开展廉洁文化教育是培养社会主义事业合格建设者和可靠接班人的重要保障。

廉洁文化教育应该从青少年抓起。他们正处在世界观、人生观、价值观逐步形成的关键时期，思想上正确地引导他们将直接关系着中国青少年的健康成长。开展好廉洁文化教育是培养社会主义事业合格建设者和可靠接班人的重要保障。

第三，开展廉洁文化教育是促进青年学生健康成长的需要。

从大学生思想意识和行为表现来看，开展廉洁教育也是促进大学生健康成长的需要。受社会上不良文化的影响，一些大学生在班团干部竞选、投票推优中的请客吃饭、拉选票，学生干部存在以权谋私、徇私舞弊的想法，这些错误思想影响着大学生的健康成长成才。廉洁教育能够潜移默化地培养大学生的高尚品格，磨炼他们的意志品质，帮助他们成长为一个廉洁正直的人。从这个方面说开展廉洁文化教育是促进大学生健康成长成才的需要。

第四，开展廉洁文化教育是土木工程专业学生职业道德教育的核心内容。

廉洁是职业道德核心内容，尤其是对于土木工程专业学生而言。土木工程是与安全密切相关的一个行业，掌管着整个工程的安全有序运行，而工程建造行业又是最容易滋生贪污腐败的一个行业。再者，工程建造是个安全事故频发的行业，其中的工程质量、施工安全问题，背后可能存在腐败现象。例如发生于重庆市某县的大桥垮塌事故，该事故造成40人死亡，最后调查结果牵扯出一批官员的腐败违法情况。所以说对土木工程专业的学生进行廉洁文化教育是迫切需要的，是具有重大实际意义的，廉洁文化教育是土木工程专业学生职业道德教育的核心内容。

## 三、开展廉洁文化教育的实施路径

第一，对教师进行道德强化，培养了一支廉洁高尚的教师队伍。

当老师自身端正，廉洁自律做出表率时，不用下命令，做动员，学生也会跟着行动起来。相反的，如老师自身不端正而要求学生要端正廉洁，纵然三令五申，学生也不会信服。教师与大学生朝夕相处，在言传身教过程中会潜移默化地对大学生的价值取向产生影响，所以打造一支廉洁高尚的教师队伍是开展廉洁文化教育的有效途径之一。

第二，对发展党员、学生干部的选拔进行严格的把关，打造一支廉洁诚信的学生干部队伍。

学生党员、学生干部作为优秀青年的代表，是未来建设祖国的主力军，这要求他们必须经过严格的筛选和考核，从而打造一支廉洁诚信的学生干部队伍，在学生中起到模范带头作用。对于那些思想不端正、品行不好的党员干部，要严肃按照相关法律法规处理，确保每个党员都能清楚认识到廉洁的重要性以及贪污腐败的严重后果，建立完善机制使党员"长期受教育，永葆先进性"。

第三，利用优秀客家传统文化开展廉洁文化教育。

大学时期是大学生世界观、人生观、价值观基本定型的重要阶段，而开展必要的廉洁文化教育是对广大学生三观教育的正确引导，再加之于优秀客家文化的熏陶，对学生性格的定型有指导性作用。而客家传统文化的内涵是很丰富的，勤俭节约，严于律己是其中的一个重要部分。勤俭，诚信，立己，树人的校训很好地诠释了优秀客家传统文化的精髓，激励了一代又一代的嘉大学子为了实现自己的理想而努力奋斗。学校通过组织学生参观客家博物馆，探讨客家传统习俗，学习了解客家文化等形式开展对学生廉洁文化教育，在这过程中，客家优秀传统文化会潜移默化地影响到每个学生，使他们形成廉洁自律的高尚情操。

## 第三节 高校廉洁文化概述

### 一、高校廉洁文化的内涵

高校是育人的场所，担负着传承文明、创新科技、培养人才的重要使命。加强高校廉洁文化建设，构建高校廉洁文化体系，净化校园育人环境，对于培养和造就社会主义事业的合格建设者和可靠接班人具有十分重要的意义。

高校廉洁文化是社会主义先进文化与和谐文化的重要内容，准确理解和正确把握其内涵、特征与功能，对于加快高校廉洁文化建设，营造风清气正、和谐向上的校园文化氛围有着积极的推动作用。

中共中央《建立健全教育、制度、监督并重的惩治和预防腐败体系实施纲要》明确提出："大力加强廉政文化建设，积极推动廉政文化进社区、家庭、学校、企业和农村。"2005 年教育部正式启动廉政文化进校园工作，在《中共教育部党组关于贯彻落实（建立健全教育、制度、监督并重的惩治和预防腐败体系实施纲要）的具体意见》中明确指出："认真抓好廉政文化进校园工作，促进校园廉政文化建设与学校干部队伍、教师队伍反腐倡廉教育融合互动。"2007 年 3 月，教育部制定下发了《关于在大中小学全面开展廉洁教育的意见》，提出了大学阶段廉洁教育的目标和重要内容。标志着高校廉政文化建设和廉洁教育已纳入我国反腐倡廉教育格局。

廉洁教育进校园不仅仅是针对校园里的学生，而且提出"大力加强师德建设，充分发挥教师在开展廉洁教育中的引导和示范作用。把廉洁教育贯穿师德建设的各个环节，着力提高教师的思想政治素质、职业道德水平和廉洁自律意识"。营造一个廉洁的校园环境。根据廉政文化与廉洁文化的内涵和相互关系以及廉洁文化的普遍性、廉政文化的特殊性的要求，意味着高校不仅要加强廉政文化建设，而且要加强廉洁文化建设。以廉洁思想为基础，通过调动和发挥文化的功能，将不同层面的廉洁要素辩证地、发展地、有机地整合起来，实现廉洁教育在学校管理者、教师和学生中的全覆盖，促进管理者廉洁从政、教师廉洁从教、大学生廉洁修身。使廉政文化和廉洁文化渗透到学校的方方面面，贴近广大师生和管理者的思想实际和工作实际，通过文化的影响力和吸引力，使廉洁思想深入人心，在学校营造出崇廉、爱廉的良好氛围，推动高校的建设和发展，促进和谐校园的构建。

高校廉洁文化是根据社会主义廉政文化、廉洁文化建设的总要求，结合高校实际提出的一个概念。是在高校现存的环境中，广大师生对廉洁的道德化认知。为此，我们可以说，高校廉洁文化是高校在办学过程中，倡导和积累起来的促使管理者廉洁从政、教师廉洁从教和学生廉洁修身，推动高校依法治校、廉洁办学的思想观念、行为规范、规章制度和价值取向的总和。是高校校园文化和廉洁文化的有机统一体。

## 二、高校廉洁文化的特征

高校廉洁文化是社会主义先进文化在高校的集中体现和反映，它以廉洁思想和廉洁精神为核心、以廉洁制度为保障、以廉洁道德标准为约束力、以高校校园文化为载体，因此，它除具有高校文化和社会廉洁文化的一般特点外，还具有以下特征：

### （一）主体的大众性

主要表现为整个校园都需要营造良好的廉洁氛围，不仅包括高校管理者、高校教职工，而且还包括广大在校大学生。大众性可以说明廉洁氛围覆盖的范围很广，对维持或打造校园的廉洁氛围提出了挑战。

### （二）指向的权力性

主要表现为掌握高校公共权力的高校管理者和未来走向社会的高校学生力求在工作中做到廉政勤政。指向的权力性突出强调了未来走向社会的广大学生，所以说校园的廉洁问题尤为重要。

### （三）实施的职业性

主要表现为高校管理者廉洁从政、教师廉洁从教、大学生廉洁修身。从职业不同角度分析问题避免了"一刀切"的现象产生。

### （四）组织的公共性

主要表现为高校等社会公共组织处事公道、诚实守信、廉洁高效。权利是公共组织赋予的，所以效率的提高也是公共组织要求的。

## 三、高校廉洁文化的功能

高校廉洁文化是高校社会主义政治文明和精神文明建设的重要组成部分。它作为一种先进的文化形态，反映了当代中国先进文化的价值取向，对于高校净化校园育人环境，更好地教育人、培养人具有重要的功能作用。

### （一）高校廉洁文化具有引领功能

高校廉洁文化能够潜移默化地指引广大师生区分合法性与不合法性、合理性与不合理性，指导人们做出正确判断和取舍，并通过校园文化环境改变人们思维方式、行为习惯、价值观念和审美取向。

### （二）高校廉洁文化具有熏陶功能

高校廉洁文化作为一种潜在的教育力量，渗透于大学人的学习、生活、工作的方方面面，影响着大学人的思想、情感和内心世界，使其接受熏陶，并通过选择教育、自我教育的过程逐步升华和完善自我，从而形成崇廉尚洁的思想观念和积极向上的人格精神。

### （三）高校廉洁文化具有凝聚功能

高校廉洁文化在高校是一种文化体系，一种价值理念，它能使大学人尤其是党员干部接受同一价值理念的教育和培养，从而以相同的价值观念、思维模式、精神理念、道德准则使学校管理者、教师和学生联系起来，聚集起来，使全校上下因同一文化渊源而形成强大的凝聚力量。同时廉洁文化还通过人们喜闻乐见的艺术形式向大学人灌输廉洁的理念，使大学人形成"廉洁为荣、腐败可耻"的共同情感，而彼此一致的凝聚在一起。这对于引导广大师生和党员干部提高廉洁自律意识具有重要的作用。

### （四）高校廉洁文化具有约束功能

高校廉洁文化可以通过一系列价值观念来约束和控制大学人的行为，它虽然没有明确的文字规定，但可以指导大学人什么该做，什么不该做。如果违反道德准则、教师规范、学生规范，廉洁文化的软性控制就会发生作用，使大学人对自己的行为自动地加以纠正，从而促进大学人廉洁自律。具体地说：廉洁精神文化，不断向大学人灌输正确的价值理念，使其行为受到正确引导；廉洁制度文化，形成了包括党纪政纪条规以及师德规范在内的一系列制度体系，使大学人的行为受到约束；廉洁环境文化，形成一种廉洁的文化氛围，以一种无形的力量，对大学人的心理和行为产生制约作用；廉洁行为文化是大学人亲身参与创造的一种动态文化，它不仅影响大学人的思想情感，而且更直接地影响着大学人的行为方式。

### （五）高校廉洁文化具有监督功能

高校廉洁文化是"廉洁"特殊性与"文化"普遍性的有机统一，它利用文化建设的形式、载体、阵地等资源，从微观层面向大学人传播廉洁文化的精神实质，宣传廉洁精神和廉洁文化传统，使大学人形成廉洁的共识，激发大学人的监督意识，鼓励校园内的每一个成员对不廉洁行为进行积极监督、勇于监督和有效监督。

### （六）高校廉洁文化具有提升功能

高校廉洁文化通过寓教于文、寓教于理、寓教于乐等形式，不断把理想信念、职业道德、社会公德、家庭美德等内容，潜移默化地渗透到大学人心目中，使得个人的道德情操、精神内涵、思想认识得到全面提升，从而筑起拒腐防变的心理防线，并以此剔除思想深处的消极因素和腐败产生的主观动机。

### （七）高校廉洁文化具有实践功能

高校廉洁文化建设的目的在于弘扬一种精神、一种理念，并使其内化为一种大学人的行为准则和道德观念，进而在实践中能自觉地表现出廉洁从政、廉洁从教和廉洁修身的行为。高校进行廉洁文化建设，一方面可以使大学人自觉地弘扬廉洁文化，促进反腐倡廉与改革发展的良性互动，培养大学人廉洁奉公、诚信守法的意识，另一方面，通过扩大廉洁文化的影响力，使廉洁成为一种行为习惯，成为一种文化自觉，具体落实到学习、工作和生活实践中。

## 第四节 高校廉洁文化的建设

廉洁文化是社会主义先进文化的重要组成部分。党的十八大以来，习近平站在党和国家工作全局的高度，全面推进党的建设，坚持全面从严治党，发表了一系列重要讲话，深刻阐释了党风廉政建设和反腐败斗争的重大理论问题和实践问题，为新形势下深入推进党风廉政建设和反腐败斗争提供了思想武器和行动指南。高校廉洁文化是校园文化之魂，深刻认识当前高校廉洁文化建设的现状和存在的问题，有利于从战略的高度推进廉洁文化进校园，建设符合时代特征的高校廉政文化。这既是新时期高校反腐倡廉建设的现实需要，也是建设社会主义大学的思想保证和文化支撑[①]。

## 一、高校廉洁文化建设的现状与不足

廉洁文化建设是紧紧围绕"廉政"而展开的一系列文化教育活动，它是一种促进全民族思想道德素质、科学文化素质提高和推动社会进步的先进文化，也是社会主义经济建设、政治建设、文化建设、社会建设和生态文明建设"五位一体"战略总布局的重要组成部分，为反腐倡廉提供思想支撑，并为其保驾护航。廉洁文化建设的成效，是体现一所高校是否按照"为民、务实、清廉"落实党的群众路线教育实践活动的重要标志，既关系高校的办学性质，又关系国家强盛、

---

① 斯阳，王华俊，韦敏，李琳.高校廉政文化建设的现状、不足及对策[J].廉政文化研究，2012（1）：53—57.

民族振兴和社会主义建设的前途和命运。

大部分高校一向重视廉洁文化建设，把廉洁文化建设摆在事关高校发展成败的高度，积极探索，不断创新，并取得了不俗的成绩。但我们也应该清醒地看到，高校廉洁文化建设仍然与新形势发展需要不相适应，内容比较深奥，认识不够到位，方法比较单调，探究不够深入，路径比较狭窄，统筹不够周密等。这些问题的存在，势必造成高校廉洁文化建设中的"松、软、拖"现象，必须引起高校的高度重视。

这些不足具体表现在如下方面。

### （一）高校在廉政文化建设中对传统文化利用率低下

高校在廉政文化建设期间，会通过与廉政有关的人物和事件对学生进行视频教学或课堂讲解，但是往往都流于形式，另外加上没有对传统文化加以利用，最终都没有达到很好的教学效果。要想让学生对廉政深入了解，可以从以下几个方面做出努力：一是对校园内的网站、报刊、校园文化等教育资源有效利用，从而提高对廉政教育的宣传度。二是将传统文化中关于廉政的文学作品演化成选修课，加强学生对廉政教育的认识。三是通过举办廉洁文学作品展、诗朗诵等竞赛，使学生在参与过程中树立廉洁意识。四是在每年举办的大型艺术节、学校活动中将传统文化中有关廉政的精华融入进去，加大廉政文化宣传的辐射面积。

### （二）工作机制和领导体制不够健全

一些高校在文化育人和文化反腐的重要性方面认识不够，廉洁文化建设领导体制缺位，工作助推机制不健全，致使廉洁文化建设的相关活动开展一直处在"空挡"位置，也出现因计划性不强而造成活动路径不畅、形式单一而受众激情不高、组织乏力而教育效果不彰等问题。高校廉洁文化建设的开展总体上缺乏全面性、协调性、可持续性。总之，因高校"关键少数"对廉洁文化进校园重视程度不够，使得高校廉洁文化建设出现了"失衡"现象，致使在高校廉洁文化建设方面呈现出突击性多、计划性少，临时性多、长期性少，会上强调多、会后落实少，说着重要、做着次要、忙着不要的"疲软"现象。

### （三）宣传教育缺乏针对性和时效性

高校廉洁文化建设在一定程度上还缺乏宣传教育的针对性和时效性。一些高校廉洁文化宣传教育出现了"只听人声，不见人影"的情况，即使开展宣传教育活动，也是停留在"软指标、软任务"的层面上，时不时出现时过境迁看"晚景"现象，不但缺少时效性，而且缺少"硬度"。更为可怕的是，一些高校在廉洁文化教育宣传活动的开展上，不但缺乏时效性，而且还缺少针对性，出现走形式、走过场、水过地皮湿的现象。这些问题的存在，在一定程度上反映出高校"关键少数"对长期制约高校发展和师生反映强烈的问题"视而不见"，不愿触及招生、学术、基建等领域的腐败问题。不敢为、不愿为的"疲软"作为，使高校弄虚作假、道德失范、诚信缺失的势头得不到根本遏制。

### （四）对法制管理意识薄弱

在古代中国，人治思想盛行，在当时的社会发展中居于首要地位，民众崇尚自我保护，对法制思想持回避态度。在现代，部分高校也会有意掩盖学生违法乱纪的行为，以达到维护学校名誉的目的，为了封锁学生在学校发生安全事故或其他不良事件的消息，私下对家长、媒体实行金钱交易，或者以免试就读的方法来平息事件，而不是通过正当法律途径来寻求解决方案。部分高校管理者缺乏法律知识，法制意识薄弱，不但在依法治校上能力不足，而且也没有对师资队伍进行专业培养，在依法治校的道路上处于落后状态。虽然高校中也不乏一些群体对基本法律知识有所了解，但有时也会抱着侥幸心理去以身试法，对法律精神视而不见。众所周知的药家鑫事件、复旦投毒案件都是高才生作案，可以视为明知故犯。还有一些人，受现代权位思想的影响，在位居高位时，利用权责之便以权谋私、以官压法，没有对法律的尊崇感，缺乏法制意识。另外在高校中师生也存在对官位唯命是从的现象，不利于校园法制制度的施行。

### （五）廉洁文化建设开展的形式亟待改进

内容决定形式，形式是为内容服务的，有什么样的内容，就要求有与其相适应的表现形式，这样才能达到形式服务内容的目的。一些高校在廉洁文化建设开展过程中，因活动形式过于单一和呆板，再加上缺少鲜活而生动的素材，不能够使活动内容加以有效体现，很难达到预期效果，造成了组织者和受众群体非常被动和不领情的局面。

"互联网＋"时代的到来，为廉洁文化建设的腾飞平添了强劲的"翅膀"，它不但形式多样、迅速便捷，而且内容丰富、生动鲜活，能够满足受众群体对廉洁文化不同层次的需要。部分高校却没能很好地借助"互联网＋"这个平台施展拳脚，仍比较热衷于利用传统媒介开展自身廉洁文化建设，比如校报、板报、校园广播等，有待进一步筑起整体联动的廉洁文化教育平台和评价体系。

## 二、推进高校廉洁文化建设的对策和建议

习近平反复强调，中央提出的反"四风"，就是一个抓反腐倡廉建设的着力点，就是一个夯实党执政基础的切入点。全党同志务必站在政治高度来认识这个问题，思想上高度警醒，不忘初心，砥砺前行，切实做到踏石留印、抓铁有痕，不断强化工作作风，不断取得反腐新成效，以优异的成绩取信于民。

为加强高等学校党风廉洁建设和反腐败工作，2014年10月28日《中共教育部党组关于深入推进高等学校惩治和预防腐败体系建设的意见》（教党〔2014〕38号）要求，高等学校要深刻领会、准确把握党中央关于党风廉政建设和反腐败斗争的新思想、新观点、新部署、新要求，清醒认识反腐败斗争的长期性、复杂性、艰巨性，坚持惩治和预防腐败两手抓、两手硬，把党风廉政建设和反腐败工作引向深入。这为新时期高校廉洁文化建设工作指明了方向。高校廉洁文化建设是一项系统工程、长效工程。高校只有把廉洁文化建设纳入社会主义文化大发展大繁荣总体规划和反腐倡廉的总体框架之中，以公正、包容、责任、诚信的价值取向，坚持发挥好文化的治本功能，对高校干部、教师、学生进行清正廉洁的价值观教育，潜移默化地提高个人的思想道德素质，才能达到文化自觉和文化自信，创建出和谐高雅的大学文化，才能切实办好令人民满意的一流大学[1]，培养出满足党、国家、人民和时代需要的优秀人才。

---

① 斯阳,王华俊,韦敏,李琳.高校廉政文化建设的现状、不足及对策[J].廉政文化研究,2012(1):53—57.

### （一）重视传统文化对高校廉政建设的重要价值

中国传统文化在高校廉政建设过程中有着关键作用，高校要细致研究传统文化中的精髓思想，以史为鉴，更好地发挥传统廉政文化对现代高校廉政文化建设的指导作用。传统文化具有感染力强、号召力大的特点，高校要加强对广大师生的廉洁教育，利用此特点对廉政建设工程达成指引、约束作用。还要对广大师生的世界观、人生观、价值观进行正确培养，提高自身反省能力，在制度和道德的双重约束下，更高效地开展廉政建设。

### （二）建立体制机制，健全组织保证

切实加强高校廉政文化建设工作，首要的是建立高校廉洁文化建设的领导体制和工作机制。只有形成完善的党委领导、纪委协调、部门联动、师生参与的领导体制和工作机制，才能整体推进廉政文化进校园工作。

高校在推动廉洁文化建设过程中，还要充分发挥"人才培养、科学研究、社会服务、文化传承、国际合作"五大功能中的"社会服务和文化传承"作用，以辐射带动家庭、社会参与进来，形成学校、家庭、社会互动的资源整合机制，上下联动、齐抓共管，真正使廉洁之风覆盖社会各个角落，使绽放的廉洁之花结出丰硕的和谐之果。

### （三）因人施教，营造廉洁氛围

高校廉洁文化建设绝非一朝一夕之功，必须重基础，抓重点，持续推进，形成常态。高校在推进廉洁文化进校园过程中，应该以社会主义核心价值体系为引领，坚持廉洁教育与日常工作相结合、与校园文化建设相结合设立岗位，夯实基础；以干部作风、师德师风和学生学风为建设重点，坚持把廉洁文化教育深入到"工作岗位、活动过程、学生课堂、实践场所"等一线阵地，形成"全员、全时、全段、全程"常态化教育模式，充分发挥文化育人和文化支撑作用，充分营造出良好的育人氛围。

一是干部廉洁从政。领导干部是学校的"关键少数"。"关键少数"要以忠诚敬业、廉洁从政为基本要求，加强自身思想作风建设，坚持以身作则，最根本的是要在弘扬优秀传统文化中勇于担当和垂范。"其身正，不令而行；其身不正，虽

令不从","行之以躬，不言而信；以令率人，不若身先"，从而形成领导干部与师生之间的鱼水关系。

二是教师廉洁从教。教师是学校办学和发展的主体力量。师德崩于"礼"，贻祸不可估。教师要以为人师表、廉洁从教为基本要求，加强自身师德师风建设，充分发挥所有教师在廉洁教育中的示范和引导作用。

三是职工廉洁从业。职工也是学校主人翁之一，在高校服务育人过程中的作用也不可低估。高校职工在各个服务岗位上要以全员育人、廉洁从业为基本要求，加强自身职业道德建设，增强自身的廉洁观念，提高服务育人水平。

四是学生廉洁修身。学生是学校的"产品"，也是学校的品牌。当代大学生要以诚信守法、廉洁修身为基本要求，加强思想道德建设。学校必须把廉洁教育纳入人才培养方案，列入教育教学计划，融入相关课程，推进廉洁教育进课堂、进教材、进头脑，将诚信教育纳入学生思想政治工作的考核当中[1]，有效地提升当代大学生道德责任担当的能力，增强其使命感，培养其健全人格。

### （四）丰富活动形式，增强教育实效

高校廉洁文化建设的重点在于营造廉洁和谐的校园文化。要使廉洁文化在高校卓有成效地开展，必须扩大校园文化中的廉洁内涵，提升校园文化的廉洁品位，挖掘校园廉洁教育资源，强化校园文化的载体功能。高校还应积极创新廉洁文化教育形式，创新方式方法，更加贴近高校党风廉政建设和反腐败工作实际，更加贴近干部和师生思想实际，增强工作实效[2]。每个高校都要充分利用既有的校报、广播台和校园网等载体进行内容丰富、形式多样的廉洁文化的宣传，使廉洁文化成为广大师生文化生活喜闻乐见的一部分。还可以利用更多平台，针对"关键少数"，教职员工和广大学生等不同群体的多层次需求开展丰富多样、精彩纷呈的活动，以期达到最佳效果。"关键少数"可以利用民主生活会、参观考察的机会强化廉政的重要性；教职员工可以借助教研活动、工作例会，甚至服务育人

---

① 斯阳，王华俊，韦敏，李琳.高校廉政文化建设的现状、不足及对策[J].廉政文化研究，2012(1)：53—57.
② 斯阳，王华俊，韦敏，李琳.高校廉政文化建设的现状、不足及对策[J].廉政文化研究，2012(1)：53—57.

过程中互助学习廉洁文化；广大学生可抓住社团活动、廉政专题报告会等有利时机提高对廉洁文化重要性的认识。总之，为确保廉政教育效果，各高校必须构建多层次全方位的廉洁文化"大宣教"格局，以便促使廉政文化深入人心，使廉政文化之花开满校园。

### （五）开辟网络阵地，唱响廉洁主旋律

互联网时代的到来为高校有效开展廉洁文化教育提供了便捷。利用互联网"互通互融"功能有效地整合国家、社会、高校、家庭等资源，形成一个"开放的有机生物圈"，使互联网成为高校思想文化的集散地和师生舆论的放大器。物联网这场科技革命，催生了智能时代的到来。大学生首先成为智能时代的享有者和最大受益者。目前，可以毫不夸张地说，每位大学生至少拥有一部智能手机，他们经常会通过手机查询有关学业问题，利用手机了解社会动态，也会通过手机建立的微博、QQ、微信等网络平台进行聊天、转发分享、互通有无。大学生往往精力充沛、朝气蓬勃，是祖国的未来，有理想有抱负，关心国家大事，尤其是对社会的热点问题比较敏感，并热衷于发表评论。高校若能借助大学生凡事善于利用智能手机的特点，加强网络平台廉政文化建设，同样也可以让智能手机成为高校深化反腐倡廉宣传教育、推进廉洁文化进校园的强力助推器。

高校大学生绝大多数仍处在世界观正在成熟但尚未完全成熟的关键时期，对事物的判断和处理一定程度上还不够理性。为此，高校有必要加强互联网和内部网络上的监管，发现问题及时引导和处理，弘扬正能量，抢占网络宣传制高点，唱响网上思想文化主旋律，切实有效地掌控中国特色社会主义文化和反腐倡廉网络舆论的主动权。高校还要对师生关切的热点和敏感问题密切关注，充分发挥辅导员和学生网络骨干的管控作用，适时发布权威信息，及时组织网络评论，营造良好廉洁文化建设舆论氛围，不断增强廉洁文化对师生的吸引力、感染力和引导力。

### （六）加强理论研究，做实实践指导

文化育人具有长期性、持续性，高校廉洁文化建设也是如此，不可能一蹴而就、一劳永逸，必然是一项长期而系统的工程。文化建设需要物质文明和精神文

明的不断积累和沉淀，需要马克思主义以及马克思主义中国化的理论成果等先进理论的指导，更需要把党的十八大以来形成的习近平新时代中国特色社会主义思想作为廉洁文化理论研究和行动的指南，以此促进社会主义廉洁文化大发展大繁荣。为实现廉洁文化建设目标，取得廉洁文化建设成效，各高校还要充分调动一切人力资源，结合高校特点积极开展廉洁文化建设理论研究，积极探索廉洁文化的规律和建设路径，快出成果、多出成果，形成中国特色的高校廉洁文化建设理论体系的新突破，为有效推进高校廉洁文化建设提供切实可行的理论支撑和实践指导。

他山之石，可以攻玉。我们还要积极推行鲁迅先生所提倡的"拿来主义"，把人类历史上，特别是西方现代大学在教育腐败治理和校园文化建设方面积累的好经验和好做法"拿过来"，用其所长，补己所短，为我们高校廉政文化建设助力。

## （七）加强廉政文化力建设，有效培养法治意识

法治文化不但是可以调整社会关系、规范人类活动的刚性文化，还是组成我国民族文化的重要部分，是高校推行廉政建设的基础，在高校廉政文化体系构建中占有重要地位。

高校要遵照十八大精神的指导，加快校园法制文化培养体系建立，为依法治校奠定坚实基础。法治文化存在于法制及制度当中，通过法制规范来体现。高校廉政建设的首要目的是通过建立相关政治体系，提高文化素养，以达成以法治腐的目标。为了使廉洁清明得到长远发展，高校必须努力将法制中的思想、精神、观念及原则融合于校园文化建设，让廉政文化转变为高校顽强的生命力。廉政文化作为促进高校发展的软实力，已经存在于校园文化当中，高校要利用其强大的创造力及广泛的感召力，持久、稳定地发展廉政文化。俗话说"成由节俭败由奢"，高校领导要借着校园廉政文化发展的势头，带头指导广大师生崇廉拒腐，对我国优秀的传统文化进行弘扬、传承，利用廉政文化的指导作用，遏制贪污腐败现象的发生。坚持照章办事、依法从教，让廉洁文化深入人心、刻于骨髓。

总之，推动高校廉洁文化建设，既是现实的要求，也是一项长期的任务。高校廉洁文化建设作为一项系统性工程，不仅需要国家政策大力支持，更加需要高

校各级部门的高度重视，通力合作，精心培育，大胆创新，积极探索和实践。只有真正使廉洁文化建设成为一种高校廉洁教育新常态，才能营造出更加清新的育人环境，才能更好地发挥高校在党风廉政文化建设和反腐败工作中的重要作用。

## 三、高校加强廉洁文化建设的现实意义

### （一）廉政文化建设的开展是高校反腐倡廉的有效保证

最近几年，各种贪污腐败事件层出不穷，涉案人年龄趋于年轻化，采用的手法也是各式各样。有的高校毕业生在参加工作不久后，就有机会进入管理层级，在管理过程中利用职务之便参与腐败。随着腐败事件的曝光，我们发现涉案金额也逐步增加。由此，社会公众对贪污腐败的态度也有了一定转变，为了让物资生活更加丰腴而铤而走险的人大有所在，公众对此类事件也开始屡见不鲜，没有了以往的排斥感。大学校园每年都会为社会输出大量人才，这些拥有专业技能的人才是社会源源不断的发展动力。所以，教育要从娃娃抓起，廉政思想培养要深入到每个人心中。大学生是未来社会的建设者，只有增强他们防腐拒变意识，才能更好地服务于社会，另外，一个具有良好品格的人是会潜移默化影响身边人的，让大家一起为社会廉洁贡献力量。

### （二）高校廉洁文化建设是推动高校科学发展的根本要求

高校廉洁文化建设不仅能营造风清气正的良好氛围，增强学校的凝聚力和向心力，而且有助于提高大学生的思想道德素质，促进高校管理的科学化和高效能，推动高校各项事业的科学发展。

#### 1. 高校培养人才的内在要求

高校的根本任务是培养人才，人才的关键是提高质量。质量在高校的发展中居于核心地位，有质量的发展才是最好的发展、最快的发展。加强高校廉洁文化建设，传承和弘扬中国优秀的廉洁文化传统，对于提高人才的培养质量，造就中国特色社会主义事业需要的高素质人才具有重要的作用。

（1）加强高校廉洁文化建设有利于提高大学生的思想政治素质

随着改革开放的不断深入和社会主义市场经济的快速发展，经济社会的各个

领域都在发生着深刻的变化，经济成分、组织形式、就业形式、利益关系和分配方式日益多样化，人们思想活动的独立性、选择性、多变性和差异性日益增强。这既有利于大学生树立自强意识、创新意识、成才意识，同时也带来了一些不容忽视的负面因素。尤其是受西方资本主义国家自由化思潮与享乐主义生活观念的影响，一些大学生的主体意识急剧膨胀，极端个人主义、利己主义、拜金主义、功利主义和腐朽享乐观念滋生，造成某些大学生不同程度地存在政治信仰迷茫、理想信念模糊、价值观念错位、诚信意识缺乏、社会责任感淡薄、艰苦奋斗精神淡化、团结合作意识较差以及心理承受能力欠佳等问题。加强高校廉洁文化建设，对大学生进行以社会主义核心价值体系为根本的廉洁教育，以及与此相联系的法制教育和诚信教育，社会公德、职业道德、家庭美德和个人品德教育，尤其是通过营造廉洁氛围，充分发挥廉洁文化的教育导向功能、熏陶功能和约束功能，让大学生明白什么思想是必须坚决反对的，什么思想是值得学习和崇尚的，以此来规范和影响大学生的态度和行为，培养大学生的廉洁理念和廉洁意识，引导大学生自强、自立、自律、自信，注重廉洁思想的培养，自觉养成自我调节、自我约束、自我培养的良好心理品质。从而使大学生不断净化心灵，抵制不良思想的侵蚀，增强辨别是非的能力；传承发扬"勤俭节约、艰苦奋斗"的优良传统，克服享乐主义和铺张浪费的不良行为；自觉遵守大学生行为准则，自觉培养团结互助和诚信意识，使同学之间诚信友爱，相互帮助成为一种习惯和自觉；自觉学习廉洁理论，知荣拒耻，不断提高道德自律意识；牢固树立正确的世界观、人生观和价值观，努力实现综合素质的全面提高。

（2）加强高校廉洁文化建设有利于强化教职工的育人职责意识

高校负有教书育人的职责，教师、党政干部以及辅导员与大学生朝夕相处，其言行态度和价值取向都会对大学生产生直接影响。加强高校廉洁文化建设使高校各个层面的大学人廉洁自律，以高尚的品格影响和教育学生，对大学生的成长成才将起到积极的促进作用。

大学教师对大学生的影响是潜在的、持久的、立体的，教师在教给学生学会学习的基础上，学会做人，逐步升华思想，提升境界。这就要求教师具有过硬的业务知识和业务能力，用现代的教育思想指导自己的教学，运用教育规律创造性开展教育，用教育艺术和现代化的教育手段去调动学生学习的积极性，用真诚的爱心去关怀学生的健康成长。因此，只有在教师中通过开展廉洁教育，加强廉洁文化建设和师德师风建设，才能使教师不断增强自身的道德修养，提升德行，体悟大学教师所具有的工作责任感；才能使教师不断地学习新知识，提高自己的教育教学能力；才能使教师热爱学生，关心学生，用爱心去教育、感化学生，在师生之间建立起真诚的、良好的、积极的关系，以教师应有的教养、内涵、气质和风度，成为学生效仿和学习的榜样。

高校党政管理者是学校各项工作的组织者，是高校廉洁文化建设的关键力量。他们的从政道德、价值观念、精神理念以及管理的科学水平，不仅对教师产生深刻的影响，而且对大学生成长氛围的营造起着重要的作用。因此，只有在高校管理者中开展廉洁从政文化建设，使管理者具有坚定的理想信念、法制观念和良好的社会公德、职业道德，才能使他们在管理工作中以身作则、廉洁奉公、公平公正；才能使他们认真贯彻以人为本的思想，为教师和学生提供热情周到的服务；才能使他们勤奋敬业、努力工作，正确对待，科学合理地使用手中掌握的各种政治、行政、学术及其他各种资源或权利，以廉洁自律的优良品德在教师和学生中产生榜样和示范效应。促进学校的廉洁文化建设，形成良好的校园育人氛围。

辅导员具有教师和管理者的双重身份，是高校教师队伍和管理队伍的重要组成部分。他们与学生直接接触，他们的价值观和人生态度以及一言一行都会对大学生一生的奋斗和成就产生深远的影响。因此，在高校辅导员队伍中按照政治强、业务精、纪律严、作风正的要求开展廉洁从政、廉洁从教文化建设，使他们具有坚定的政治立场、高尚的道德品质、较强的奉献精神和良好的心理素质，才能使他们用自己的知识、经验和感悟辅导学生，引导大学生学会做人做事，成为大学生的人生导师；才能使他们主动围绕大学生的学习、生活和思想实际，开展日常的思想政治教育活动，指导大学生在各种实践活动中提高思想道德水平和自我教育、自我管理的能力，成为大学生的灵魂工程师；才能使他们主动地深入到学生中去，了解大学生的所思所想，帮助大学生解决成长过程中的困惑和问题，成为大学生的知心朋友和引路人，为大学生的成长成才而勤奋学习、努力工作，以良好的道德品质，廉洁自律意识去感染、教育学生。

（3）加强高校廉洁文化建设有利于培养社会需要的高素质人才

目前我国正处在全面建设小康社会、发展中国特色社会主义的关键时期。

高校对经济社会发展的最大贡献，不在于能否拉动 GDP 增长，而在于源源不断地培养大批优秀人才，投入到经济社会建设的洪流之中。大学生作为未来高素质人才的后备力量，其成长过程关乎我们党和中国特色社会主义事业的兴衰成败。高校只有深入贯彻落实科学发展观，积极开展以社会主义核心价值体系为统领的高校廉洁文化建设活动，解决好培养什么人、怎么培养人这个重大问题，切实落实好育人为本、德育为先的办学理念，把廉洁文化的要求贯彻到学校工作的各个方面，对大学生授之以科学知识、炼之以健康体魄、植之以道德素养、赋之以创新精神、育之以民族情怀，使他们能够与时代同步伐、与祖国共命运、与人民同呼吸共奋斗，培养造就千千万万具有高尚思想品质和良好道德修养、掌握现代化建设所需要的丰富知识和扎实本领的人才，才能为经济社会的发展做出贡献，才能确保全面建设小康社会目标的实现，才能使中国特色社会主义事业后继有人。

大学生群体是我国党政干部人才的主要来源。随着我国经济社会的快速发展，中国特色社会主义事业的客观要求，会有越来越多的大学生成为我们国家的各级党政管理干部。从某种意义上说，大学生的整体思想政治素质将决定未来我们国家党政管理干部队伍的整体素质。在大学生的世界观、人生观、价值观形成的关键阶段，积极开展大学生廉洁修身文化建设，用廉洁文化的理论内涵和社会道德规范对大学生施加影响，用社会主义荣辱观武装学生的头脑，使敬廉崇洁的价值观内化为人格修养，培养大学生廉洁、诚信、公正素质，使其树立起积极、健康、自立的人生价值和人生目的；培养大学生正确的道德情感和理想信念，使其具有抵御腐败、清白做人、认真做事的人生操守，使"清正廉洁"成为大学生立身立业之基。将来走上社会后，始终保有一份对廉洁的自我警醒，对国家的责任意识，不仅是一个高级的"知识人"，而且是一个比普通人水准更高的"道德人"，成为"国民表率，社会栋梁"，为进一步提高党的执政能力，建立一个廉洁高效的党政管理体系打下坚实的基础。

2. 构建社会主义和谐校园的必然要求

构建社会主义和谐校园需要和谐文化的支撑，和谐文化是校园和谐的思想根基，廉洁文化是和谐文化的重要组成部分，高校构建社会主义和谐校园必须大力加强高校廉洁文化建设。

（1）高校廉洁文化是高校构建和谐校园的思想基础

构建社会主义和谐校园，要求高校必须有一个清正廉洁、公平正义、安定有序、诚信友爱的校园环境，学校上下形成一个和谐发展的合力。高校廉洁文化建设的核心内容就是在育人为本的基础上，按照社会主义核心价值体系的要求，根据党政管理者、教师、学生在廉洁文化建设中的差异性，提出不同的内容要求，而这些内容要求与社会主义和谐校园的特征是一致的。高校廉洁文化要求高校管理者遵纪守法、依法治校、处事公道、公正透明，以身作则、勤政廉洁，为构建社会主义和谐校园创造一个运转协调、管理高效，具有民主、法治和开放精神的校园；要求高校教师恪尽职守、勤奋敬业，师生友爱、育人为本，学为人师、行为世范，克己奉公、廉洁从教，为构建社会主义和谐校园营造一个崇尚科学、追求卓越，教学相长、富有创新精神和创造活力的校园；要求学生廉洁修身、知荣拒耻，诚实守信、正直自律，为构建社会主义和谐校园营造一个师生友爱、勤勉求是、积极性和创造性得到充分展示的校园；要求创新载体、净化环境、团结互助、相互信任，为构建社会主义和谐校园营造一个环境优美、积极向上、秩序井然、充满人文气息和文化氛围的校园。经过大学人的共同努力，营造一个良好的廉洁文化氛围，让健康向上的廉洁文化充实大学人的精神世界，使优秀的廉洁传统文化和道德风尚在校园发扬光大，使社会主义和谐社会的民主法治、公平正义、诚信友爱、充满活力、安定有序、人与自然和谐相处的特征在校园得到充分体现，为构建社会主义和谐校园奠定坚实的思想基础。

（2）高校构建和谐校园的道德前提

高校廉洁文化对大学人既具有伦理方面的约束，又具有道德方面的规范和诚信方面的要求，它与学术抄袭、考试作弊、损公肥私等不道德行为是根本对立的。因此，高校廉洁文化是一种道德诚信文化。管理者清廉自律、公正无私，两袖清风、一身正气，克勤克俭、勤奋务实，以师生为本，为师生服务，就会得到大学人的广泛认可，从而产生向心力和凝聚力；反之，贪污腐化、权钱交易、纸醉金迷，工作缺乏责任心，就会得到大学人的唾弃。教师能够做到传承文明、创新科技，有良好的职业道德，敬业求实，积极创新教育教学方法，处处为学生的成才成长着想，善于教育人、引导人、培养人，具有良好的教风，就会得到学生的敬仰和拥护；反之，搞学术造假、学术腐败，教学应付，不学习新知识、新理论，教学方法陈旧，就会遭到学生的反对。学生勤奋学习、守法敬法、艰苦努力、团结同学、关心集体、知诚讲信，有良好的社会公德，就会得到同学们的信任。反之，考试作弊、追求享乐、处处为自己打算，就会遭到同学们的批评。因此，廉洁文化要求每一个大学人拥有良好的精神风貌、振奋的精神状态、高尚的道德情操，弘扬"爱国守法，明礼诚信，团结友善，勤奋自强，敬业奉献"的社会主义公民道德规范，以形成诚信、友爱、互助、和谐的校园环境。

（3）高校廉洁文化是高校构建和谐校园的价值导向

高校廉洁文化中的廉洁自律，公正无私，敬业奉献，公平公正等理念，既具有鲜明的政治指向性、道德诚信的规范性，又具有合理的价值导向性。它引导大学人树立崇高的价值理想，形成积极的价值导向，做出正确的价值选择，因此，高校廉洁文化对于高校构建社会主义和谐校园具有价值导向性。

构建和谐校园，需要妥善协调校园内各方面的利益关系，各种矛盾得到妥善处理，以实现校园内的公平和正义。要维护社会主义和谐校园的公平正义，就必须加强廉洁文化建设，以教育引导大学人尤其是党政管理者坚持公平正义的价值取向，营造人人平等的良好校园氛围。构建和谐校园要坚持以师生为本，需要把促进师生员工的全面发展、提高师生员工的素质作为和谐校园建设的出发点和落脚点。加强廉洁文化建设，教育引导大学人尤其是党政管理者敬业奉献，坚持育人为本、德育为先的理念，把学校事业的发展同维护师生员工的利益结合起来，把服务学生成才，服务教师教学作为永恒的职责，为他们创造良好的学习和科研环境。坚持以师生为本，还要求最大限度地调动和激励广大师生员工的积极性、主动性和创造性。这就需要加强廉洁文化建设和师德师风建设，教育引导教师廉洁从教、淡泊名利、甘为人梯、潜心教书育人，大力提倡和鼓励创新精神，大力提倡互助合作、公平竞争的品格；教育引导学生治学修身，兼济天下，坚持正确的价值取向，从而调动教师严谨治学、学生勤奋好学、廉洁修身的积极性。这既是廉洁文化建设的主要目的，也是构建社会主义和谐校园的必然要求。

3. 高校建设和发展顺利进行的重要保证

高校廉洁文化建设可以为高校的建设和发展营造一个良好政治环境。通过廉洁文化建设，加强教育，健全制度，科学管理，规范行为，弘扬正气，抵制诱惑，遵守法纪，确保学校建设和发展的顺利进行。

（1）高校廉洁文化建设是提高高校管理水平的必然选择

我国正处于经济体制转轨和社会结构的变革时期，高校内部管理体制和监督机制还不够完善，管理制度还存在漏洞，使得腐败案件时有发生。高校的发展，不仅需要社会发展的推动和国家政策的支持，而且需要科学民主的管理。管理出生产力，管理出质量、管理出效益。管理水平的高低，直接关系到学校的改革、发展和稳定，关系到和谐校园建设的成效。随着高校规模的扩大，高校的管理更加复杂化，出现了许多新情况和新问题。再加上社会主义市场经济的深入发展，以人为本科学发展观的落实，迫切要求高校的管理走上科学化、法制化、人性化和民主化的轨道。这就必然要求高校加强廉洁文化建设，通过廉洁文化建设，用社会主义核心价值体系武装管理者的头脑，提高管理者的素质。通过廉政文化建设，以严格的党纪监督人、以有序的政纪要求人、以完善的机制约束人、以正确的价值观念规范管理者的思想和行为，促使每一个管理者"知耻""慎独""自警""自省"，在学校建设和发展中充分认识自己的责任，不断推进管理工作的法制化，不断提高依法行政能力，使管理工作符合国家的法律法规，健全和完善管理的人性化，堵塞漏洞，真正做到按制度办事、靠制度管人。积极推进管理的人性化，使管理有助于营造师生个性发展、全面发展的宽松环境和空间，人与人之间形成团结、融洽、和谐的人际环境；积极推进管理民主化，在管理工作中充分尊重民意，善于广集民智，建立健全全员参与的民主管理和民主监督机制，真正依靠师生员工办学治校。从而进一步提高管理水平，促进学校的建设和发展。

（2）高校廉洁文化建设是高校深入推进党风廉政建设的重要举措

随着高校的规模扩张，高校建设和管理中心经济活动往来越来越频繁，涉及数额也越来越大；同时高校与地方的交流日益密切，社会上的不良风气不断影响高校校园，拜金主义、享乐主义、极端个人主义在一些人身上泛滥，出现了剽窃抄袭他人成果，招生勒索钱财，购教材设备索取巨额回扣，盗取贩卖考题试卷，学术评奖、职称评审弄虚作假，巧立名目乱收费。在基建工程领域，腐败案件也时有发生。尽管反腐败力度越来越大，一些不正之风和腐败现象还是纠而复生，甚至愈演愈烈，其重要原因是一些腐败现象成为一种文化，渗透在学校办学的各个环节。腐败行为的直接后果是吞噬国家和人民的物质财富，破坏学校的发展秩序和办学秩序，影响学校的发展。腐败文化的间接后果是影响大学人的价值观与道德观念，它增加了学校的管理成本和办学成本，毒化了校园风气，破坏了党群关系，影响了学校培养人、教育人职能的发挥。要反对腐败就必须反对腐败文化；要铲除腐败，就必须铲除滋生腐败的文化根基。高校廉洁文化是在高校党风廉政建设和反腐败的实践中形成的。对腐败倡廉起着导向和支撑作用，它所包含的廉洁精神、廉洁观念、廉洁道德、廉洁准则等，对大学生的精神境界起着提升作用，它的不断增强，必然引导大学生尤其是高效管理者自觉地严格要求自己，深化廉洁自律意识，自觉抵制腐败文化。同时，也能使校园内的每一个成员掌握廉洁知识，提高廉洁监督水平，加大对党风廉政建设和反腐败工作的支持力度，为党风廉政建设和反腐败工作的顺利开展创造良好的校园环境。

（3）高校廉洁文化建设有助于高校营造风清气正的发展环境

高校廉洁文化以社会主义核心价值体系为根本，以传承学校优秀文化传统为基础，根植于中国特色社会主义高校的办学实践，具有鲜明的时代特点，体现了中国先进文化的基本特征。加强高校廉洁文化建设，坚持以科学的理论武装人，建设体现社会主义特点、时代特征和学校特色的链接精神文化、廉洁行为文化、廉洁制度文化、廉洁环境文化。结合社会公德、职业道德、家庭美德、个人品德和法纪教育，把加强大学生的廉洁教育同校风、学风、考风、教风教育以及师德建设相结合，把廉洁的理念、廉洁的思维和廉洁的精神力量贯穿于学校党的建设、思想政治工作、教学科研、后勤服务和各项管理工作的全过程。把先进的高校廉洁文化通过高效廉洁制度这一文化载体，变成大学生共同遵守的行为规范和刚性要求，强化管理，明确责任，加强监督，努力形成优良的校风、教风和学风。通过发挥廉洁文化的导向功能和教育功能，使大学生不断增强辨别是非的能力，坚持正确的价值取向，反对利己主义和拜金主义，抵制腐败文化的侵蚀，管理者廉洁从政，教师廉洁从教，学生廉洁修身，构建起学校自身的廉洁文化体系，营造一个廉洁清正、和谐守法、风清气正的发展环境。

# 第二章　腐败——社会的公敌

## 第一节　反腐败是全世界共同面临的问题

随着人类进入现代社会，经济迅速发展，社会不断进步，人类的文明程度日益提升，人们的生活水平不断改善，腐败作为一种社会现象，似乎也在世界各国不断地滋长蔓延。例如意大利从1992年开始大力反腐，5年之间，意大利共有3000多名中高级政府官员涉嫌腐败，450多人直接受到查处。经常指责别国腐败问题严重的美国，腐败也同样大面积发生。里根总统执政期间，美国政府中200多名高级官员因腐败下台。腐败的防治，对任何时代、任何国家、任何制度来说，都是一种极负挑战性的任务。随着时代的发展，腐败的类型不断翻新，从典型的权钱交易、权色交易到以权力谋求各种精神享受，花样繁多，层出不穷。政坛腐败屡禁不止，商坛腐败层出不穷，科学体育腐败不容乐观，不时爆出震惊世界的腐败丑闻。

反腐无国界。当前社会上出现的腐败现象是市场经济的必然产物。腐败行为的发生，不因政治体制的不同而减少。在经济全球化的今天，腐败更成了国际"通病"。从全球来看，腐败已是现代文明社会共同的敌人。2003年12月9日，联合国在墨西哥南部城市梅里达召开国际反腐败高级别会议，各国代表在会上签署了《联合国反腐败公约》（以下简称《公约》），这标志着预防和控制腐败国际合作的正式开始。

# 一、20世纪中后期以来，腐败犯罪逐渐成为全球性问题

腐败犯罪不仅严重破坏一个国家的经济运行、危及国家安全和社会稳定，还随着经济全球化和信息化的发展已成为国际社会和众多国家共同关注的一种全球性公害。一些腐败犯罪呈现出组织化、跨国化和国际化的趋势。主要表现在以下方面。

## （一）腐败犯罪的构成呈现国际化趋势

由于信息时代的到来和市场经济体制前所未有的扩张，全球化的规模日益扩大，速度空前加快。越来越多的跨国公司把开拓全球市场视为自己发展战略的必然，为了达到目的，不惜采用违法犯罪的手段。从腐败主体来看，不仅有某一国的公职人员、社会组织管理人员、企业主，还有其他国家的公职人员、跨国公司职员，甚至有国际组织的从业人员。从腐败犯罪的客体看，不仅侵犯了国家和公共管理职能、管理秩序，更重要的是侵犯了国家公共职务和公共权力的廉洁性。

在全球化背景下，腐败犯罪的客体愈加复杂，有时同时侵犯几个国家的管理秩序和公共权力的廉洁性，甚至侵犯了国际社会的管理秩序。

### 葛兰素史克（中国）公司行贿事件

葛兰素史克（中国）公司行贿事件是 2013 年 7 月爆出的一个药品行业的行贿受贿事件。涉及此事件的英国葛兰素史克中国公司为达到打开药品销售渠道、提高药品售价等目的，利用旅行社等渠道，向政府部门官员、医药行业协会和基金会、医院、医生等行贿，导致药品行业价格不断上涨。涉案的葛兰素史克中国高管涉嫌职务侵占、非国家工作人员受贿等经济犯罪。旅行社相关工作人员则涉嫌行贿并协助上述高管进行职务侵占。经立案审查，葛兰素史克中国公司被罚 30 亿，并正式向中国道歉，相关被告被判处 2 至 4 年不等的刑期。

资料来源：葛兰素史克"医药代表"因行贿入刑人民网，2015-8-3.

## （二）腐败犯罪手段带有明显的全球化特征

从腐败犯罪的手段看，为了逃避法律的惩处，跨国公司一般不直接使用金钱来进行贿赂，而是采取更隐蔽、带有全球化时代特点的行贿手段，常见的行贿手段如下：一是助学机会。以友谊、鼓励年轻人深造为幌子，为手握重权的官员子女提供出国条件。操作办法是跨国公司给国外学校赞助，该学校给官员子女发奖学金，资助官员子女在国外上学、定居。二是腐败期权。即官员大开绿灯时，跨国公司一点好处都不给。等该官员退休或下海后，再给他在公司弄个职位，给予高薪，或是以别的"合法"方式如"咨询费"等加以补偿。三是关联交易。跨国公司与官员的亲属通过正常的生意往来输送利益，账面上看不出任何猫腻。四是第三方转账。跨国公司把钱存入国外银行，存折银行卡交给贪官信任的在国外的亲属或朋友，或是把财物存入银行的保险库。五是虚拟职位。银行业最普遍。部分外资银行为缓解吸存款的压力和增长业务量，常常将一些高官或大型企业特别是国有大中型企业领导者的相关亲属甚至是司机等，高薪聘请为高管甚至是副行长之职。六是聘任顾问。一些跨国企业为了拉到某项目的大单，会首先设立一个与主业毫无瓜葛的新公司，再聘请目标对象的相关领导人为顾问，发放上百万元的年薪。

### 德国莱茵金属公司涉嫌海外贿赂遭重罚

在长达 10 年的时间里，德国大型军工企业莱茵金属公司子公司——莱茵金属防务电子公司通过中间人向希腊官员行贿，以换取价值 1.5 亿欧元的防空系统订单，总计至少 1000 万欧元通过非法途径流入希腊军政要人的腰包。莱茵金属集团被不来梅检察机关罚款 3700 万欧元，另外还需补交 640 万欧元税款。此前，克劳斯一玛菲和维格曼公司、霍瓦滋造船厂等德国军工企业也被曝出存在海外贿赂行为。

资料来源：管克江德国军工企业行贿拿单，人民日报，2014-12-28

## （三）腐败分子远逃海外躲避惩罚，腐败资金流失严重

便捷的交通网、通畅的信息网和全球一体的金融体系，为腐败分子寻找逃避惩罚的天堂，以及洗钱和抽逃资金提供了便捷的渠道。据世界银行初步估计，全世界每年约有 2 万亿美元涉及腐败的资金进行跨国流动，相当于全球 33 万亿美

元生产总值的 6%。据中纪委 2010 年发布的数据显示，近 30 年来，外逃官员数量约为 4000 人，携走资金 500 多亿美元。中国社科院 2011 年的一份报告显示，20 世纪 90 年代以来，包括"裸官"在内的各种贪官等有 1.8 万人外逃，携带款项 8000 亿元人民币。腐败分子把黑钱洗白，也必然会对国家的金融系统和金融体制造成损害。

## 【延伸阅读】

"裸官"是裸体做官的简称，指配偶已移居国（境）外，或者没有配偶，子女均已移居国（境）外的国家工作人员。

2010 年 2 月 22 日，监察部发布《国家预防腐败局 2010 年工作要点》，监管裸官首次作为国家预防腐败局工作重点被提出。2010 年 4 月 23 日，中共中央政治局审议了关于领导干部报告个人有关事项的规定和关于对配偶子女均已移居国（境）外的国家工作人员加强管理的暂行规定。2011 年中国将对"裸官"进行登记管理。截止到 2014 年 12 月，全国已清理 3200 余名副处级以上"裸官"。

## 二、腐败的国际化决定了反腐败斗争的国际化

腐败是全球性"病毒"，对各个国家的政权肌体都构成极大威胁，是名副其实的"全民公敌"，仅仅依靠一国力量已不足以震慑和打击腐败分子，必须把世界各国的力量调动起来，加强反腐的国际合作。原联合国秘书长安南 2003 年 12 月 9 日致信在墨西哥召开的国际反腐败高级别会议时指出：腐败是全球的公害，它破坏经济、削弱民主和法制、扰乱社会秩序，并使有组织犯罪和恐怖主义更加猖獗，给发展中国家的人民带来更大的苦难。美国副总统戈尔曾在 1999 年 2 月华盛顿举办的"反腐败全球论坛"上指出：任何国家都不可能把自己封锁起来，把腐败的影响挡在边界之外，每个国家都应该和别的国家合作，不管这个国家处于世界的什么位置。

从全球视野看，由于跨国腐败犯罪活动日益猖獗，实施犯罪的手段不断翻新，仅靠一个国家内部的司法机制控制腐败犯罪的难度越来越大，只有更新司法

观念，加强国际合作，才能应对新形势下同腐败分子做斗争的实际需要，这对于发展中国家尤其重要。我们可以通过加强反腐国际合作，在共同打击腐败犯罪的同时实现反腐信息和经验共享，如韩国的金融实名制、美国的财产申报制度、瑞典的监察专员制度、新加坡和中国香港的独立反腐机构等，以对腐败分子的跨国犯罪行为进行有效的预防和制裁。

## 三、中国进行反腐败国际合作的主要形式及成果

中国的反腐败工作，离不开也不能离开国际社会的支持和通力合作。作为国际反腐合作的重要成员国，中国越来越认识到加强反腐国际合作的重要性，不断开展反腐国际合作交流，会同一些国家制定一些国际合作条约，加入联合国多项有关公约和条约，并在实践中探索打击跨国腐败犯罪的新途径。

### （一）开展国际反腐交流与合作

进行反腐败文化与国际司法交流与合作，构建共通的反腐败话语平台。世界各国文化和历史背景的差异决定了彼此存在对同一问题认识的不一致性，直接影响着对腐败罪行的认定。通过交流与合作可以统一对腐败的认识，促进立法接轨，同时还可以实现对反腐败经验的共享、反腐败情报资料的通报与传递、工作人员专业知识和技能的培养与交流、刑事调查与检控的办理等诸多方面的官方或民间的交流。中国通过参加和举办反腐败国际会议、进行国际反腐败项目合作等形式，加强与联合国、世界银行、亚太经合组织及有关国家的反腐合作。如近年来，中国与联合国开发计划署签署执行了"中国廉政建设"合作项目，与俄罗斯、波兰、希腊等国的监察机构签订了合作协议。中央纪委、监察部已同70个国家建立了友好合作关系，组织和参加国际反贪大会，以进一步增进了解，求同存异，扩大共识和合作，推动反腐败国际合作深入发展。

### （二）司法协助

国际刑事司法协助是查处跨国腐败案件的主要途径和方法，它是建立在对等原则和互惠原则之上的，两个或多个主权国家的司法机关之间的合作。合作内容

涵盖到对犯罪的侦察、起诉及审判的全过程，如被请求国允许请求国派有关人员到被请求国进行犯罪取证、被请求国代为送达文书、证人证据的保护、提供犯罪记录和移交赃款赃物等。从 1987 年 9 月起，截止到 2014 年 9 月，我国已与包括波兰、蒙古、罗马尼亚、澳大利亚在内的 63 个国家缔结司法协助条约。正是根据这些协定或条约，中国将逃往外国的贪官押解回国，赃款也得以归还，近 10 年来，中国同外国在刑事司法协助条约框架下开展的国际合作每年百余件。

## （三）引渡

引渡是国际刑事司法合作的重要形式，指一国把在其境内而被他国指控为犯罪或判刑的人，根据有关国家的请求，按照引渡条约的规定或者以相互引渡为条件，移交给请求国审判或者处罚的一种制度。引渡条约一般会约定两个或多个国家之间关于互相引渡罪犯的相关条件和其他事项，如果在条约中承诺对某个国家的罪犯进行引渡，那么引渡就成为国际义务，必须履行，没有正当理由不能随便拒绝引渡。中国于 2000 年 12 月 28 日通过并公布了《中华人民共和国引渡法》；从 1994 年 3 月起，与泰国、俄罗斯、白俄罗斯、保加利亚、罗马尼亚、哈萨克斯坦、蒙古、吉尔吉斯斯坦等一些国家签订了引渡条约，截至 2014 年 7 月底，我国已与 38 个国家签订了双边引渡条约，并加入了《联合国打击跨国有组织犯罪公约》等含有具体引渡条款的多边公约。如中国于 2002 年从泰国将挪用公款 7.1 亿元的广东省中山市实业发展总公司原总经理陈满雄和法定代表人陈秋圆引渡回国；于 2009 年从阿尔及利亚将涉嫌特大金融诈骗的主要犯罪嫌疑人沈磊引渡回国，途中还在意大利成功地实现了对沈磊的过境引渡。

此外，移民法遣返是在无引渡合作关系的情况下实现对逃犯遣返的有效手段之一。如经过中国方面 13 年的努力，2011 年 7 月 23 日，厦门特大走私案主角赖昌星被成功遣返。因为中国的许多逃犯为对抗遣返都大打所谓被"迫害"或遭"酷刑"两张牌，因此，要想把遣返非法者变为引渡的替代措施，不但需要赢得遣返国对中国刑事诉讼活动的理解和认可，而且需要使遣返国对中国的刑事司法制度和人权保障有基本的信任。

## （四）异地追诉和劝返

异地追诉是指由中国主管机关向逃犯躲藏地国家的司法机关提供逃犯触犯该国法律的犯罪证据，由该国司法机关依据本国法律对其实行缉捕和追诉。劝返是针对一些思乡心切的外逃贪官实施的策略。如中国银行哈尔滨河松街支行原行长高某某，逃到加拿大后靠给人装修房子为生。通过劝返行动组人员与其接触近1年期间的思想工作，2012年8月，逃亡7年多的高某某回到中国。

## （五）与国际刑警组织合作

国际刑警组织起源于1914年摩纳哥国际刑事警察会议，成立于1923年3月，现在总部设在法国里昂，会员国有190多个，中国于1984年加入该组织。国际刑警组织主要发挥沟通网络的作用，其目的在于使各国的警察能够迅速取得联系、交换情报、通报通缉要犯。国际刑警组织依靠各成员国的警力成立了国家中心局并正在开发数据库，负责向成员国调查提供参考并提供迅速有效的援助。国际刑警组织运作中最引人注目的反腐败工具之一就是"红色通缉令"。各国警方用"红色通缉令"来通知国际刑警组织总部有犯罪嫌疑人正在潜逃，等到嫌疑犯被抓获时，相关国家间关于引渡的条款就会生效。成员国之间也可在相互提供信息、情报、收集犯罪证据、协查赃款等方面进行合作。如2001年"广东开平支行案"案发后，中国公安部通过国际刑警组织发出了"红色通缉令"，并通过国际执法合作，迅速冻结了涉案三人在中国香港、美国和加拿大的资产，并将没收的300万美元赃款全部收回。此外，曾经在温州不可一世的大贪官杨秀珠也是在国际刑警组织的追捕下，最终在荷兰落入法网。

## （六）签署《联合国反腐败公约》

2003年10月31日第58届联合国大会通过了《联合国反腐败公约》，于2005年12月14日正式生效。《公约》确立了反腐败五大机制，包括：预防机制、刑事定罪和执法机制、国际合作机制、资产追回机制、履约监督机制。这是联合国历史上通过的第一个用于指导国际反腐败斗争的法律文件，对预防腐败、界定腐败犯罪、反腐败国际合作、非法资产追缴等问题进行了法律上的规范，对各国加强国内的反腐行动、提高反腐成效、促进反腐国际合作具有重要意义。中国是该公约的缔约方，该公约的诸多规定和国际合作机制，对中国反腐败斗争的开展具有重要意义。

## 【延伸阅读】

世界最大的离岸金融中心瑞士承诺，将自动向其他国家交出外国人账户的详细资料。这是全球打击腐败举措的最重大突破之一。如果要"撬开"纳税人的隐秘账户，瑞士的配合至关重要。瑞士银行长久以来是"避税天堂"的代表。

"避税天堂"的存在，令各国贪官、黑社会洗钱和藏匿资产成为可能，而账户保密制度则让对上述经济犯罪行为的追查困难重重。瑞士银行自动向其他国家交出外国人账户的详细资料将是全球打击逃税举措的最重大突破之一，对于我国追查贪污、打"大老虎"是十分有利的。

### （七）加入国际反腐败学院提升反腐能力

国际反腐败学院于 2010 年 9 月正式成立，总部设在奥地利首都维也纳的拉克森堡。这是全球第一所反腐败的国际学院，由联合国毒品与犯罪问题办公室、奥地利政府、欧洲反诈骗局等机构共同倡议成立，国际刑警组织大力支持。中国于2014 年 11 月正式成为该学院签署《建立国际反腐败学院协定》的缔约国，成为该学院一员。国际反腐败学院提供反腐败教育和专业培训，促进对腐败所有方面的深入研究，更为重要的是，可以为缔约国提供打击腐败方面其他相关形式的技术援助、促进国际合作和建立网络。加入国际反腐败学院可以更广泛地与各国就反腐败进行人员和学术交流，也是中国旨在提升自身反腐能力建设上的重要一步。

## 第二节　全球视野下的腐败治理研究

腐败问题是国际视野中一个重要的全球性问题，已成为国际社会的公害。要彻底根除腐败问题，必须树立全球治理理念。主权国家应在全球治理理论的指导下，广泛开展国际合作，不仅要与其他国家行为体合作，也要同政府间国际组织和非政府组织通力合作，加强沟通，及时协调，共同应对全球性的腐败问题。

## 一、全球治理的兴起与诠释

冷战结束后，国际政治经济格局发生了巨大而深刻的变化，特别是全球化进程的不断发展，全球性问题的大量涌现。全球性问题的最大特征在于它的共同性与不可分割性。面对日益严峻的全球环境恶化、人口问题、南北发展差距问题、国际恐怖活动和毒品犯罪、艾滋病问题、难民问题、全球金融体制危机等，任何一个国家既不可能置身其外，也不可能独自解决，而且在很多情况下，国内问题与全球性问题已经难以明确划分开来。因此，在全球范围内利用各种政府和非政府的国际组织与社团、正式的和非正式的国际条约与规制、组织的或个人的力量，促进全球事务的解决，实现全球治理，就显得十分必要而紧迫。全球治理的兴起正是这一客观现实发展的产物。正如全球治理委员会所说的那样：在全球层面，治理事务过去主要被视为处理政府间的关系，而现在必须这样理解，它也包括非政府组织、公民运动、跨国公司和全球资本市场。①

作为一个具有内容丰富、内涵深刻的理论，全球治理的概念在 20 世纪 90 年代迅速地在国际社会传播开来并被广泛运用。但关于它的概念，无论在学术界还是在其他领域，都没有形成统一的意见。不同学者对此持有不同看法和观点，许多学者在一定程度上把"全球治理"等同于"治理"，把二者的概念同化为一体。联合国全球治理委员会认为"治理是或公或私的个人和机构经营管理相同事务的诸多方式的总和。它是使相互冲突或不同的利益得以调和并且采取联合行动的持续的过程"。②治理理论的主要创始人之一詹姆斯·罗西瑙则通过治理与统治的比较来界定治理。他指出："与统治相比，治理是一种内涵更为丰富的现象。它既包括政府机制，同时也包括非正式、非政府的机制。随着治理范围的扩大，各色人等和各类组织得以借助这些机制满足各自的需要并实现各自的愿望"。③后来，罗西瑙在对全球治理进行本体论研究时又进一步指出："治理指的是导引社会体系实

---

① ［瑞典］英·卡尔松，［奎亚那］什·兰法尔.赵仲强，李正凌译.天涯若比邻——全球治理委员会的报告[M].北京：中国对外翻译出版公司，1995：2.

② *The Commissionon Global Governance*.Our Global Neighborhood[M].Oxford:Oxford University Press, 1995:105.

③ ［美］詹姆斯·罗西瑙.刘小林，张胜军译.没有政府的治理[M].南昌：江西人民出版社，2001：5.

现目标的机制，一个非常适合理解世界上旧有边界日渐模糊、新身份司空见惯、政治思考面向全球的概念"。① 中国学者俞可平认为："全球治理是各国政府、国际组织、各国公民为最大限度地增加共同利益而进行的民主协商与合作，其核心内容应当是健全和发展一整套维护全人类安全、和平、发展、福利、平等和人权的新的国际政治经济秩序，包括处理国际政治经济问题的全球规则与制度"。② 总之，对于全球治理的概念，可谓是众说纷纭，莫衷一是，即使同一学者可从不同角度、在不同时期内对全球治理的定义有所不同。但无论如何，我们必须明白全球治理的主体、客体、目标、内容及方式等一系列问题。只有这样，才能对全球治理的概念有个清醒的认识。本文在借鉴他人成果基础上对全球治理做出这样的界定：所谓全球治理，是以解决全球性问题为宗旨，促进人类和平与发展为目标，主权国家、国际组织、跨国公司等多元行为体通过平等协商、共同合作、以非暴力方式应付解决整个国际社会出现的各类全球性问题而创立的全球规则和机制及其过程。全球治理是一个动态的概念，它强调的是运用一系列规则、制度去解决全球性问题，从而使整个国际社会处于和谐状态。它强调的是一个动态的过程，这个过程具有时间的跨度与延续性，它不是静止的，所以，我们必须运用发展的和动态的眼光来看待全球治理的内涵。正是从这个视角出发，全球治理的内涵是随着国际形势不断变化发展的。只有根据不断变化的国际形势，从动态的角度来理解全球治理，把握全球治理的主体、客体、目标与方法等因素，才能更好地理解全球治理的丰富内涵与本质。

全球治理的日益兴盛，与国际社会的变迁密不可分，那么，全球治理的出现的主要原因是什么呢？这是一个值得探讨的问题。纵观国际社会，全球治理兴起的原因主要有以下几个方面：

第一，全球化的深入发展与全球性问题的出现促进了全球治理的产生。全球化是当今国际社会使用频率最广泛的词汇之一，是当今世界涵盖范围最广、影响最大、最具渗透力、最突出的全球发展趋势。全球化是一把双刃剑，它在促进人类社会发展的同时，也给人类带来巨大的负面影响，尤其是全球性问题的出现严重危及整个人类社会的生存与安全。要解决全球性问题，单靠民族国家的力量是

---

① 俞可平. 全球化：全球治理 [M]. 北京：社会科学文献出版社，2003：64.

② 俞可平. 全球治理引论 [J]. 马克思主义与现实，2002（1）：23.

不够的，它需要整个国际社会的诸多行为体诸如跨国公司、非政府组织、政党等多元行为体共同参与，发挥各自的力量和影响，依靠多边的联合行动和更多建立在合作基础上的全球公共政策、规划与综合治理。正是现实的需要，全球治理理论在国际社会逐渐兴盛。

第二，国际社会生活中非国家行为体力量的壮大与活动的增多，为多层次、多角色的全球治理创造了主体因素。无可否认，虽然民族国家仍然是国际舞台上的主要行为体，但它们正受到越来越多的不同空间范围内的政府间组织和国际机构的挑战。非国家行为体或超国家实体也都积极地参与全球政治，它们的活动经常被卷入国际政治舞台。在当今国际社会，无论是民族国家还是联合国，都不可能成为全球治理的唯一责任者。只有国际社会的多元行为体通过多边联合，共同参与全球治理，才能实现全球治理的善治。因此，国际社会多元行为体的参与全球事务为全球治理增添了新的主体因素，促进了全球治理的实现。

第三，信息革命为全球治理的产生提供了物质土壤。全球治理的兴起离不开科技的发展，当今的世界是一个普遍联系的世界，缺乏必要的通讯工具、信息渠道，国际社会对全球问题的有效治理也是无所作为的。信息革命为全球治理提供了必要的物质手段，有利于全球治理的主体携手合作加强国际协调与互助，有利于建立与此有关的国际协调合作机制，使信息作为一种生产要素自由地在国际进行流动、组合与配置。

## 二、善治全球腐败问题

随着全球化的深入发展和各国相互依存度的提高，腐败逐渐演变成为一个全球性问题。腐败现象是人类社会一个危害严重的痼疾，其存在有着深刻的历史和现实原因。当今世界，一些腐败犯罪呈现出跨国化、组织化与智能化的特点，跨国转移赃款、跨国洗钱、潜逃出境等情况大量发生。这不仅影响有关国家政治、经济、文化、社会的健康发展，也损害各国人民的切身利益。国际社会中的每个国家都面临着一种困境，那就是任何一个国家都无法单独地取得对于跨国性腐败斗争的决定性胜利，而要想达到此目的就必须进行国际合作。只有寄希望于同时调动全球各国的力量，有效地建立国际预防与惩治腐败犯罪的法律与制度体系，才能从根本上消除这种"政府瘟疫"的生存空间。因此，反对腐败，是各国面临的一项重大任务，也是国际社会面临的共同课题。加强反腐败国际合作，有利于各国更加有效地惩治和预防腐败，也有利于实现各国人民要求政治廉洁的共同期盼。

第一，实现全球治理，解决腐败问题，需要加强主权国家间的合作。腐败行为是国际社会公认的一种对社会秩序具有破坏性的违法行为。既然具有危害性，那么就应该对其进行治理，采取反腐败的措施。各主权国家要认同"反腐败需要全球治理的理念"，在反腐败问题上大力推进对外开放。鉴于腐败问题的跨国性，盲目依赖自身的力量是无益于打击腐败犯罪，更需要各个主权国家之间的协调配合与积极磋商，共同打击全球范围内的腐败犯罪。全球性的反腐败行动，不能靠各国的自行其是，单枪匹马，只有加强相互交流、协调和磋商，才能有效遏制全球性腐败的蔓延。各个国家应该朝向加强国家廉政体系建设、不断建立和健全反腐败的法律框架、增强法律的威慑性、减少腐败发生的漏洞和机会方向发展；各国应把反腐败放在全球来研究，依靠国际合作来找到外部反腐败动力和机制。

各主权国家对腐败的治理需要共同统一的标准，而不能采用双重标准。一些发达国家对发展中国家的腐败问题指手画脚，甚至武装干涉，粗暴侵犯他国主权；而对待自身存在的腐败问题，特别是贿赂行为视而不见。由于各国的具体国情不同，各国的法律制度对腐败的定义与认识存在一定差异，导致各国对反腐败政策和机制有较大区别。发达国家认为，发展中国家东道国政府根据本国法律要求外国投资者缴纳特许权费用，被认为是索贿；而某些投资者使用其从非洲国家那里攫取的艾滋病药物的专利费向他所支持的政党进行政治捐款，甚至资助远在欧洲的足球队则被认为是正常的。这种双重标准行径必然会引起发展中国家的极度反感，最终必然会削弱国际社会反腐败行动的实际效果。正如世界法学会专家理查德·布卢姆先生所指出的那样：腐败的形式是各种各样的，在不同的国家、不同的地区，对腐败都有不同的定义。世界各国要摒弃不切实际的自我主义，相互信任，加强理解和沟通。因此，为了消除各国之间的差异，最好的办法就是通过国家之间的谈判求同存异，在取得共识的基础上将什么是腐败、各国应该采取什么行动措施通过法律的形式加以明确。同时，站在全球治理的高度，我们既要看到反腐败问题在一个国家具有特殊性，也要看到其在世界范围内存在着一定的共性，如果一味强调国情特殊而忽视世界范围内的共性，将会使我们白白失去许多分享其他国家的先进经验、吸收世界政治文明优秀成果的机会。只有如此，才能真正地实现各国的密切合作和全球腐败性问题的治理。

第二，治理全球性腐败问题，需要重视国际组织的作用，尤其是联合国在当代国际舞台上的突出作用。国际组织作为国际法的重要行为主体在治理腐败问题上发挥不可或缺的角色，有效遏制一些腐败问题的渗透与发展。联合国一向重视全球反腐败的治理工作，尤其是进入 21 世纪以来，联合国在建立反腐败制度建设和打击腐败行径方面动作频频，显示了反对腐败的坚强决心。

在对腐败的全球治理进程中，除联合国外，美洲国家组织和经合组织等政府组织都发挥了重要作用。

鉴于腐败对国家政治、社会和经济的稳定和进步构成严重的威胁并造成重大的损失，以联合国为代表的国际社会将腐败视为一种严重犯罪，并为制定有效预防和惩治腐败犯罪的国际法律文件进行了长期不懈的努力。这种努力产生的显著成就是 2003 年《联合国反腐败公约》的出台，并与另一里程碑式的国际法律文件即 2000 年《联合国打击跨国有组织犯罪公约》相得益彰。它是国际社会在控制腐败方面的第一个全球性和全面性的国际公约，是联合国历史上第一部全面指导国际反腐败斗争的法律文件。该公约在《联合国打击跨国有组织犯罪公约》的基础上进一步加强了反腐败的国际法律合作，形成了治理腐败犯罪包括治理商业贿赂的更为完整、全面的国际法律合作的原则、措施和制度。

美洲国家组织倡议成立了《美洲反腐败公约》，这是世界上第一部多边反腐败条约，通过该公约，拉丁美洲国家承认打击腐败将增强民主制度，防止经济扭曲、公共行政部门的不正当行为和破坏社会道德结构，旨在强化美洲国家间的反腐合作和建立根除腐败的机制。根据公约精神成立的"追踪机制专家委员会"，努力强化审查力度，对加拿大、墨西哥、牙买加和美国等进行了首轮廉洁评估。2005 年 3 月，专家委员会开会讨论了"非安全避难倡议"（the No Safe Haven Initiative），与会国家承诺拒绝为腐败官员提供安全避难。

为反对贿赂腐败，OECD 组建了"OECD 反贿赂工作组"，主要监督《国际商务交易活动反对行贿外国公职人员公约》的执行情况。此外，工作组也会发布关于比利时、希腊、匈牙利、日本、瑞典、瑞士、英国和美国等国反贿赂立法执行状况的报告。

第三，实现全球腐败问题的善治，需要发挥非政府组织的重要作用，以弥补国家行为体的不足。在全球治理视角下，国家行为体诸如主权国家、国际组织在处理全球性问题时存在自身的不足，需要充分发挥非政府组织的角色功能。在处理全球腐败过程中，非政府组织具有自身的特色优势，在处理腐败案例的过程中更为灵活，便于协调，这是国际行为体所不能超越的。在诸多有关反腐败的非政府组织中，"透明国际"的影响最为深远，对全球腐败的治理发挥了重要作用。

2003年，旨在推动全球反腐败工作的透明国际（Transparency International）宣告成立，目前已在120个国家成立了分会。在全球领域，透明国际致力于提高国际社会对于腐败及其危害之意识，倡导政策改革，促进落实国际多边公约，督促政府、企业及银行落实其反腐败承诺。在国家层面，透明国际致力于加强监督、提高透明度，评定各部门和机构的表现，以非党派的超然立场促进必要改革。其工作主要有主持或参与国际性或地区性反腐败会议；推动该组织各国支部的成立；出版大量有关反腐败的出版物；定期出版《透明国际通讯》等刊物；建立自己的网站，发布有关反腐败的信息等。透明国际最著名的行动是出版《全球腐败年度报告》和发表世界各国的腐败感指数。

非政府组织在国际社会以"软力量"和"软机制"处理全球性问题，对腐败问题也不例外。但它的软特征更易于协调国际社会的矛盾和问题，与主权国家、联合国共同促进、相互补充、相得益彰，妥善处理跨国性的腐败问题。

腐败的全球性发展，影响到国际社会的和平、稳定与发展。全球治理是在全球范围内的各个领域，各种国际行为体通过制定与实施具有约束力的规章制度，以解决全球性的公共问题，实现增进全球共同利益的目标。作为国际社会的主要行为体，主权国家、国际组织和非政府组织都需要加强相互间的通力合作，共同铲除腐败的根源及其现象，从而实现国际社会的善治。"预防和根除腐败是所有各国的责任，而且各国应当相互合作，同时应当有公共部门以外的个人和团体的支持和参与，例如民间社会、非政府组织和社区组织的支持和参与"。① 字里行间无不体现着全球治理的精神理念。

---

① 联合国反腐败公约序言 [M].北京：社会科学文献出版社，2003：15.

全球性的腐败问题，需要国际社会的行为主体共同参与，依据相关的机制和制度建设，加强合作，有效解决，实现善治。但是，国际反腐，不能盲目乐观，任重而道远。维护和平，谋求发展，促进国际和谐，是世界各国人民的共同愿望。倡导廉政，反对腐败，营造公平正义、清明廉洁、和谐稳定的国际社会氛围，是实现国际关系民主化的必然要求，对促进世界和平与发展具有重要意义。

## 第三节 对腐败概念的界定和认识

像物质和意识、存在和虚无等一样，腐败和反腐败是相互联系的概念。如果不是从反腐败的实践要求理解什么是腐败，腐败这个概念很可能就被不同的人用来指向他们认为应该包含的社会现象。目前关于腐败概念的阐释多种多样，对于在长期研究中人们达不成共识的这一学术问题，最好是回到认识论的层面来考察一番。要准确把握腐败的概念内涵，实践理性是合适的观察点。

### 一、关于腐败概念的代表性观点

#### （一）国际组织对腐败的界定

国际货币基金组织认为，腐败是滥用公共权力以谋取私人的利益[1]。世界银行认为，腐败是政府公职人员滥用权力来谋取私利的行为。透明国际组织认为，腐败是公共部门中官员的行为，不论是从事政治事务的官员，还是行政管理的公务员，他们通过错误地使用公众委托给他们的权力，使他们自己或亲近于他们的人不正当地和非法地富裕起来。

#### （二）国家立法中对腐败的界定

《越南社会主义共和国反贪污腐败法》规定，贪污腐败是指"担任一定职务、拥有一定职权的人利用职权谋取私利的行为"。《哈萨克斯坦共和国反腐败法》规定，腐败现象是指"履行国家职能人员及其同类人员利用职权和职务之便，亲自

---

[1] 胡鞍钢.腐败与发展 [J].决策与信息，2004（1）.

或者通过中间人以法律未规定的方式收受财物和好处，同时亦指自然人和法人以违法方式向上述人员提供财物和好处的行为"[①]。韩国《关于腐败防止与国民权益委员会设立运营法》规定，腐败行为"是指属于下列各项之一的行为：（1）公职人员在职务相关事项上滥用其地位或权限或违反法令而谋取自己或者第三者利益的行为。（2）在使用公共机关的预算，取得、管理、处分公共机关财物，或者签订及履行以公共机关为当事人的合同时，违反法令而给公共机关造成财产上损害的行为。（3）协助从事第（1）项和第（2）项的行为，或者强迫、劝告、提议、诱导隐瞒该事项的行为"[②]。

### （三）国内外学者对腐败的界定

罗伯特·克利特加德"从委托人（或公众）的利益与代理人（或公务员）的利益之间的区别的角度"来解释腐败，认为腐败就是"代理人违背委托人的利益而谋求自己的利益"[③]。亨廷顿认为："腐化是指国家官员为了谋取个人私利而违反公认准则的行为。"[④]鉴于腐败定义的多样性，国内有学者对腐败概念进行了"最广义""广义"和"狭义"划分，认为"最广义"的腐败是"违法＋违纪＋悖德"，"广义"的腐败是"违法＋违纪"，而"狭义"的腐败是"违法"，即"公职人员或组织不合目的地行使公共权力，为谋取私人利益而实施的违反国家法律的行为"[⑤]。也有学者首先肯定"腐败是一种以权谋私的行为"，并由此将中国历史上的腐败类型概括为"权钱交易""用人不公""贪婪奢靡""正气不张"[⑥]。

---

① 于洪君.哈萨克斯坦《反腐败法》[J].外国法译评，1999（1）.

② 韩相敦.韩国反腐败法述评———附：韩国《关于腐败防止与国民权益委员会设立运营法》[J].环球法律评论，2013（2）.

③ 罗伯特·克利特加德.控制腐败[M].杨光斌，等.译.北京：中央编译出版社，1998：27，111，29.

④ 塞缪尔·P.亨廷顿.变化社会中的政治秩序[M].王冠华，等，译.上海：上海人民出版社，2008：45.

⑤ 李晓明，等.控制腐败法律机制研究[M].北京：法律出版社，2010：23-25.

⑥ 卜宪群.中国历史上的腐败与反腐败[M].厦门：鹭江出版社，2014：1-9.

## 二、关于腐败概念界定的认识论问题

尽管学术界在对腐败概念进行界定的时候，往往都欠缺一个认识论和方法论的说明，但通过阅读可以发现，这些界定几乎都是运用了经验主义的认识方法。其基本进路是界定者先有一个关于腐败的模糊直觉，依此直觉在纷繁复杂的社会现象中锁定有可能属于腐败的那些社会现象，然后对这些具体社会现象进行概括、归纳和分析。这既是一个关于腐败的模糊直觉逐渐在文字上清晰化的过程，也是模糊直觉与具体社会现象在一定的思维框架内对话以及相互勘校的过程。而当腐败概念的文字表述过程完成了，界定者就会以此为准，解释具体的那些社会现象为什么是腐败现象，腐败现象出现的原因以及治理腐败的对策等。毫无疑问，不论是模糊的直觉，还是清晰的文字表述，都是界定者个人生活经验、知识阅历、价值取向以及社会意识等的反映。

这里面有两个问题需要加以讨论：一是关于腐败文字表述的"清晰度"如何；二是关于腐败的文字表述能否准确指向所有人们认为有必要治理的腐败现象。

在对腐败的模糊直觉上，立法者和学者并不明显地异于普通人，有学者指出："任何一种复杂的社会现象，都没有一个统一的正经八百的定义，贪污腐败现象亦如此。显然，社会学家、管理专家、经济学家、法学家和普通的公民都以各种不同的方式来阐释这一概念。"[①] 不管现代人对腐败界定的文字上如何变化，有三个方面是每个界定者必然涉及的，即"公职人员""公共权力""公共利益"或"私人利益"。这三个方面大致规定了人们界定腐败时思维活动的框架。然而，现实并不这么简单。这就好比说"张三是李四的小舅子王五的二嫂的表哥"，要判断张三和李四之间是否存在亲戚关系，相互之间如何称呼，并不容易下结论。

经过高度概括和抽象之后的腐败定义，在面对具体事件时也不一定是没有任何争议的标准。在古代社会，类似于"一人得道，鸡犬升天"的现象固然为人所诟病，而对于"外举不避仇，内举不避子"的行为也曾给予很高赞誉。如果我们承认在现实中存在公职人员运用公共权力实现私人利益并不必然损害公共利益的

---

① Г.А.萨塔罗夫.反腐败政策[M].郭家申，译.北京：社会科学文献出版社，2011：11.

可能性，就不能不对"腐败＝公职人员·公共权力·私人利益"或者"廉洁＝公职人员·公共权力·公共利益"的经典表述产生怀疑。如果沿着公职人员滥用公共权力谋取私人利益的思路界定腐败，那么，职位世袭就不一定是腐败。因为世袭的最高统治者及其各级官吏有可能按照天下为公的理念施政，他们只是在法律和制度许可的范围内获取利益，而法律和制度恰好就是他们制定的。

经典表述对私人利益和公共利益采取了非此即彼的逻辑形式，而实际生活中两者关系未必如此。尽管学者们对公共利益的概念内涵也进行了多方面的界定，但这一概念的最大问题是缺乏明确而具体的主体，以及缺乏简单和直接的判断标准。也正因为这样，"腐败有益论"才有了生存和传播的理论空间。如果我们一定要坚持非此即彼的逻辑形式，恐怕"个人利益—他人利益"这对范畴还更适合一些。因为"他人利益"的相关者对于判断自己的利益是否受到损害，其标准直接和简单得多。无论是在选拔政治还是在选举政治中，对于某个公共职位的多个竞争者而言，个人利益和他人利益之间没有可供任意解释的所谓"辽阔的中间地带"。那么，腐败就不是通常所讲的公职人员利用公共权力损公肥私，而是公职人员利用公共权力损害他人利益以实现个人利益。如果以运用公共权力损人利己的思路界定腐败，那么，职位世袭就一定是腐败，因为职位世袭剥夺了其他人谋求职务酬劳的机会。

可见，基于经验主义的腐败界定具有一定的局限性，它容易导致现实中的争议，也难以涵盖所有腐败现象。我们有必要从实践理性的视角对腐败概念作进一步思考。实践理性是理性的一个方面，它是"关于实践主体应如何行动、实践客体应当被改造成什么样子的主观指向性，它提供安排和改变事物的蓝图，着眼于主体自身需要，以合目的为标准"[1]。实践理性关注的是"应如何"和"怎么做"的现实问题，以实践理性为观察视角，就是从反腐败的现实需要来界定腐败，将腐败概念的界定着眼于有效指导反腐倡廉的实践活动，推动廉洁政治和廉洁社会目标的实现。

---

① 王炳书．实践理性论 [M]．武汉：武汉大学出版社，2002：230.

### 三、界定腐败概念的实践理性法则

界定腐败，应该从一些公认的实践理性法则出发。笔者认为，有这么几条朴素的理性法则必须尊重。

#### （一）权力是天下之公器

权力是人们由制度聚合以及物我耦合而形成的非人格化的支配能力。任何个人和组织都只是以要素的形式贡献了国家权力之极小部分，而不是国家权力的全部。即使是在简单的二人群体中，作为支配者所拥有的权力也必然包含了被支配者自愿或者被迫交出的那部分行动能力。所以，从起源上说，权力就是公器。国家权力首先是一国国民之公器，甚至也不能只是服务于当代国民的利益，而应当充分考虑后世子孙的利益；国家权力还是全体人类之公器，任何国家的权力运行都不应该以损人利己的方式实现本国国民认为正当的利益；人类的国家权力也是地球生命共同体之公器，人类权力的运用要对生命共同体的力量和法则有基本的敬畏之心。

#### （二）兴公利、除公害是权力存在合理性的基础

权力是兴公利、除公害的利器，这是权力之所以存在的唯一合理理由。固然，不是所有的人在所有的时候都认为权力的存在是合理的，如官员受贿的时候不喜欢监督者，这是基于私人的欲望而评判权力应否存在。权力存在的合理性不是基于人的好恶，或者人性等，而是基于事势之必然。所谓事势之必然就是公利和公害的客观存在状态。基于对人性的理解，汉密尔顿说："如果人都是天使，就不需要任何政府了。如果是天使统治人，就不需要对政府有任何外来的或内在的控制了。"[①] 这样的说法不够缜密，因为即使聚集在一起的人都有天使般的本性，他们也需要权力去应对客观存在的公利和公害。人们为了兴公利和除公害，可以忍受权力结构和运用上的某些不足。而如果政府没有把权力运用到兴公利和除公

---

① 汉密尔顿，等.联邦党人文集[M].程逢如等，译.北京：商务印书馆，1980：264.

害上，那么，政府就失去了继续执掌权力的合理性，人们会通过更换统治者的方式使权力运用回归到他们比较能够接受的状态。

### （三）权力行使必须公开透明、依法依规和科学

高效如果统治者都是天使，就一定不会反对权力行使的公开透明；如果统治者都不是天使，那他们就没有任何理由不将权力行使公开透明。权力行使必须公开透明是源于权力的本质和使命。权力是公器的本质，以及权力为兴公利、除公害而存在的使命，对权力行使的公开透明提出了必然要求。如果法律果真是"天下之法"，那么，依法依规行使权力就是符合正义原则的。既然权力是集全体成员之力而形成的，人们也就必然希望权力能够在兴公利、除公害上有超越任何个人能力的表现，即对事情做出聪明睿智的判断、周全缜密的安排以及迅疾高效的处置等等。荀子说："天下者，至重也，非至强莫之能任；至大也，非至辨莫之能分；至众也，非至明莫之能和。此三至者，非圣人莫之能尽。故非圣人莫之能王。"（《荀子·正论》）这里的"圣王"模式所反映的就是人们对于权力行使公开透明、依法依规和科学高效的期待。

## 四、甄别腐败现象的实践理性标准

以实践理性法则为前提，按照一定的步骤，可以从纷繁复杂的社会现象中甄别出腐败现象。

### （一）从行为指向与权力的相关度来初步甄别

要甄别腐败，首先要把那些和权力相关度高的社会性事务与其他社会性事务区分出来。而社会性事务和权力之间相关度的区分，不能单纯以某种或某几种身份来断定。政党成员、政府官员、议员、法官等公职人员以及私人部门的管理人员、官员亲属等身份，通常被认为是和权力相关度高的身份。然而，"和权力相关度高的人"与"具有公职人员身份的人"等并不是可以完全置换的概念，所以，唯身份论有它的局限性。在美国，游说集团的成员未必有公职人员的身份，但他们与权力的相关度比普通公职人员还要高一些。所以，与其从人的身份来判

断相关度，还不如从行动指向来判断。这样，不管什么人，只要其行为直接指向权力，就是和权力相关度高的行为，就应该进入到对该行为及事务是否涉嫌腐败的甄别程序。

我们应该摒弃掌握权力的人才有可能腐败，以及掌握权力的人必定有可能腐败这样的极端想法，尽管这样可以使问题简化，但这样的想法就等于把所有的政府官员、管理人员等预先当成了嫌疑人，这显然有失公允。这样的思维方法还时常被扭曲，导致长官对其下属、领导者对于普通职员以及政府官员对于社会大众的廉洁训示的现象频繁出现。在这样的思维下，反腐败要么是民众对政府的斗争，要么是权力大的人对权力小的人的教育和惩戒。总而言之，这是身份对身份的斗争。因此，我们不应该将某些身份设定为腐败的主体，而是要看其行为指向与权力相关度的高低。

### （二）从他人或公共利益是否受损进行再次甄别

即使是在资源有限的生存空间内，一个人获利也并不必然意味着他人或公共利益受损，因为利益受损不仅仅是一种客观的资源增减和占有关系，而且也是一种基于理性的集体认识和判断。所谓理性的集体判断，就是依据公认的准则或协议进行的判断。所以，在某件事情上个体利益或集体利益受损的结论，很大程度上是依据准则或协议进行的理性的集体判断，而不是纯粹数量上的加减乘除。一种判断要成为理性的集体判断，必须具备如下条件：一是基于公认的准则、契约或协议；二是程序的公开性和正当性；三是多数人的可持续的同意。很显然，依于身份、地位、境遇、好恶、情绪以及屈服于权势、识见不足、被蒙骗等所作出的同意，都不能说是可持续的同意。作为理性的集体判断，对腐败的认定还必须做到明确一种行为究竟是破坏了怎样的准则或协议，以及明确利益受损的主体和程度等。

某种行为如果被认定为腐败，那就意味着该行为已经导致了利益受损的集体判断。对于某种行为究竟是"有益"还是"有害"的讨论，应该是在某种行为是否是腐败的认定之前，而不是在已经做出了腐败认定之后。对一种行为做出腐败判断和利益受损的判断是同时的，而且其逻辑和依据是一致的。"腐败有益论"暗示着可能在对腐败和利益受损进行判断的时候分别使用了不同的标准。在笔者看来，要么就不要轻易使用腐败概念去指称该种行为，要么就不要讨论该种行为的利弊。一旦认定该种行为是腐败，在利弊的讨论中就只剩下一个选项，即利益受损。

### （三）从社会问题分类治理的科学性角度进一步甄别

反腐败是国家治理的经常事项，其重要性和独立性都不容置疑，但这丝毫不意味着反腐败就可以成为治国之纲。对国家社会事务进行系统分类，并依据分类进行系统性、集约化的治理，这是政治文明的常规进路。所以，有必要从能够治理和方便治理的角度，或者说专门化治理的角度来认识腐败。在政治透明度和民主化水平较低的国家和地区，社会大众更倾向于把治理中存在的问题都归因于腐败，而反腐败就成为人们宣泄不满情绪的出口。在这样的政治文化中，反腐败是包治百病的良药，将承担其难以胜任的重负。

专门化反腐败是针对少数人相关行为的理性行动，这意味着至少不能从宽泛的道德意义上来认定腐败。毫无疑问，腐败者及其腐败行为必须受到来自道德的谴责，因为一切腐败都有其道德后果，但若以道德为基准划分腐败与廉洁的分界线，则会带来诸多的社会问题，其中最主要的是造成反腐败的战线过长，打击面过宽，并最终导致全社会更加迷恋和依附于权力。人无完人，而且道德修养是久久为功、持续终身的过程，在人人都因为有可能有道德上的瑕疵而面对惩处随时降临的恐慌氛围中，只有垄断或者依附于权力才能够最大程度地获得安全感。因为有道德上的瑕疵，所以许多人对于其他人腐败行为的监督、揭发时难免瞻前顾后，这无疑削弱了反腐败的阵营。所以道德方面的社会问题不宜归入腐败问题一并治理。专门化反腐败应该是针对可以精确数量化的行为及其后果的惩防行动。

反腐败斗争不能包治百病，反腐败机构也不是全能医生。将什么社会问题归入腐败现象进行治理，不能不考虑到反腐败机构的职能分工和行动能力。

## 五、腐败的概念及其理论内涵

综上所述，笔者从学理上对腐败所下的定义是：腐败是公职人员或者通过公职人员利用公共权力损害公私利益以实现私人目的，并经过集体的理性判断认为必须交由国家专门机构进行惩防的行为或现象。其理论内涵如下：

### （一）腐败主体具有身份的不确定性

按照《现代汉语词典》对"主体"一词的多重解释，"主体"所对应的既有"事物的主要部分"的意思，又有"法律上指依法享有权利和承担义务的自然人、法人或国家"的意思。一般认为，"腐败行为的主体，通常是公职人员"①。这意味着反腐败主要就是预防和惩治公职人员的腐败。可以说，"腐败主体是公职人员"印象的形成是建立在有关"谁最有可能腐败"的大量经验事实基础之上的。但若因此而形成"腐败主体是有×××身份的人"的刻板印象，则表明了它的局限性。一方面，它会强化"无官不贪"等社会心理，加剧政府与社会之间的紧张；另一方面，它掩盖了腐败产生的内部机理和社会根源，从而对腐败治理产生消极影响。腐败行为发生的时候公职人员在两个方面和公职相关，一是他事实上掌握着一定的公共权力，二是他背离了社会对公职人员身份的期待和规范。腐败的官员是利用公职人员身份的便利腐败，而不是以公职人员的身份腐败。

公职人员在索贿受贿的时候比任何人都更渴望淡化他的公职身份，都乐意把行贿者视为"朋友"，把权钱交易视为"人之常情"，锒铛入狱时往往忏悔"交友不慎"，以此得到精神上的解放。强调"腐败主体是公职人员"在理论上还有两个困难。一是如何解释大量的腐败案中牵涉到的非公职人员的存在问题。在受贿案中，行贿者既可能有公职人员身份，也可能没有公职人员身份。二是如何解释大量存在的"曲线腐败"的问题。在司法实践中，大量的贿赂案件是间接地向国家工作人员的亲属行贿，而"公职人员的亲属"身份不等于"公职人员"身份。与此相似，"公职人员的朋友""公职人员的特定关系人"等身份也不等于"公职人员"身份。法律条文中有关"介绍贿赂案"的规定中，介绍个人或单位向国家工作人员行贿的行为主体也未必都具有"公职人员"身份。

事实上，人们一再拓宽"公职人员"概念的外延和适用范围，如有学者指出："公职人员不仅包括在国家机关中任职的国家公职人员，而且泛指在党和其他公司、企业、事业单位、人民团体等社会公共机构中担任领导职务的公职人员。……不仅包括公职部门，也包括私营部门及其人员"；《联合国反腐败公约》第 21 条以及欧洲理事会《反腐败刑事公约》第 7 条和第 8 条都要求各国通过立

---

① 何增科．中国转型期腐败和反腐败问题研究（上篇）[J]．经济社会体制比较，2003（1）．

法打击'私营部门内的贿赂'"①。这些都说明"公职人员"这个概念实际上没有穷尽腐败主体所要指的对象。如果从无论什么人腐败都应当承担相应法律责任的逻辑看问题，则将私营部门的人员硬塞进公职人员范畴的做法就没有必要。反腐败对事不对人，不是在特定身份的人那里反腐败，而是反所有的腐败。

### （二）腐败的必要形式是利用公共权力

根本特征是使公共权力服务于私人目的一个人的某种实现其不正当目的的行为是否是腐败，不看他是否具有公职人员身份，而看他在这一过程中是否利用了公共权力。腐败中对公共权力的利用包括公职人员的利用和通过公职人员的利用，但这样的划分只不过表明腐败对公共权力的利用离不开公共权力的代理人和标志物。如果公共权力是一架力大无比的机器，那么，公职人员就是这架机器的操作员。腐败要么是操作员直接做出有利于自己的操作，要么是通过影响操作员使其做出有利于自己的操作。腐败者对于公共权力的利用，其主要形式包括盗骗、威吓、交易等以及多种手段的复合体，而每一种形式又分别有不同的情况。盗骗是在公共权力的获得和运用环节所表现出来的腐败。对公共权力的盗骗型利用，首先表现在腐败者使自己获得公共权力上。如果权力的获得必须经过选举的程序，腐败就集中地表现为贿选；如果官职和权力的获得必须得到上级的任命和授予，腐败就表现为跑官买官；如果公共权力的获得需要一定的资历，腐败就是对年龄、学历、履历等的伪造；如果要求获得公共权力的人都必须有高尚的品德和坚定的信仰，腐败就会表现为伪装。如果唯唯诺诺有利于获得权力，腐败者就会低眉顺眼；而如果阴谋或者反叛更有利于获得权力，他们就会撕下忠诚的面具。而热衷于盗骗公共权力的人，很难让人相信他们会按高尚的原则行使公共权力。所以，盗骗公共权力往往是严重腐败的开始，而且是反腐败的严重障碍。

威吓公职人员以达到自己的目的，这是没有赃款赃物的腐败，是一种成本较低并且风险较小的腐败。威吓既可以是公职人员对公职人员和普通公民的威吓，也可以是普通公民或组织对公职人员和政府的威吓。在集权体制下，威吓是上级官吏对其下级经常使用的腐败手段。威吓还可以借助财富、声誉和选票等影响力

---

① 意大利反腐败法 [M]. 黄风，译. 北京：中国方正出版社，2013：125.

来实现。许多跨国公司实际上无需对许多发展中国家的官员行贿，单是利用投资或者撤资意向，就能够使后者屈服，使自己得到各方面的优惠。在注重经济绩效的国家，甚至财大气粗的国内企业也可以如法炮制，使为招商引资和 GDP 业绩发愁的地方政府及其官员乖乖就范。

交易形式的腐败就是公职人员在交易中使公共权力的运行有利于交易各方。因为交易在腐败案中常见，所以就有了一个专有名词"交易型腐败"，人们从经济学的角度将这类腐败称之为"权力寻租"。有学者指出："交易型腐败可以定义为：公职人员通过政府权力介入市场经济活动中履行职能不正当、不合法地追求个人利益的行为。"[①] 也有学者直接将交易型腐败对应于受贿："受贿实质是钱权之间的交易，也称交易型腐败，是近十年来有关腐败的经济学研究的重点。"[②] 实际上，交易既不是在特定的条件下出现的腐败，也不是只因为特定的目标物而发生。交易双方交易一切在他们看来有价值的东西，如权力、金钱、物品、美色、美食、服务、职位、机会、信息、宽容和沉默等，如果法律对某些交易的打击严厉而且有效，他们就会在相对还比较安全的方面进行交易。用于交易的东西是否有价值，以及价值几何，由参与交易的各方根据常理、嗜好和具体情境等确定。

### （三）腐败的认定具有一致性、时代性和实务性

一致性就是要形成基础最广泛的一致意见，排除个人或团体意见的随意性和独断性。在对何为腐败的认识上，个人认识与集体判断、社会思潮与国家立法以及不同团体之间存在着某种程度的紧张关系，这是很正常的现象。而只有在不断推进的反腐败实践中，才可能达到对什么是腐败的比较成熟一致的意见。一致性意见来自实践，是辩论、协商的结果，也可能是博弈、抗争和妥协的结果。这倒不是说人们不能在将"以权谋私"等作为腐败的构成要件上有大致的共识，而是说一旦涉及到细节，人们就会有意见分歧。"三公"消费是长期以来饱受社会诟病的现象，但在严厉的处罚出现之前，有权力的人在"工作需要"的理由下安之若素。自古以来，对高级官员的特供、特服、特办等制度一直比较隐秘地存在，

---

① 梁木生.论交易型腐败的理性预防 [J].理论与改革，2002（5）.
② 陈艳莹，等.中介机构、寻租网络与交易型腐败：中国省份面板数据的实证研究 [J].南开经济研究，2010（2）.

很少有人把它和腐败联系起来。反腐败的发展就是要扩大对腐败认定的一致性基础，最终按照最大多数人要求的方式和程度来治理人们一致认定的腐败。没有对腐败认定的广泛一致性，反腐败就成了一部分人的自娱自乐。有学者从反腐败制度建设的政治动力机制的角度指出，印度2013年通过的《官员腐败调查法》，就是政府、社会精英和社会大众三大主体互动，在调查对象、调查权限、处罚措施等方面长期博弈和妥协并最终取得一致性的结果①。如果不能对腐败的认定取得最广泛的一致性，反腐败就不可能走上法治化的道路。

腐败的认定应具有时代性。有些人认为腐败的认定具有文化上的差异性。正如一些调查者搜集到的意见那样："我们知道腐败是第三世界政府的一个大问题。但是哪个敢说某个行为就是真正意义上的'腐败'？也许在你的文化环境中是腐败，可在他们的文化环境中就不一定是腐败。"实际上，文化不但是对要素的描述，更是对要素间结构的反映。无论是中华文化还是世界其他民族的文化，要素的承继与更新、减少与增加都是正常现象，而其要素结构的变化也属常见。在文化变迁和文化间交流愈益频繁的世界上，各民族文化及本民族文化的不同形态与根本特征，是由文化要素的结构决定的。影响腐败认定的是时代文化，而不是静态文化。如果从一致性的角度加以强调，则这样的时代文化实际上是时代的主流文化。腐败的认定具有实务性。实务性是一致性的重要基础，同时也反映了腐败认定中的时代性。腐败认定的实务性一要看一个国家有怎样的反腐败专门机构。反腐败专门机构在履行反腐败责任的同时，也塑造着人们对什么是腐败的一致性认定。如果反腐败专门机构是纯粹的执法机构，那么，对腐败的认定就限于"违法型腐败"；如果反腐败专门机构既有执法又有执纪的职能，那么，对腐败的认定就会包含"违法型腐败"与"违纪型腐败"；而如果反腐败专门机构还担负着道德教化的职能，那么，某些悖德行为也会被认定为腐败。反腐败专门机构的职能设置，既要回应社会上腐败认定的最广泛的一致性，又要谨慎地避免挑动社会上泛腐败化的思潮兴起。

腐败认定的实务性还要看反腐败资源状况。反腐败是保护和生产资源的斗争，也是利用和消耗资源的斗争。反腐败的行动者在考虑要达到什么样的目标

① 肖滨，黄迎虹.发展中国家反腐败制度建设的政治动力机制———基于印度制定"官员腐败调查法"的分析[J].中国社会科学，2015（3）.

时，必须弄清楚自己拥有怎样的资源以及资源再生和补充的客观实际。罗伯特·克利特加德在阐释他的"最佳限度腐败量"观点时说："腐败并不是我们唯一关心的东西。我们还要考虑减少腐败所花费的成本……在制定反腐败蓝图时，必须弄清各种腐败及非法行为怎样及在多大程度上危害组织和社会。"尽管人们基于反腐败战略选择"零容忍"考量而对这种观点颇有微词，但这否定不了反腐败的蓝图和效果依赖于资源状况这一事实。所以，一定历史时期腐败认定的实务性，其实就是反腐败要明确重点，分清主次，有效避免四面出击、欲速则不达的问题。当然，时代性、实务性终究不能取代一致性。没有腐败认定的一致性，全社会协同反腐的格局就无法形成，而反腐败的国际合作也终将徒具虚文。总之，反腐倡廉是国家治理的重要方面，界定腐败的一个重要目的是为了有效实施反腐败。人们对腐败这一基础性概念的认识越全面、越准确，反腐败就可能越系统、越有针对性。笔者从实践理性视角对腐败概念内涵所进行的考察，期望能为反腐败提供有益的启示。

## 第四节　腐败的类型及生成条件

### 一、腐败的类型

腐败范围十分广泛，腐败行为纷繁复杂，这就决定了腐败形式的多样化。为了能更好地从理论和实践两方面深化人们对腐败本质及其根源的认识，根据对腐败概念的新理解，我们采用二分法，从各种角度对腐败形式加以分类并简要阐释其含义。

## 【延伸阅读】

### 胡黎明事件

某大学博士研究生胡黎明，从 1991 年毕业留校，到晋升教授取得博士生导师资格，只用了两年时间，成为当时全国最年轻的博导之一。1997 年，他在博士毕业论文里剽窃他人成果的丑闻被公开揭露。据调查，他将国外科学家送他阅读的尚未公开发表的论文的精彩内容据为己有，再加上其他科学家的专著内容，拼凑成自己的博士论文。"胡黎明事件"还引发了其院士导师的学术道德问题和经济违法行为，导致这位院士被除名。他涉嫌抄袭 40 篇论文，被开除党籍。

## （一）权力腐败与非权力腐败

根据腐败的客体是否是公共权力、腐败的主体是否是公职人员，可将腐败区分为权力腐败和非权力腐败。所谓权力腐败是指某些掌握公共权力的公职人员滥用公共权力谋取私利的行为，表现为任人唯亲、贪污贿赂、敲诈勒索、贪赃枉法、徇私舞弊、拉票贿选、玩忽职守、公款吃喝玩乐、地方或部门保护主义等现象。非权力腐败则是非公职人员的一般公民利用各种社会失控而谋取非法私利的行为，表现为制造假冒伪劣商品，从事欺诈交易、损人利己、偷税漏税、行贿赌博、吸毒贩毒、卖淫嫖娼等现象。

## （二）官员腐败与非官员腐败

根据作为权力腐败主体的公职人员是否担任官方职位，可将腐败区分为官员腐败与非官员腐败。官员腐败是指担任官方职位的公职人员滥用领导职权的腐败。非官员腐败是指不占据官方职位但具有"国家干部身份"的公职人员滥用技术职权的腐败，如机关小职员、教师、医师、律师、记者等非官方公职人员，收受或索取不合法或不合理的分外收入的行为。

## （三）个体腐败与群体腐败

根据构成腐败主体的数量不同，可将腐败区分为个体腐败与群体腐败。个体腐败是指拥有一定职权的单个公职人员的腐败，群体腐败则是由少数掌管地方或某些公共部门或某些单位实权的公职人员所组成的小集团的腐败。

## （四）隐性腐败与显性腐败

根据腐败的显露程度，可将腐败区分为隐性腐败和显性腐败。隐性腐败是普通民众所不能察觉的社会高层公职人员的腐败（可称为"黑箱式"腐败）和民众所不能完全察觉的社会中层公职人员的腐败（可称为"灰箱式"腐败）。显性腐败则是普通民众随时随处可见的基层公职人员赤裸裸的腐败（可称为"白箱式"腐败），这些"小人物"对民众切身利益的侵害的直接性，决定其腐败的公开性。

### （五）黑色腐败与白色腐败

根据腐败的客观结果，可将腐败区分为黑色腐败和白色腐败。黑色腐败是公职人员和民众都认为不合法和不合理，因而具有严重社会危害性的行为，如贪污受贿、贪赃枉法、走私贩毒等腐败现象。白色腐败是或多或少能被公职人员和民众所接受的、介于合法与不合法、合理与不合理的临界状态，因而其社会危害性具有不确定的行为。在新旧体制交替时期，某些破坏旧体制的行为，虽有利于经济的顺利运行却不利于社会秩序的稳定，这些行为在合法化和合理化改革之前是不合法和不合理的，即违反当时社会的道德观念规范和法纪制度规范的，具有一定程度的社会危害性，但一旦经过改革使旧体制转变为新体制之后，这些行为便获得了合法性和合理性，从而转变为无害于社会的非腐败行为。

### （六）交互性腐败与非交互性腐败

根据腐败主体间是否有双向的不适当行为，可将腐败区分为交互性腐败与非交互性腐败。交互性腐败是指腐败主体间双向的不适当行为。主要有任人唯亲，这种裙带性腐败旨在结成以权谋私、官官相护的命运共同体；欺上瞒下、虚报数据，其目的是获得更多奖金和提拔重用，或者暗中截留中饱私囊；行贿受贿、敲诈勒索；贪赃枉法、徇私舞弊、官官相护；官商一体、官商勾结：非交互性腐败是腐败主体间非双向的不正当行为。主要有：尸位素餐、玩忽职守；阳奉阴违、妨碍司法；挥霍浪费、奢侈铺张；贪污、投机、走私、泄密。

## 二、腐败的生成条件

腐败行为的形成需要有三个条件即腐败的机会、腐败的动机和腐败行为受到惩罚的危险性。

### （一）腐败的机会

第一，权力垄断。权力垄断是腐败现象和腐败行为的生态基础。自从人类为了自身的生存和发展不得不组织起来时起，便产生了公共权力。由于权可以带来利益，一旦权力不受制约，被个别人所垄断，公共权力便会蜕化为个人谋利的手段。在人社会发展史上曾发生过多种形式的权力垄断现象。在氏族公社制度的晚期，就出现了氏族贵族垄断权力的现象，接着便是奴隶主贵族、封建帝王的权力垄断现象，这种专制下的权力垄断，使权力腐败现象成为不可避免的事情。古代社会为什么总是腐败横行，许多强大的王朝都被自身的腐败所摧毁，原因就在于权力垄断。所以说，专制与腐败是一孪生子，共生共存。

然而，为什么在奉行现代民主制度的社会里，腐败非但没有得到遏制反而有愈演愈烈之势呢？原因在于民主社会里仍然存在着权力垄断现象。当今世界上存在着两种民主制度，一种是资产阶级民主制度，一种是无产阶级民主制度。资产阶级民主制度历经百年的发展，已经趋于成熟，但权力腐败仍然存在，原因仍然在于没有消除权力垄断现象。资产阶民主制度存在的权力垄断主要表现在两个方面：一是国家政治统治权力的阶级独占性，即资产阶级独占国家权力。另一个是权力执行的代表制，国家权力由全体选民委托少数代表人物出面执掌，在执行过程中难免出现垄断。资产阶级中有见识的政治家为了防止权力垄断创立了普选制、三权分立的权力制衡制度和各种法制监督制度，但最终无法克服权力垄断现象，权力腐败也就成了无法根除的现象。就社会主义民主制度而言，它第一次克服了国家权力由单一阶级独占的局面，把国家权力交给了全体人民。但是在现实的政治实践中，由于诸多方面的原因，权力垄断成了十分突出的问题，这就为权力腐败现象的发生提供了最为基本的条件。

由此可见，要想消除权力腐败，首先要消除权力垄断。至于彻底铲除权力腐败，除非公共权力彻底消亡，或者权力被完全监督，然而这两种情况在目前的社会现实中都不可能出现。

第二，权力的无序运行。权力的无序运行是腐败发生的内部生态环境条件。权力的无序运行是指权力运行过程中缺乏法定程序的约束和必要的法制监督。当公共权力者通过民主程序被社会公众委以管理权力以后，要想保证权力不被滥用，首先要制定严密的程序法，让权力有序运行。有序运行的权力既不会越位，也不会越界，更不会被滥用。而无序运行的权力者会如脱缰的野马，被公共权力者随意操作，随时都可能出现以权谋私和侵害公民权利的行为。权力无序运行会使权力在执行过程中被个别人所垄断，从而形成了腐败发生的基本条件。在现实生活中，任何一级的公共权力者只要垄断了一部分权力，哪怕是很微小的一点权力，我们就会看到弄权营私的现象发生。

### （二）腐败的动机

第一，公共权力者地位异化。国家从社会中诞生，就产生了拥有公共权力的组织和个人。公共权力从何而来？来源于人民的授权。当人民把权力赋予某人或某些人时，其初衷是希望他们当"公仆"，而权力一旦被赋予到他们头上，他们就可能以"主人"姿态出现。这种由"公仆"到"救星"的角色转变就是权力异化的开始。"一切有权力的人都容易滥用权力，而且他们使用权力一直到遇有界限的地方才休止"（孟德斯鸠）。权力的无制约性，就使利用职权谋取私利成为可能，并且权力越大，谋取私利也就越多。

第二，社会主体的利益驱动。社会主体的利益驱动是腐败现象发生的动机之一。由于权力具有资源分配的功能，政府制定的各种政策，在本质上就是一种利益的分配，因此，社会成员为了自身的利益总是千方百计地争取政策向自身倾斜。这种争取活动，有的是按照合法程序进行的，有的则是采取了不正当的甚至非法的手段。公共权力者也有个人的利益和要求，他们并非满足从自己的工作中获取正常报酬，他们还想利用自己手中的权力去谋取比他们的正常报酬更多的利益。权力者有捕捞私利的动机，利益主体有对权力的需求，因此各种幕后交易可能发生，腐败现象由此产生，这就是西方学者提出的所谓权力寻租活动。

### （三）腐败的成本

腐败的成本就是腐败受到惩罚的危险性。腐败行为受到惩罚的危险性越小，腐败行为的发生率就越高，反之，腐败行为的发生率就越低。

如果腐败行为没有被发现、没有遭到惩罚，那么，就会促使腐败分子和企图腐败的公共权力者产生侥幸心理，追逐侥幸行为。腐败分子因过去的腐败行为没有受到惩处，就会吸取以往的经验，更加胆大心细从事腐败活动，并试图再次蒙混过关，此所谓："有了第一次，必有第二次"。企图腐败的公共权力者会以腐败分子的腐败行为未受到惩处的经历为参考因素，"既然别人可以成功，我未必就那么倒霉"。

腐败分子没有受到处罚或对腐败分子处罚过轻，会大大减轻法律的权威性和严肃性，对腐败分子不能形成威慑力量，会壮腐败分子的胆，腐败愈演愈烈就成必然了。因此"除癌"仍须用利剑。

## 第五节　腐败的成因与危害

### 一、腐败的成因

#### （一）腐败的根源

我们知道腐败的实质是以权谋私，根源来自于社会公共权力的异化，也就是公共权力被私用化。那么我们就先从构成腐败的要素出发来分析腐败的成因：

1. 从腐败行为的主体来看，腐败产生的原因表面上是因为人的私心，是主观上对个人利益的追逐使其选择了破坏公众利益而满足个体私利，很显然个体的私利并不一定就能产生腐败，它只是腐败产生的必要不充分条件。人的自然属性使人先天就和动物一样具有一种趋利避害的自利本能。生产资料的私有制肯定会助长人们的私利观念，但是，没有私有制是否就没有私利的观念或趋向呢？

在没有私有制的动物群体中，我们也可以很容易地观察到私利的行为，如对异性的占有。从经济学的角度来看，因为人趋利避害本能的存在，当面对几种利益选择时，人就会通过自利的本能进行价值趋向的博弈。当个人手中掌握着一定缺乏监管的社会权力时，就难免有人会使之兑现成满足自身欲望的工具，把公共的资源变成个人或者是小集团的私有产品。如果一个社会的反腐制度漏洞百出，那么腐败绝对是桩"低成本、高回报"的行为。

2. 从腐败行为的客体来看，公共权力的存在是腐败产生的必要前提。人类社会形成以后，人类的群居生活使得公共事务产生并需要有公共权力来协调保障社会的秩序和稳定。如果公共权力在使用上没有监督，那么社会公共权力对公众的影响越大就使得寻求公共权力的欲望和动力越大，产生腐败的可能性就越大。

美国经济学家安妮·克鲁格在 20 世纪 70 年代提出的"寻租理论"(《寻租社会的政治经济学》一文)也揭示了这一点。寻租理论认为,腐败是政府直接干预市场活动造成不平等竞争而产生的。也就是说,政府的干预行为使得个人和企业为了获取最大收益而进行寻租。可见公共权力的存在为腐败提供了可能性。人的社会属性是公共权力形成的原因,人的群体生活需要一种公共的权力来协调保障群内个体之间的关系。有了人类社会就有了公共事务,就会有公共权力的存在。现代社会社会分工越来越细,社会公共事务越来越多,公共权力的影响也越来越大。根据监视世界各国腐败行为的非政府组织(NGO)"透明国际"自 1995 年以来的多年调查数据,我们可以看出越是经济发达政治开明的国家越清廉,越是贫穷动乱不民主的国家腐败越严重。可见公共权力的存在只是腐败产生的前提条件之一,而不是腐败产生的根本原因。

3. 从腐败产生发展的过程来看,是个人或小团体利用了其便利的条件使本该为公共服务的公共权力异化为己所用,来满足一己之私利。无论在任何社会发展阶段,人的自利性是先天而在的,我们可以"存天理,灭人欲"般地进行后天的道德教化来引导规范人的自然属性,却绝不会也不可能把人的自然本能给根除掉。而现代社会的发展使社会分工越来越细,人与人之间发生联系的公共事务就愈来愈多,公共事务就愈加需要公共权力的存在来进行调解。可以说公共权力的产生和存在是人的社会属性要求的体现。当人的某些自然属性与社会属性都不能消除时,我们就应该去协调和规范它们的关系。法国著名哲学家孟德斯鸠在《论法的精神》一书中指出:"一切有权力的人都爱滥用权力,这是万古不变的经验。防止权力滥用的办法,就是用权力约束权力。权力不受约束必然产生腐败。"所以当公共权力没有或缺乏监督时,人利己的自然属性就被无限制的欲望所诱惑而扩张,把自己的利益通过公共权力凌驾于公众利益之上,把公众的利益窃为己有。也就是说当公权私用时,个人的私利就超越了公共的利益,个人凌驾于了公众之上,这个社会就丧失了公正、平等,一个没有公正和平等的社会自然也不是一个民主的社会。

那么是什么原因导致了公共权力异化成为满足个人私利的工具的呢?是什么使得公共权力失去监督而滥用的呢?从人类社会的历史发展进程来看,社会处于原始社会末期的氏族社会阶段,氏族成员之间休戚与共、完全平等,实行原始民主。但随着氏族之间的联合或兼并,氏族扩大为部落、部落联盟,原有的管理体系已难以适应新的形势；另一方面，随着私有制和阶级的出现，氏族成员之间的利益急剧分化，矛盾加剧，氏族社会原有的公共权力及其组织体系失去了权威性，社会面临解体。这时候处于优势的一方为了维护自己的利益就创立了国家。国家这个阶级统治的工具就在阶级社会中强势地替代了公共权力。所以在阶级社会里，统治阶级为了维护自己的既得利益就把国家机器美化为公共权力，抹杀它们的区别。他们在思想上灌输"君权神授"，在政治上强化国家机器的控制，在道德上强调等级有别。这样公共权力堂而皇之地变成了极少数人所把握的特权。这种社会从其社会制度的根子上就决定了腐败产生的必然性和不可消除性。而在民主、平等观念盛行的现代阶级社会中，阶级和国家依然存在，腐败现象依然没有消失，但随着社会的发展和人的自主意识的唤醒，人们对公共权力的关注使得国家日趋向公共权力靠拢。腐败也日渐被限制和控制在一定的狭小范围内。从此可见，阶级社会中腐败产生的根源在于国家机器为谁所用，为谁服务，国家与公共权力统一的问题。如果在一个真正实现权为民所用，利为民所享的国家里还出现腐败现象，那就是公共权力没有得到有效的监管，社会制度还不完善。

### （二）我国目前的腐败问题存在的原因

胡锦涛同志在第十七届中纪委第三次全会上讲过，坚决惩治和有效预防腐败，关系人心向背和党的生死存亡，是党必须始终抓好的重大政治任务。我国已进入改革发展关键阶段，党风廉政建设和反腐败斗争面临许多新情况新问题，形势仍然严峻，任务仍然艰巨，全党必须充分认识反腐败斗争的长期性、复杂性、艰巨性，以完善惩治和预防腐败为重点，坚定不移地推进反腐倡廉建设。

## 【延伸阅读】

2009 年，全国检察机关共立案侦查各类职务犯罪案件 32439 件 41531 人，件数比上年减少 3.3%，人数增加 0.9%。突出查办大案要案，立案侦查贪污贿赂大案18191 件、重特大渎职侵权案件 3175 件；查办涉嫌犯罪的县处级以上国家工作人员 2670 人，其中厅局级 204 人、省部级 8 人。立案查处的省部级干部比 2008 年翻了一番。中纪委查办的省部级干部有 17 起，创历史新高。

根据对我国腐败案件案情的调查分析，认为当前我国腐败现象严重具有以下原因：

1. 权力过于集中，是产生腐败的根本原因

权力过分集中，缺乏有效监督，必然导致腐败，这是颠扑不破的真理。因为"一切有权力的人都容易滥用权力，这是万古不易的一条经验"。法国启蒙思想家、法学家孟德斯鸠说过，公共权力有两个自然属性，一个是它的腐蚀性，一个是它的扩张性。权力导致腐败，绝对的权力就是绝对的腐败。我国改革开放以来，一个县委书记、市长、省长在任几年，一旦东窗事发查出来，动不动就是贪污受贿几百万元、上千万元，甚至还有过亿元的。这不能不说体制性的障碍的确存在，助长了腐败的产生。

2. 制度流于形式，是产生腐败的主要原因

法律法规、规章制度本来就是一道防火墙。从广义上讲都叫制度，是机关单位设置的办事规则，用来规范和制约权力运行，能有效地制权、管物、用人，肯定有利于党风廉政建设。但是在制度建设中有几个问题没解决好。一是不习惯制度。由于我国几千年长期处于封建社会，形成人治而非法治的文化传统，老百姓总是寄希望于明君而不是崇尚法治。

作为领导，总是好专制而不好民主；作为群众，总是信访而不信法。二是不相信制度。有的地方、有的单位、有的领导相信人的柔性作用，不相信制度的刚性作用。一说建章立制，认为是搞文字游戏，敷衍上级，应付检查，美其名曰制度是死的，人是活的。往往是制度写在纸上、贴在墙上，迎合上级检查；领导赞扬，让人参观、让人模仿，墙内开花墙外香。在行使职权时，千方百计绕过制度，以特事特办寻找违规理由，以协调关系为由降低标准，以获取自身利益滥用职权。常常是以服从大局、照顾关系、领导干预、自身利益为由越过红线，践踏规章，不按制度办事，为腐败盛行、权力寻租打开方便之门。三是不落实制度。几乎每一起责任事故的发生，每一起职务犯罪案件的发生，都与制度不落实有关，制度不执行、不落实，成为发生腐败的重要原因，这不能不说是保障性的困扰。

3. 监督疲软缺乏，是产生腐败的重要原因

监督就是制约制衡，让权力在阳光下运行，使规则公平、过程公开、结果公正。现在对腐败的监督类型很多，有法律监督、纪委监督、人大监督、民主监督、群众监督、舆论监督、领导监督。一般单位都有三条监督线，单位系统直接监督，行业协会专门监督，纪委监察上级监督，少数单位还有检察机关预防监督。但这些监督到底是权力监督还是权利监督呢？为什么党员联名举报、群众集体上访的问题大多没有结果，引不起重视，虎头蛇尾，大事化小，压而不查，查而无果？就是因为党员群众监督是权利监督，力度不大，不如领导批示查办和纪检部门、反贪部门立案查办。现在监督有个弱区，说它是弱区就是权力机关介入少，很谨慎，受限制，有条件。监督是弱区但不是盲区，不是说绝对没有人管、没有人查，而是要由上级纪委和上级检察院查，要备案，要审批，要研究，要权衡。因此，在监督方面，就出现了上级监督太远，难以发现；同级监督太软，不敢碰硬；群众监督太难，不知底细的问题。所以，职务越高，级别越高，层次越高，背景越深，查处越难，阻力越大，干扰越多，处理越难。这就是机制性束缚，影响了反腐败的深入和力度。

4. 社会环境影响，是产生腐败的客观原因

这个环境有三个层次，一是家庭环境，二是单位环境，三是社会环境：从家庭环境看，贪官背后不是有一个贪老婆，就是有一个贪情人。从单位环境看，领导和一把手想贪污就拉下属入伙，案件要么不爆发，一查就是一窝子、一大串。或者是集体腐败，班子烂掉，全军覆灭。

从社会环境看，现在办什么事都讲究潜规则，给回扣，托人情，找关系。潜规则越来越深，越来越普遍，越来越盛行。

5. 文化糟粕熏染，是产生腐败的历史原因

著名学者王亚南说过，"二十四史实际上是一部贪污史"。历代封建君王有一种观念，君不畏臣贪，而畏臣不忠，追求富贵合一，贵至富随。清王朝268年中，一、二品高官因为贪污被判刑的157人，其中死刑68人，最有名的是和坤，贪污受贿一亿几千万两银子。我们说中华传统文化博大精深，这没有错，的确如此，但留下的既有精华也有糟粕。在管理社会和执政方面，没有形成一套好的体制、机制和制度，以及传统的、有效的、成熟的政治文明体系。传统封建文化负

面影响，官本位思想和观念根深蒂固，代代相传，几乎每个人从小都被灌输读书—当官—发财的人生三部曲，现在相当多的人获取了文化上的支持和心理上的容忍，是默认和熟视职务犯罪的文化原因，这就是习惯性容忍。

现在我们提出建立社会主义核心价值观，叫作高唱正气歌，突出主旋律，实行大合唱，兼容多样性。但是在社会中，这只是官方价值观，每个人心中还有大众价值观和个人价值观。党要求我们执政为民，人民群众希望公务员多为群众办实事、做好事、解难事。但不可否认，不是每个公务员都有这么高的境界和觉悟。1848 年马克思、恩格斯创立了共产主义学说，列宁和斯大林建立了苏联社会主义国家，只不过 74 年就红旗飘落。东欧剧变、苏联解体，那么多共产党员坚定的信念和信仰到哪里去了？可见历史文化传统对每个人是有着潜在的巨大的文化影响力的。

## 二、腐败的危害

从个体层面上来看，具体到一个案例中，似乎腐败仅仅是给个体或者是一个小群体带来直接伤害或者是说提高其生产活动的成本。这种状况在信息不发达的时代也许如此，如果不是官方刻意追求惩戒效应，绝大多数腐败典型只是在一个很小的范围内引起一定的负面效果，并不会引起整个社会的震动，也不会给统治阶级的权力基础带来很大的伤害，只有当政权中的腐败已经遍及社会各个阶层，并成为常态时，腐败才足以起到权力的"终结者"作用。但是在现代社会中，腐败的社会成本逐渐抬高，某些时候仅仅是一个个案，就足以使国家政权受到极大的伤害，"腐败行为对任何实现现代化理想的努力都是极其有害的。腐败盛行造成了发展的强大障碍与抑制"。胡锦涛同志说："坚决惩治和有效预防腐败，关系人心向背和党的生死存亡。"腐败的危害可以粗略地概括为以下几点：

### （一）腐败影响执政党的执政地位，侵蚀政体

随着电视、网络等新兴媒体的普及，任何地方的信息都可以在第一时间传到任何一个角落，如果信息传递者在传播过程中为达到其既有目的而添加新的信息，那么将会在不同的受众之间引起不同效应。一个典型腐败案例的诞生，国家

权力的威严、信誉、安全等都受到不同程度的负面影响，由此带来公民对国家权力缺乏信任感，这是金钱无法衡量的，只会在案例的累积中不断的显现。

腐败严重损害党和政府的形象，破坏政府的公信力，削弱党和政府的权威，是政治稳定的严重隐患。我国是人民当家做主的社会主义国家，中国共产党作为我国的执政党，直接掌握着人民赋予的权力，承担着国家经济、政治、文化和社会生活组织管理的重任，其执政党的地位能不能得到巩固，能不能团结广大群众去共同奋斗构建和谐社会，最终依赖于广大人民群众的信任与支持。得民心者得天下，失民心者失天下。如果腐败案件频频发生，会使原本服从于党的领导的广大干部和群众在心理上受到强烈冲击，会对党产生怀疑，严重影响党和政府的公信力，政府公信力下降关系着政府的合法性，而政府的合法性又会影响到其统治的稳定程度，从而对党的执政地位构成巨大的威胁和挑战。

## （二）机构设置、反腐行为成本高，增加社会成本

隐蔽性是腐败的特点之一，腐败者或假借手中之权，使腐败行为貌似合法化，或与他人私下进行隐秘的权钱之交，知情者甚少。腐败的隐蔽性带来两种后果，一者腐败行为很难被发现，再者即便是腐败者露出马脚，有关机关也很难调查取证。腐败的这种特点，决定了当国家希望抑制其时，必然要增加很大的成本。

从我国来看，从预防—调查—惩治等环节，存在着如纪委、监察局、反贪局、预防腐败局等众多的反腐职能机关，还有巡视组、督查组等一些临时的机构，这些机构的运行每年要消耗多少纳税人的资金，这些成本是最直观的。此外还有在反腐倡廉方面的一些宣传投入、为应对腐败所消耗的发展精力等，这些如果进行成本核算，将是一个巨大的数字。

## （三）腐败影响资源的有效配置，影响社会公平，阻碍经济发展

腐败不仅使社会公共积累的资金流失，侵害国家和人民群众的经济利益，还影响国家经济改革政策的贯彻实施，严重恶化经济环境，影响经济和社会事业的协调、快速和健康发展，对社会主义经济建设和生产力的发展产生巨大的破坏作用。公平竞争是市场经济的基本特征，没有公平竞争，就没有健康的市场经济体

系。由于腐败行为的滋生，使得权力这种非经济的强暴力直接介入市场经济运行过程中进行不正当干预，导致市场经济公平竞争的法则被粗暴地践踏，公平竞争的市场经济秩序被人为打乱，平等竞争成为关系竞争，权力竞争，经济环境恶化，市场畸变，社会主义市场经济改革步伐缓慢。实践表明，腐败现象是影响经济健康发展的重要原因，所有形式的腐败都会从不同方面、不同层次对社会主义经济建设和生产力的发展产生巨大的破坏作用。以权钱交易、权力商品化为主要特征的腐败现象，是对社会主义原则的背叛，也是对社会主义市场经济体制的破坏。

市场经济的普遍原则是竞争、公平、诚信和效率，而腐败正是这些原则的天敌。当国家的监管制度不健全时，权力在市场中成为商品，有人出售，有人购买，可以设想，如果市场主体不是努力地想着如何为社会创造财富，而是转而投资于非市场活动，试图把政府在市场体系中设置的人为障碍变成排他性的私人通道。这就意味着，人为的干预措施具有了很高的垄断性经济价值，权力持有人能够轻易地把权力衍生为无形资本，以谋求暴利；另一方面，在市场途径受到阻碍，而非市场途径反而有可能实现更高效应的情形下，正当的市场经济行为往往遭到冷遇，公平和正义退而成为经济生活的陪衬，许多可以由市场途径解决的问题也就诉诸非市场途径了。由此可见，腐败是在政府干预与市场经济体系不健全的缝隙中产生和蔓延的制度性行为。不仅如此，腐败的干扰进一步破坏了市场经济秩序，加剧了市场失败，政府于是更多地进行干预，这又造成更多的腐败机会，结果"市场失败—政府干预—腐败—市场失败—政府失败"成了一个恶性循环，公平竞争和诚信等原则就只能成为粉饰太平的工具。

### （四）败坏了道德规范，破坏了社会风气

道德是依靠社会舆论和人的内心信念来维持的、调整人们相互间关系的行为规范的总和。道德具有认识作用，就是使人认识到个人在社会中应担负的责任，认识到社会对个人的道德要求。人都有自然属性和社会属性，自然属性是天生的，如进食、求生、占有等欲望；社会属性则是后天的，是渐渐形成的。人需要自然属性，更需要社会属性，因为人是不可能脱离于社会存在的。如果人不对自己的自然属性加以必要的约束、克服，人的社会属性就不会形成，社会也就不会

存在。腐败行为利用公共权力来满足一己的私利，是把人的自然属性放大化为社会属性，如果腐败行为盛行，就会出现人人只顾一己之利而弃大众于不顾的道德沦丧的境地。腐败使公共权力彰显私利，是对公平正义和平等自由的践踏，是对现代民主社会价值观的挑战。腐败的盛行会影响公众的价值观取向从而破坏社会道德规范，形成不良的社会风气，把人类社会推向自然状态。人人为己就会把他人与自己割裂对立起来，最终自己也将会被社会所抛弃，失去人的社会属性。

腐败严重干扰精神文明建设的进程，严重危害社会道德和社会风气，导致伦理价值观堕落，对国家的政治文明、精神文明和社会公德造成腐蚀。社会主义精神文明，是社会主义社会的重要特征，它的发展为物质文明的发展提供精神动力和智力支持。建设社会主义精神文明，是解决社会主义社会主要矛盾、实现社会主义根本目的的要求，是我们坚持社会主义道路，进行现代化建设的最重要保证之一。而社会存在的腐败现象，是对社会文明和先进文化的一种反动，是颓废消极的腐朽没落的文化在新时期的一种反映，与党的先进性，与社会先进文化的前进方向背道而驰。它动摇人们的理想与信念，助长了利己主义、拜金主义和极端个人主义思潮的泛滥，从而削弱了人们对集体、社会和国家的忠诚感，腐败也使中华民族的一些优秀的传统理念遭到嘲弄和破坏。腐败还会降低道德水准，毒化社会风气，使人们的社会责任感弱化，伤害社会公平，严重腐蚀人们的精神意志。

# 第六节　新时代反腐败斗争的战略探究

## 一、新时代反腐败斗争的战略部署

党的十九大报告明确指出，只有以反腐败永远在路上的坚韧和执着，深化标本兼治，保证干部清正、政府清廉、政治清明，才能跳出历史周期律，确保党和国家长治久安，向全党发出"夺取反腐败斗争压倒性胜利"的新号召。这是我们党在新时代推进全面从严治党的历史表达，也是实现我们党长期执政的必然选择，更是全体中国人民的共同期盼。进入新时代，对于我们党要以什么样的精神状态、什么样的历史使命和战略部署来推进党风廉政建设和反腐败斗争，十九大报告做出了回答。

### （一）新目标：夺取反腐败斗争压倒性胜利

党中央对反腐败斗争态势的判断，经历了一个不断深化和发展的过程，从"腐败和反腐败呈胶着状态"，到"反腐败斗争压倒性态势正在形成"，再到"反腐败斗争压倒性态势已经形成"，直至十九大的"反腐败斗争压倒性态势已经形成并巩固发展"，每一次新的表述都是反腐败实践成果的体现，更是反腐败力度的提升和反腐败强度的"加码"。但需注意，党中央对反腐败斗争形势的总体判断仍是"依然严峻复杂"，党内存在的思想不纯、组织不纯、作风不纯等突出问题尚未得到根本解决，这意味着反腐败斗争压倒性态势虽然已经形成并巩固发展，但还没有取得完全性的压倒性胜利，需要我们付出更多的努力。要实现从压倒性态势到压倒性胜利，既需要采取切实的"巩固"措施，让这个良好态势长期保持下去，又要采取有效的"发展"措施，进一步消除党和国家内部存在的严重隐患，让这个良好态势尽早定型成压倒性格局。要解决思想方面、组织方面和作风方面的突出问题，党风廉政建设和反腐败斗争必须坚持问题导向，保持战略定力，推动全面从严治党向纵深发展。

确立"夺取反腐败斗争压倒性胜利"的新目标，其关键在于传递反腐败斗争的政治决心和勇气。夺取反腐败斗争压倒性胜利是一个具体的工作目标，这是一场攻坚战，也是一场持久战，不要指望"毕其功于一役"，更不能有差不多了，该松口气、歇歇脚的想法，不能有打好一仗就一劳永逸的想法，不能有初见成效就见好就收的想法。"夺取"作为具体的工作要求，意味着三层含义：一是要保持反腐败的政治定力，充分认识反腐败斗争的长期性、复杂性、艰巨性，不能因为取得阶段性成果而产生思想松懈，巩固压倒性态势、夺取压倒性胜利的决心必须坚如磐石；二是要保持反腐败的工作力度，坚持无禁区、全覆盖、零容忍原则，坚持重遏制、强高压、长震慑，坚持受贿行贿一起查，坚决防止党内形成利益集团；三是要拓展反腐败的工作领域，国内反腐战场与国际反腐战场同向发力，行贿环节与受贿环节双向打击，强化不敢腐的震慑，扎牢不能腐的笼子，增强不想腐的自觉。"夺取"也是一个历史过程，"夺取"过程本身必然会充满挑战和艰辛，需要做好思想上、行动上和制度上的多重准备，随时解决"夺取"过程中出现的难题，破解"夺取"过程中的障碍，化解"夺取"过程中的矛盾。

"压倒性"是对反腐败工作所提出的高标准。如何判定"压倒性"，一方面需要实实在在的反腐败数据成果作为支撑，比如十八大以来，全国纪检监察机关共接受信访举报 1218.6 万件（次），处置问题线索 267.4 万件，立案 154.5 万件，处分 153.7 万人，这些数据为反腐败压倒性态势的形成提供了有力证据。另一方面，需要人民群众的切身体会和衷心拥护。反腐败最终成果如何，必须由人民群众做出评判，说到底，要把反腐败成果转化成人民群众看得见的成效，让人民群众拥有更多的获得感。

### （二）新策略：反对特权思想和特权现象

党中央从制定和执行中央八项规定破题，解决了新时代作风建设抓什么、怎么抓的问题。十九大报告明确持之以恒正风肃纪，要求凡是群众反映强烈的问题都要严肃认真对待，凡是损害群众利益的行为都要坚决纠正。坚持以上率下，巩固拓展落实中央八项规定精神成果，继续整治"四风"问题，坚决反对特权思想和特权现象。这无疑进一步回应了民心、反映了民意。

应该说，执行八项规定和反"四风"改变了中国，促进了党内政治生态的改变，为党风廉政建设和反腐败提供了突破口，但从近年来查处的典型问题来看，一些党员领导干部之所以屡屡违反八项规定精神，其要害在于特权思想在作怪。可以说，特权思想是不正之风产生的根源，也是"四风"问题的本源。特权思想和特权现象不仅危害党长期执政的权威性和有效性，而且干扰党内政治生活和破坏党内政治生态。新时代反对特权思想和特权现象是深度解决违反八项规定精神典型问题和"四风"问题的根本之路。此项工作并非一时之计，而是新时代党风廉政建设和反腐败的战略性安排。因此，反对特权思想和特权现象是新时代中国特色社会主义建设的本质要求，指明了今后作风建设长效化的基本方向。

反对特权思想和特权现象是一场自我革命和自我净化，既需要从宏观层面上转变政府职能，深化简政放权，创新监管方式，削减党员领导干部自身的权力规模，又需要从微观层面上转变思想观念，创新管理方式，杜绝党员领导干部对特殊利益的追求。

首要的是要加强政治建设，增强党内政治生活的政治性、时代性、原则性、战斗性，自觉抵制商品交换原则对党内生活的侵蚀，营造风清气正的良好政治生态。简言之，要依靠政治生态的修复，铲除特权思想产生的环境条件，让特权现象成为与良好政治生态不相容的"异物"。其次要加强思想建设，旗帜鲜明地反对特权，领导干部应该珍爱党的形象，践行党的宗旨，划清公与私的界线，放弃那些不应享受的待遇，收回那些已经越界的权力。再次要推进干部待遇制度改革，对领导人办公用房、住房、用车、交通、工作人员配备、休假休息等待遇进一步做出明确规定。

### （三）新要求：党的纪律建设

十九大报告创新性地指出，要全面推进党的政治建设、思想建设、组织建设、作风建设、纪律建设，把制度建设贯穿其中，深入推进反腐败斗争，不断提高党的建设质量，把党建设成为始终走在时代前列、人民衷心拥护、勇于自我革命、经得起各种风浪考验、朝气蓬勃的马克思主义执政党。这无疑提升了纪律建设的重要性，把纪律建设纳入"5+1"的工作格局，凸显纪律建设的特殊作用。全面从严治党之所以"严"，就体现在纪律建设，划出党纪底线，使纪律成为管党治党的戒尺和党员的基本遵循。

从十九大报告的内容来看，推进纪律建设要实现纪律教育和纪律执行的统一，让党员、干部知敬畏、存戒惧、守底线，习惯在受监督和约束的环境中工作生活。纪律教育是执行纪律的基础，旨在要求每一个党员干部认清"什么是纪律""如何遵守纪律"以及"守纪为了什么"等问题，真正树立纪律意识，形成纪律自觉，始终保持党的先进性和纯洁性，发挥好党员干部的先锋模范作用。在新时代，纪律教育要突出政治性，增强教育的实效性，将党的理想信念、方针政策、纪律意识内化于心、外化于行，转化为党员干部的日常习惯和行动。要探索纪律教育与理想信念教育、中国特色社会主义和中国梦宣传教育等内容相结合的方式，提升教育的广泛性和有效性。要探索创新纪律教育的新形式和新方法，探索现代教育技术与纪律教育有机结合的途径和手段，增强纪律教育的说服力和感染力。

执行"六大纪律"体系，重点强化政治纪律和组织纪律，带动廉洁纪律、群众纪律、工作纪律、生活纪律严起来。在这个体系中，政治纪律是最重要、最根本、最关键的纪律，是维护党的团结统一的根本保证。遵守党的政治纪律，最核心的就是坚持党的领导，坚持党的基本理论、基本路线、基本方略、基本纲领、基本经验、基本要求，同党中央保持高度一致，自觉维护中央权威。严明政治纪律应从遵守和维护党章开始，从学习新修订的党章开始，树立党章意识，用党章规范一言一行。根据十九大精神，严明组织纪律，必须坚持组织原则，落实组织制度，完善和落实民主集中制的各项制度，坚持民主基础上的集中和集中指导下的民主相结合。要营造风清气正的良好政治生态，坚决防止和反对个人主义、分散主义、自由主义、本位主义、好人主义，坚决防止和反对宗派主义、圈子文化、码头文化，坚决反对搞两面派、做两面人。

纪律建设要坚持开展批评和自我批评，坚持惩前毖后、治病救人，运用监督执纪"四种形态"，抓早抓小、防微杜渐。监督执纪"四种形态"是全面从严治党的新要求。"四种形态"以党的纪律为戒尺，形成一道道纪律防线，使每一个党组织、每一名党员都受到纪律的约束，使管党治党从"管少数"向"管全体"、由"被动查"向"主动防"转变，实现严管与厚爱、治标与治本、惩治与预防的统一，实现反腐败的精准化、科学化和系统化，使党的纪律真正成为"带电的高压线"。

### （四）新改革：国家监察体制

十九大报告指出，要深化国家监察体制改革，将试点工作在全国推开，组建国家、省、市、县监察委员会，同党的纪律检察机关合署办公，实现对所有行使公权力的公职人员监察全覆盖。制定国家监察法，依法赋予监察委员会职责权限和调查手段，用留置取代"两规"措施。这些内容强化了国家监察体制改革的政治地位，进一步完善了国家监察体制改革的顶层设计，更加明确了国家监察体制改革的基本方向，为新时代健全党和国家监督体系提供了新的实践指引。

国家监察体制改革是事关全局的重大政治改革，是国家监察制度的顶层设计。深化国家监察体制改革是全面从严治党的根本要求，旨在建立党统一领导下的国家反腐败工作机构，牢牢把握领导反腐败斗争的主动权，促推党内监督与国家监察的有机统一，形成双轮驱动局面，实现自我净化、自我完善、自我革新、自我提高。监察委员会行使监察职权，整合监察部门、预防腐败部门及人民检察院查处贪污贿赂、失职渎职以及预防职务犯罪等部门的相关职能。监察委员会按照管理权限，监督检查公职人员依法履职、秉公用权、廉洁从政以及道德操守情况，调查涉嫌贪污贿赂、滥用职权、玩忽职守、权力寻租、利益输送、徇私舞弊以及浪费国家资财等职务违法和职务犯罪行为并作出处置决定。

根据改革方案，监察委员会履行监督、调查、处置职责，可以采取谈话、讯问、询问、查询、冻结、调取、查封、扣押、搜查、勘验检查、鉴定、留置等措施。其中，留置是最具限制性的一项措施，对当事人的人身权益具有强制力。这项措施如何使用、如何规范、如何约束一直受到社会关注。十九大报告明确指出，用留置取代"两规"措施，这无疑明确了留置措施的职权来源以及未来的应用方向，从操作层面上细化国家监察体制改革方案，体现了法治反腐的新时代特征。

根据十九大精神，国家监察体制改革的日程表已经确定，新的国家监察体制将在全国范围全面推行并得以确立。下一阶段，首要任务是制定出台国家监察法并修订宪法，从国家法律层面明确各级监察委员会的合法性以及相关的职权、职责和工作程序。与此相关，要修订与监察权力行使有关的程序法，保证监察权的合法运行，"手册式"地指导改革进行，并厘清与其他相关权力比如检察权、司法权、行政权等的界限。

国家监察体制改革的基本条件在于同步推进党内监督，既要强化自上而下的组织监督，改进自下而上的民主监督，发挥同级相互监督作用，又要把党内监督同国家机关监督、民主监督、司法监督、群众监督、舆论监督贯通起来，增强监督合力。这里的监督体系包括党内监督、国家监察、审计监督、统计监督等具体形式。由此可见，国家监察体制改革从属于新时代中国特色社会主义事业，必须坚持党的统一领导，党的领导是国家监察体制的本质特征，也是推进国家监察体制改革的政治保证。

党风廉政建设和反腐败斗争永远在路上。中国特色社会主义进入新时代，我们党一定会有新气象新作为。党风廉政建设和反腐败斗争将在战略推进、策略运用、体制改革等方面开启新征程、取得新突破，并最终夺取反腐败压倒性胜利。

## 二、找到治腐的关键变量

与腐败势不两立，这是共产党的本性，从而也成为共产党人的品格，更是中国共产党获得人民拥护与信任的重要政治基础。党的十八大以来，党中央将反腐败斗争纳入"四个全面"战略布局中，以壮士断腕、踏石留印的政治气魄、决心和意志，以不忘初心、净化党心、赢得民心的责任担当与自我革命行动，按照标本兼治，治标为治本赢得时间和"不敢腐、不能腐、不想腐"的反腐败斗争战略与策略，"老虎""苍蝇"一起打，"不论什么人，不论其职务多高，只要触犯了党纪国法，都要受到严肃追究和严厉惩处""发现一起查处一起，发现多少查处多少，不定指标、上不封顶，凡腐必反，除恶务尽""腐败分子即使逃到天涯海角，也要把他们追回来绳之以法"，形成了铁腕反腐的态势，取得了反腐败斗争的节节胜利。十八大以来，党中央在领导反腐败斗争中，牢牢把握反腐败斗争战略与策略的关系，把脉斗争进程，适时出拳，出组合拳，体现出政治原则、科学精神和斗争艺术的完美结合，在党的建设和国家建设史上，书写了具有重要历史意义的篇章。

首先为治本赢得了时间。作为执政党，中国共产党十分重视时间概念，在党的基础理论上，十分强调发展阶段的论说，在党领导中国特色社会主义实践中，也有一系列的时间话语，诸如发展战略的时间标志，中华民族伟大复兴的时间意识等。赢得治本的时间，这是党的历史使命和责任意识的哲学表达。处理好反腐败斗争标与本的关系，这是党的十八大以来，党中央治党管党和治国理政的最鲜明特色之一。从四年多的反腐败斗争实践来看，治标与治本不是先后关系，不是先设置一定目标，待目标完成后再转入根本治理这样的一种政策性安排，而是长期性与阶段目标性的有机结合，做到了出重拳治标，出长拳治本。因此，反腐败斗争不是单纯的打击，更是制度、体制机制的建设，整个斗争过程贯穿标本兼治要求。在哲学意义上，时间与空间互置，没有时间就没有空间，反之亦然。在党的反腐败斗争问题上，不断压缩腐败空间，就赢得了反腐败和党的建设的时间，赢得了党心民心。

其次，为廉洁政治建设确立了坚实基础。建设廉洁政治，核心问题是解决权力与价值、权力与制度以及权力与权力的关系的问题，这就是中国特色社会主义政治中的生态问题。权力与价值的关系，即人民主体地位问题；权力与制度的关系，即权力的科学合理制约，使权力在制度规范框架内顺畅有效运行的问题；权力与权力的关系，即不同类别、不同层次的权力之间，体制机制合理有效问题。党的十八大以来，党中央高度重视，并在实践中大力强化了对上述三种关系的认识和处理，为廉洁政治建设确立了坚实的基础。全面依法治国和全面从严治党的总体框架已经确立，十八大以来，中央出台或修订的党内法规近 60 部，超过现行 150 多部中央党内法规的三分之一，这在党的建设史上没有先例。党内法规的完善为党的权力关系调整、党的权力与国家诸种权力关系的调整做出了系统性的建构，并于 2016 年年底开启国家监察体制改革试点，在全面依法治国框架下，体制机制问题将更好得到解决。

最后，牵住了反腐败斗争的牛鼻子。反腐败不是看人下菜的"势利店"，不是争权夺利的"纸牌屋"，不是有始无终的"烂尾楼"。反腐败斗争关键在于是否真的说到做到。不敢腐、不能腐，就看是否真的敢抓敢打，看制度的笼子是否严密有效，这就是说到做到的政治，而这一条恰恰是反腐败斗争的牛鼻子。

十八大以来，100 多名省部级以上高官因腐败落马，十八届中央委员中，10 名中央委员、13 名候补中央委员接受组织调查。中国共产党对腐败零容忍的鲜明立场、决然态度和坚定果敢的行动已经昭示天下，不论是腐败窝案还是塌方式腐败，不论职务高低权力大小，不管暂时"潜伏"还是已经潜逃，只要是腐败分子，最终将难逃法纪之网，凡腐必反，除恶务尽。说到做到的政治，就是对人民负责，对党和国家负责的政治。说到做到的政治，牵住了反腐败斗争的牛鼻子，找到了治腐的关键变量，必将带来标本兼治的因果逻辑。

# 第三章　廉政实践

## 第一节　改革开放以来廉政思想的发展

### 一、相关概念

#### （一）廉政

廉政的概念目前在我国学界尚未做出统一的界定，廉政一词最早出现在《晏子春秋》上，"景公问晏子曰：'廉政而长久，其行何也？'晏子对曰：'其行水也。美哉水乎清清，其池无不雩途，其清无不洒除，是以长久也'"[①]《论语·颜渊》篇中说"政也，正也"。此外，在史书中还出现了与廉政相近的一些词，如《庄子·渔父》中告诫为官者说："能不胜任，官事不治，行不清白，群下荒怠，功美不有，爵禄不持，大夫之忧也。"[②]此处强调公职人员应该行清白，尽忠职守。《庄子·说剑》中又说；"诸侯之剑，以知勇士为锋，以清廉士为锷，以贤良士为脊，以忠圣之士为镡，以豪桀士为侠。"[③]"以清廉士为锷"强调公职人员应该清廉。《史记·伯夷列传》中提出了"举世很浊，清士乃见"的观点。

《汉书·王贡两龚鲍传》中以历史上诸多将相名臣因"怀禄耽宠"而失去政权为例，告诉人们官员贵在清节："春秋列国卿大夫及至汉兴将相名臣，怀禄耽宠以失其世者多矣！是故清节之士，于是为贵。"从古人的论述中可以看出，清廉、清正、廉明、廉洁、清节等与廉政有相近或类似的意思，是故学者们对廉政有着

---

① 晏子.晏子春秋[M].北京：中华书局，2008年.

② 庄子.庄子[M].北京：北京时代华文书局，2014年.

③ 庄子.庄子[M].北京：北京时代华文书局，2014年.

不同的理解和解释也就不难想象了。

　　廉政，就是廉洁政治，廉洁政府和廉洁的从政行为的总称。廉政是政治伦理学术语，属政治道德的范畴。廉政是与腐败相对立，相对于乱政，污浊政治、败政而言的一个概念。强调政治应该有章可行，有法可依，政府官员应当洁身自好，廉洁奉公，所以廉政要求政治廉明，政府官员廉洁奉公，不以权谋私、贪污盗窃、索贿受贿、奢侈浪费。反腐败的目的就是为了实现廉政，以上是关于廉政的一些基本共识。此外学者们对于廉政有着不同的理解，学者王仲田以公共权力为核心给廉政下定义，廉政就是党政机关和他们的工作人员（特别是官员）以及国家企业、事业单位和公职人员的政治、公务活动要廉洁，即运用手中掌握的公共权力来管理公共事务，谋求公共利益，而不能谋求个人或小团体的利益。[①] 还有学者以清廉公正为核心对廉政下定义，他们认为狭义的廉政就是为政清廉公正。广义的廉政包括以下：一是精兵简政，防止机构臃肿，互相推诿、扯皮，效率低下等弊端。二是艰苦奋斗，厉行节约，防止和纠正奢侈享受、浪费等想象。三是公道正派，为民除害，不惧艰险扫除社会丑恶想象；四是民主开明，广开言路，关心群众疾苦，接受群众监督，全心全意为人民服务。此外，还有学者以大公无私为核心下定义，包括四个方面：一是清正，从政者应当正直、正派、大公无私，克己奉公，不要官僚作风。二是廉洁，即为政者，应清廉，洁身自好，不贪污，不受贿，不腐化，不堕落。三是勤政，即从政者要努力使自己胜任本职工作，兢兢业业，服务人民，服务群众。四是务实，即从政者要实事求是，深入实际，脚踏实地，多干实事。以公正和大公无私为核心的廉政理解，更多的是从道德、自律方面去对从政者作要求，而忽视了现代民主政治中一个非常重要的概念——公共权力。无论是中国漫长的几千年的封建社会还是西方的黑暗的中世纪，由于受到当时的社会历史条件的限制，人们普遍没有公共权力这一概念，也认同统治阶级所宣扬的君权神授和统治阶级对自己的管治。封建社会是阶级社会，被统治阶级无法采取有效的措施来规范和约束统治阶级的行为，因此只能寄希望于统治阶级自身的道德觉悟，如在中国古代上，"包青天"成为正义的化身，成为"为民做主"代名词。但在近代西方社会，由于思想的启蒙，资产阶级提出

---

① 　王仲田.现代化中权力的腐败与廉政建设[J].社会主义研究，1994（2）.

了"廉洁政府"这一说，他们认为要达到廉洁政府要具备三个方面：一是政府官员不贪污受贿；二是廉洁奉公；三是政府官员的待遇不能超过社会相应的阶层。从目前的情况来看，西方资本主义国家还没有哪一个实现了"廉价政府"这一理想。还有学者认为在我国目前有"政治民主"或"权力文明"说，持这种观点的人认为，廉政的实质是权力文明，行使权力要做到廉洁、民主、效率、公平。认为社会主义国家的廉政问题，实质上是建设社会主义民主政治问题。[①]

总之，在社会主义的中国来说，廉政就是党政机关、国家机关、企事业单位、各参公团体等及其工作人员，廉洁行政，遵纪守法，不贪污受贿，不以权谋私，民主、效率、公平的行使公共权力，认真负责的履行职责，使干部清正，政府廉洁，政治清明。廉政内涵包括三个方面，一是主体，在中国，中国共产党是执政党，是长期执政的党，因此各级党组织，干部、党员都是廉政研究的主体，而且是重要主体。此外，还有各级国家、政府机关及其工作人员、企事业单位、各参公的团体等。二是主要内容，即通过公职人员的道德自律，通过制定一些规章、制度等措施来限制和约束公职人员对公共权力的行使及促使公职人员对自身职责的履行。三是主要目标，即使整个行政或者公共权力行使过程能够实现公正、透明，使各级干部能够清正，使政治能够清明。

## （二）党风廉政建设

党风，通常来讲就是指党的"作风"，作风原本的意思是一个集体或者个人在工作、学习或生活上表现出来的稳定的态度和行为。作风包括思想作风、工作作风、生活作风等。每个单位，每个组织，每个人都有自己的作风。中国共产党的作风就是党风，党风即是中国共产党的组织和党员在政治、思想、组织、工作、生活等方面所体现出来的普遍的态度和行为的总称。最早提出"党风"的是毛泽东，1942年2月毛泽东在中共中央党校开学典礼会上所作的《整顿党的作风》中提到："反对主观主义以整顿学风，反对宗派主义以整顿党风，反对党八股以整顿文风，这就是我们的任务。"[②]毛泽东所提出的党风，其主要内容包括革命精神，全心全意为人民服务的精神，艰苦奋斗、清廉节俭的精神，谦虚谨慎的精

---

① 窦效民.王良喜主编.中国共产党反腐倡廉历程[M].郑州：郑州大学出版社，2006年.第2页.

② 毛泽东.毛泽东选集.第三卷[M].北京：人民出版社，1967年.第812页.

神，理论联系实际的作风，密切联系群众的作风，批评与自我批评的作风，组织性、纪律性等。中国共产党历来重视党风建设，1945 年，毛泽东在党的七大报告中指出："以马克思列宁主义的思想理论武装的中国共产党，在中国人民中产生了新的工作作风，这主要是理论和实践相结合的作风，和人民群众联系在一起的作风，以及自我批评的作风。"[①]1943 年 3 月，七届二中全会上，毛泽东又指出："务必使同志们继续保持谦虚、谨慎、不骄、不躁的作风，务必使同志们继续保持艰苦奋斗的作风。"[②]陈云也提出执政党党风问题是有关党的生死存亡的问题。后来中国共产党历代领导人都非常强调要继承和发扬老一辈无产阶级革命家优良作风，强调全党要深刻认识到党风和党的前途的问题。

党风建设就是共产党运用马克思主义理论武装全党，规范党组织和党员的行为，使党组织和党员在政治、思想、组织、工作、生活等方面的态度行为能够与党的性质和宗旨相符合的实践活动。廉政建设就是中国共产党和中国的国家机关，为使政治廉明、政府廉洁、行政清廉而进行的一系列的政治和法制建设的实践活动。从党风建设和廉政建设的主体看，都有中国共产党。在中国，中国共产党是长期执政的党，中国共产党对国家社会的领导主要是政治、组织、思想领导，中国的国家机关都是由中国共产党领导，这也就决定了党风建设和廉政建设的方式方法以及目标都有很大的相似性，甚至是一致的。因此，本论题把党风建设和廉政建设作为一个概念来考查。

### （三）中国共产党廉政思想

中国共产党廉政思想是指中国共产党在继承马克思列宁主义的廉政思想的基础上，加上对自身早期的局部执政以及新中国成立后全国范围内执政所形成的关于反腐败和廉政建设的思想。中国共产党是马克思主义政党，马克思主义作为其指导思想，所以其其他的思想的形成都是渊源于马克思主义。实践是认识形成的基础，中国共产党廉政思想的形成是基于中国共产党的执政实践，其中包括，中国共产党早期的局部执政，中国共产党在执政的过程中针对党内以及执政范围内出现的各种腐败行为和腐败现象采取了一系列的措施，制定了相应的廉政建设规

---

① 毛泽东.毛泽东选集.第三卷 [M].北京：人民出版社，1967 年.第 1042—1043 页.
② 毛泽东.毛泽东选集.第四卷 [M].北京：人民出版社，1967 年.第 1328—1329 页.

定。中国共产党将反腐廉政实践中得来的感性的认识通过思维的深加工，上升到理论。同时认识又会在实践过程中得到检验和发展，中国共产党廉政思想会在反腐廉政实践活动中得到检验，并伴随着反腐廉政实践活动的深入开展而不断地完善丰富和创新。

## 二、改革开放以来中国共产党廉政思想的发展历程

"文化大革命"的十年，中国共产党廉政建设的步伐缓慢，有些地方甚至还出现倒退的状况。直到十一届三中全会召开后，廉政建设才有了新的变化，从此廉政建设也进入了一个新的时期。十一届三中全会做出了改革开放的决策，这个决策不仅仅影响着中国的经济和社会，也深深影响着中国共产党自身。改革开放后，中国共产党执政也面临着更为复杂的情势，其中最为突出的就是经济建设中滋生了严重的腐败问题。明显可以看出，改革开放后的腐败状况要比改革开放前严重得多，如国际透明组织关于中国清廉指数见表1。从表中可以看出，改革开放后中国的腐败问题日益严重，这也就使得中国共产党自身的建设面临着挑战，这种挑战和改革前相比是有所不同的。正是这种挑战要求中国共产党不断地完善自身，特别是改革开放后面临着更加迅猛的腐败形势，要求中国共产党加大反腐倡廉的力度。因此，改革开放以来，中国共产党根据情形的变化，审查党内出现的各种腐败问题，提出了一些廉政理论，采取了一系列反腐败措施。

表1　1980年—2011年国际透明组织关于中国清廉指数

| 年份 | 1980—1985 | 1988—1992 | 1993—1996 | 1997 | 1998 | 1999—2002 | 2003—2006 | 2007—2010 | 2011 |
|---|---|---|---|---|---|---|---|---|---|
| 清廉指数 | 5.13 | 4.73 | 2.43 | 2.88 | 3.5 | 3.4 | 3.3 | 3.6 | 3.6 |

数据来源透明国际网站：http：//www.gwdg.de/~uwvw

### （一）改革开放初期（1978年—1989年）中国共产党廉政思想的主要内容

1978年十一届三中全会召开，会后实际形成了以邓小平为核心的党中央，党

中央客观地分析了毛泽东同志在反腐廉政工作中的失误和不足，指出反腐廉政工作要为改革开放和实现现代化服务。中国共产党人特别是以邓小平为核心的党中央根据当时的实际情况，结合改革开放的新特点，明确地指出了在改革开放的大背景下为什么要进行反腐廉政建设以及怎么样来推进反腐廉政建设，同时对反腐廉政建设作了系统的阐述，指出了反腐败的基本原则，方法和途径等。

### 1. 执政党党风事关党和国家生死

现代政治一个非常重要的特征就是政党政治，政党通过各种各样的方式取得政权，上台执政。一个政党一旦成为执政党，那么他将与这个国家的前途和命运息息相关。执政党党风优良，那么这个国家就会发展得好，执政党也能长期执政，反之如果执政党堕落、贪污成风，那么这个国家将会面临灾难，执政党也会失去政权，甚至是亡党。

在中国，中国共产党是执政党，并且是长期执政的党，共产党掌握着国家的政权，掌握着各种资源分配权力，而各级党员干部则担负着管理国家事务的责任，也就意味着他们代表党在执政。关于这一点，邓小平曾经说："执了政，党的责任就加重了，共产党员的责任就加重了，我们的领导干部的责任就加重了。……如果搞得不好，特别是民主集中制搞得不好，党是可以变质的，国家是可以变质的，社会主义也是可以变质的。"[①]纵观革命时期，共产党之所以能够取得政权，原因之一就是共产党保持着廉洁为民的优良党风。党风的好坏关系着人心的向背，而人心向背则决定着党的命运。在革命战争时期是如此，在改革开放的新时期也是一样。党的作风是人民群众最容易感知的，党风好人民群众就支持和拥护，党制定的各项方针、政策、路线人民群众就积极的贯彻和实施，党风不好，党就会被人民群众所抛弃，更不会去拥护党的政策方针等。陈云在1980年11月中共中央纪律检查委员会的一次座谈会提出："执政党的党风问题是有关党的生死存亡的问题，因此，党风问题必须抓紧搞，永远搞。"[②]党风搞好了，党才会廉洁，党廉洁了，社会主义事业才能取得胜利，国家才能长治久安。

为了树立优良的党风，加强反腐倡廉建设，中共十一届五中全会通过了《关于党内政治生活的若干准则》(以下简称《准则》)，这部《准则》的要点主要有：

---

① 邓小平.邓小平文选第一卷[M].北京：人民出版社，1994年.第303页.
② 陈云.陈云文选[M].北京：人民出版社，1995年.第245页.

一、坚持党的政治和思想路线，坚持集体领导；二，坚持党性，维护党的统一，遵守党的纪律；三，发扬党内外民主，保证党员权力，接受党员和群众的监督。《准则》的制定和执行，提高了党员干部的思想政治水平，增强了党性，端正了党风，推动了反腐倡廉建设的有力进行。

2. 将反腐败纳入政治体制和经济体制改革中

领导干部的特殊化，脱离群众，大搞特权等官僚主义在革命时期在共产党里面，很少出现。但新中国成立以来，尤其是改革开放后，这些现象愈加的严重。改革开放初期，随着社会主义市场经济的确立，一些干部私欲膨胀，利用特权，追求享受，导致各种腐败现象开始滋生。人民群众也对部分共产党员的腐败行为有所议论，主要议论之一就是干部特殊化。共产党员脱离群众，干部特殊化就是一个重要的原因，干部搞特殊化必然会脱离群众，脱离群众必然导致腐败。以邓小平为核心的党中央对当时出现的官僚主义和各种腐败现象进行了研究分析，得出结论，认为由于在体制上和制度上还存在有弊端，这是导致各种官僚主义和腐败现象出现的原因之一。邓小平说："我们过去发生的种种错误，固然与某些领导人的思想、作风，有关，但是组织制度、工作制度方面的问题更重要。这些方面的制度好可以使坏人无法任意横行，制度不好可以使好人无法充分做好事，甚至走向反面……不是说个人没有责任，而是说领导制度、组织制度问题带有更根本性、全局性、稳定性和长期性。"[1] 从制度角度来看腐败，腐败就等于是"政治上和经济上"在制度之外的一种"权力"，有时称之为"特权"，要想根除腐败，就必须通过制度来规范这种"权利"，将反腐败纳入政治体制改革和经济体制改革中来。只有通过经济政治体制的改革以克服现存体制中的弊端，发展社会主义民主，完善社会主义监督，使人民群众真正拥有选举权，监督党和政府各级领导干部的权力，才能消除腐败。

体制是硬性的，带有根本性的，反腐败取得胜利的关键就是体制改革。政治体制是造成中国腐败的一个重要原因。新中国成立以来，中国的干部选拔制度存在颇多的漏洞，没有一套系统的公务员招聘、选拔、录用、考核、辞退等制度，在奖惩、任免、调配、升降上乱象丛生，干部能上不能下，造成领导干部终身制

---

① 邓小平. 邓小平文选第二卷[M].北京：人民出版社，1994 年. 第 333 页.

的问题，这些都为腐败提供了可乘之机。正如邓小平所说的那样："从党和国家的领导制度，干部制度方面来说，主要弊端是官僚主义现象，权力过分集中现象，家长制现象，干部领导职务终身制现象和形形色色的特权现象。"[①]干部的选举、招考、任免、考核制度非常的重要，要能上能下。干部特别是领导干部不能无期限的连任，应该要有离、退休机制，因此要对此进行改革。首先，1980年8月31号中共中央政治局讨论并通过了邓小平在政治局扩大会议上作的《党和国家领导制度的改革》的讲话，他在讲话中指出，要健全干部的选举、招考、任命、考核轮换制度，要对领导干部的任职时期，离、退休做出明确规定。后来1993年，中国就颁布了《国家公务员暂行条例》，以此推动了公务员制度的改革。其次，为了解决高度集中的政治管理和权力过分集中的问题，决定实行党政分开，适度的分散党委的权力，划分职权，党委和政府各自在职权范围内行使权力。再次，为了理顺中央和地方的关系，解决中央过分集中的问题，决定实行中央和地方分权，中央把部分权力下放，中央赋予地方更多的决策权和自主权。党中央、国务院还加大了对其他政治制度的改革，在1985年至1988年间，陆续制定、颁布了若干倡廉反腐的决议、决定和规章制度。这些措施的实施有利于解决权力过分集中，贯彻民主集中制，也利于更好地发挥社会主义民主，克服官僚主义。

在经济体制改革方面，改革开放之初，经济体制既不是传统的计划经济体制，也不是完全意义上的市场经济体制，而是介于两者之间的经济形态。两种经济体制同时参与资源的配置，这就给腐败留下了缝隙和寻租的空间。而要消除两种经济体制转变过程中出现的腐败就得进行经济体制改革，通过改革来限制腐败。邓小平认为改革之初出现的一些徇私枉法，滥用权力，贪污受贿等现象与经济体制的不完善有关系。他说："它同我们长期认为社会主义制度和计划管理体制制度必须对经济、政治、文化、社会都实行高度集权的管理体制密切相关。"[②]为了改变这种状况，党中央施行一些措施。首先，实行政企分开。政府不再干预企业的生产经营活动，而只是对企业生产营创造一个良好的环境，而且政府要为企业服务。胡耀邦曾经就说过："过去企业听上面的命令，现在上面要为企业服务，

---

① 邓小平.邓小平文选第二卷[M].北京：人民出版社，1994年．第327页．

② 邓小平.邓小平文选第二卷[M].北京：人民出版社，1994年．第156页．

这是很大的变化。"① 这样就可以减少一些官员凭借政治权利对企业经济经营干预，从而减少权钱交易，以权谋私等问题。其次，培育和完善市场体系，规范市场行为。随着改革开放的深入推进，两种体制配置资源显露出越来越多的弊端。要解决这种弊端，就需要加快培育市场体系，发展要素和条件市场，加快价格改革，理顺价格关系，逐步取消价格双轨制等，形成以市场形成价格为主的价格机制。"各项经济体制的改革，包括计划体制和工资制度的改革的成效很大程度上取决于价格体系的改革。"② 经济体制改革能否成功关键在于价格的改革，而价格改革的成功则又有助于理顺政府和市场的关系，从而更进一步缩小官员寻租空间。除此之外，其他各项配套的改革也同步推进了。

3. 教育和法律制度是反腐败的重要手段

随着改革开放的推进，市场越来越繁荣，金钱的诱惑以及资本主义腐朽思想的大量涌进，为一些党员干部的腐败提供了物质基础和适宜的土壤。陈云指出，一些党员在歪风来时顶不住，一下子就卷进去了，这个情况反映出部分党员同志的素质不高，党性不强的问题。还有一些党员和干部"一切向钱看"，世界观、价值观完全被腐朽思想所扭曲，抛弃了理想和信念，丧失了党性，走向腐败。针对这种情况，邓小平指出，要加强对党员和干部的教育，加强共产主义的理想、道德教育，艰苦奋斗教育，法制教育。陈云指出，党性是党风的决定因素。提高共产党员的素质是端正党风的根本问题，加强党风建设的根本途径是加强教育，提高素质，增强党性。消除腐败必须从教育入手，加强党员干部的思想政治建设，使得党员干部自觉地拒绝腐败，以消除导致腐败的思想土壤。但消除腐败仅仅靠教育是远远不够的，邓小平在回答美国时代公司总编辑格隆瓦尔德的"你们准备采取什么办法解决诸如贪污腐化和滥用权力这类问题"的提问时回答道："我们主要通过两个手段来解决，一是靠教育，一个是法律。"③

教育方面，首先，开展批评与自我批评。中国共产党历来有批评和自我批评的优秀传统，但在"文革"期间，这一优秀传统的精神没有得到很好的发扬，甚至是被遗忘。十一届三中全会后，中央领导成员在总结"文革"经验教训时重申

① 胡耀邦.胡耀邦出席苏豫皖三省负责人座谈会 [N].人民日报，1984，11（12）：1.
② 中共中央文献研究室.十二大以来重要文献选编：中卷[M].北京：人民出版社，1986年.第570页.
③ 邓小平.邓小平文选第二卷 [M].北京：人民出版社，1994年.第148页.

了批评与自我批评的重要性，并且就此开展了批评与自我批评，此外还批评了一些脱离群众的现象。其次，加强精神文明建设。党中央认为，党风、政风不正与"文革"期间遭受严重破坏的社会风气直接相关，社会风气的好坏直接影响党风、政风的建设，因此亟须改正社会风气，社会风气的好转是廉政建设的重要一环，而改正社会风气需要加强精神文明建设。1979年叶剑英在党的十一届四中全会上首次提出，现代化不仅仅是物质文明高度发展，而且还包括社会主义精神文明的高度发展。邓小平强调，要建设有高度精神文明的社会主义国家需要教育全党同志发扬艰苦奋斗、廉洁奉公等精神，其中尤其是党的干部，特别是高级干部要树立共产主义思想、践行共产主义道德。为此，在全党全国开展了一系列的精神文明建设的活动，并且十二大把建设社会主义精神文明，作为关系到社会主义事业兴衰与成败的一个战略方针。再次，整党。1983年党的十二届二中全会通过了《中共中央关于整党的决定》，这次整党主要任务是：统一思想、整顿作风、加强纪律、纯洁组织。其中心内容是要整顿党风，发扬全心全意为人民服务的精神。这次整党主要是通过思想教育，增强党性，使全党在思想政治和精神状态上有显著的改观，为人民服务的觉悟显著提升，党和群众的关系显著改善。

法制方面，在这段时期，反腐败有一个鲜明的特色，就是走依法治腐之路。党中央领导也多次强调，法制建设是廉政建设的一项根本性的，稳定性的措施，是反腐的治本之策。因此，党中央、国务院加强了法制建设的力度。首先，1985年的党的全国代表大会和党的十三大对中央纪委的领导机构进行了调整，党的十三大选举出了以乔石为书记的新一届中央纪委，并选举了8人组成了常务委员会，新一届纪委的产生，有效地推进了反腐工作的进展。其次，在1985年到1988年间，党中央、国务院分别出台和制定了针对以反官僚主义、以权谋私，以杜绝假公济私、奢侈浪费等不正之风，制止党政干部经商、刹住摊派歪风等为主要内容的决定和规定，如中共中央办公厅、国务院办公厅《党员领导干部犯严重官僚主义失职错误党纪处分暂行规定》（1988年5月23日），《关于坚决制止干部用公款旅游的通知》（1986年2月1日），《关于进一步制止党政机关和党政干部经商办企业的规定》（1986年2月4日）。再次，1986年4月，国务院重加法制局，负责国务院法制行政工作，同年12月全国人大常委会第十八次会议决定设立中华人民共和国监察部，1987年8月国务院发出《关于在县级以上地方各级人民政府设立行政监察机关的通知》，1988 年 5 月《中华人民共和国监察机关调查处理政纪案件试行办法》颁布。

## （二）深化改革和社会主义市场经济体制建立时期（1989年—2002年）中国共产党廉政思想的主要内容

反腐倡廉思想作为一种认识，是不断地在实践中得到丰富和发展的，也必然会随着新的实践而得到发展。党的十三届四中全会选举产生了以江泽民为核心的新一届中央领导集体，新的中央领导集体面临着国际上苏联解体，东欧剧变，世界政治格局由两极格局朝着多极化发展的局势。国内由于改革的不彻底，相应的教育、法制、监督等没跟上导致腐败现象日趋严重，尤其是在发生了"89 政治风波"这样的政治事件的背景下。中央领导集体审时度势，深刻分析国际国内政治经济形势和反腐败斗争形势，总结经验教训，从理论上深刻阐述为什么要反腐败以及怎么进行反腐形成了一系列的反腐倡廉的理论，有力地推进了廉政建设的向前发展。

1. 反腐败是关系党和国家生死存亡的重大政治斗争

十一届三中全会的召开拉开了中国改革开放的大幕，1978 年到 1989 年，中国的改革开放逐步地推进和深入，改革开放改变了中国的面貌，促进了中国经济社会的大发展。但是伴随着改革开放的持续，改革的过程中也出现了诸多的问题，作为执政党的中国共产党，也出现了腐败的现象和不正之风，如少数干部搞特殊化，利用权力谋取私利，贪图享乐，官僚主义，失职渎职，有组织的腐败等，这些现象严重损害了党的形象和党同人民群众的关系。而中国共产党领导人民群众革命，建设社会主义的实践证明，中国共产党所领导的无产阶级政权，"所依靠的和力图依靠的强力，不是一小撮军人所掌握的刺刀的力量，不是'警察局'的力量，不是金钱的力量，不是任何以前建立的机构的力量……这个依靠的力量是什么呢？依靠的是人民群众。"[1] 人民群众是历史的主体，是历史的创造者，而腐败不仅仅是损害党的形象，更是损害的人民群众的利益，一旦人民群众的利益被少数党员所损害，那么人民群众将不会再拥护中国共产党，甚至是将造

---

[1] 列宁. 列宁全集第三十九卷 [M]. 北京：人民出版社，1984 年. 第 378 页.

成党群关系的紧张，这样一来中国共产党将会失去执政的根基，极有可能失去政权，苏联共产党就是因为失去了群众的拥护才导致政权的丢失。因此，"最严重最可怕的危险之一，就是脱离群众。"

十三届四中全会后，中国共产党又推出了一系列密切联系群众的反腐廉政建设举措，主要有：1989 年 7 月底，中央政治局全体会议通过《中共中央，国务院关于近期做几件群众关心的事的决定》，1989 年 8 月底政治局全体会议通过《中共中央关于加强党的建设的通知》，1990 年中共十三届六中全会通过《中共中央关于加强党同人民群众联系的决定》等。

2. 党要管党从严治党

中国共产党是中国的执政党，是中国进行各项事业建设的领导核心，中国的能否实现国家富强，民族复兴关键都在中国共产党。一般来说，执政党的建设相比于在野党，要复杂得多，其中所牵扯到的利害关系也多得多，执政时间越久，对执政党的要求越严格，党的建设也就越重要。改革开放的新时期，中国共产党建设的重要内容之一就是从严治党，坚决整治腐败。改革开放后，中国共产党将党要管党，从严治党提到了前所未有的高度。党的十三大明确提出从严治党的要求，十三届四中全会后，党中央和中央领导人针对我国腐败现象滋生，蔓延的情况，在不同的场合和相关的会议上不断地提出和论述党要管党、从严治党的，坚决惩治腐败。1989 年江泽民在中央宣传部、中央政策研究室、中央组织部和中央党校举办党建理论研究班上讲话指出："每一名共产党员都必须遵守民主集中制，这是党的一项纪律。一个时期以来，党在这方面的纪律松弛了，一些党员尤其是一些领导干部……公开反对党的纲领和路线。这些都是绝对不能允许的。从严治党，也要在这方面严起来。"[①] 十四大将党要管党、从严治党，作为党的指导方针正式载入党章，只有坚持党要管党和从严治党，才能不断提高党的执政和领导水平，也才能使党在社会主义建设中发挥核心作用。党要管党和从严治党，关键在于管好和治理好党员领导干部，这些人手中掌握着权力，一旦这些人出现腐败，与党中央背道而行，那么将会产生非常严重的后果。

党的十五大更是提出从严治党是保持党的先进性和纯洁性，增强党的凝聚力

---

① 江泽民．江泽民文选第一卷 [M]．北京：人民出版社，2006 年．第 97—98 页．

和战斗力的重要保证。十五大报告明确指出如何进行从严治党，即各党委要坚持从严治党的原则，把从严治党的方针贯彻到党的建设的各个方面去，就要严格按党章办事，按党的制度和规定办事；就要对党员特别是领导干部严格要求，严格管理，严格监督；就要在党内生活中讲党性，讲原则，开展积极的思想斗争，弘扬正气，反对歪风；就要严格按照党章规定的标准发员，严肃处置不合格党员；就要严格执行党的纪律，坚持在纪律面前人人平等。[①] 党十六大再次重申，加强和改进党的建设一定要坚持党要管党、从严治党的方针。中国共产党在复杂的国内国际情况下，依然能够带领着中国人民在建设中国特色社会主义的道路上大踏步前进，正是管坚持党要管党、从严治党的结果，在这样的方针指导下，中国共产党不断提高着自身的执政水平和执政能力，同时也增强了拒腐防变的能力。

3. 反腐廉政建设首要是从领导干部廉洁自律抓起

在中国，中国共产党是执政党，各级领导干部既是党的干部又是国家的干部，干部是党的政策、方针、路线和政府公共政策、法律、法令、法规等的执行者，同时他们又是建设中国特色社会主义事业的组织者和领导者，他们身上肩负着重大的社会责任和政治责任，领导干部的这种社会地位和政治作用就要求廉洁自律。

领导干部是连接党和群众的桥梁，人民群众对党形象的评价往往也是取决于党的领导干部的作风，其中特别是基层的干部。干部为群众做好事、实事，使人民群众感觉到实实在在的好处，那群众就会信任干部、拥护干部，进而信任党，拥护党，党执政的基础自然就会稳固。反之，如果干部贪污受贿，滥用职权，以权谋私，不思进取，不廉政，不爱民，做些损害人民群众利益之事，以致人民群众怨声载道，那么将会损害党在人民群众中的形象，降低党的威信，降低政府的公信力，严重的将会群众失去对党的信任，削弱党的执政根基。党的历代领导人都非常强调，领导干部要带头廉洁，要起表率作用，江泽民也多次在不同的场合说到加强廉政建设，各级领导班子要从自身做起。他在党的十四大报告中讲道："廉洁奉公，勤政为民，要从各级领导机关和领导干部做起。党员领导干部首先是高中级干部，要严以律己，以身作则，教育好子女，并且带头同腐败现象斗

① 中共中央文献研究室.十五大以来重要文献选编上册[M].北京:人民出版社,2000年.第49—50页.

争。"①廉洁自律，这是党政领导干部必备的政治品质，各级领导干部能否以身作则，做到廉洁自律，这对于廉政建设非常之重要。正如古人说讲：吏不畏吾严而畏吾廉，民不服吾能而服吾公；廉则吏不敢慢，公则民不敢欺；公生明，廉生威。作为领导干部，清正廉明，则下级官吏都会产生敬畏，办事公正，处事公道，则老百姓就会心服，做官廉洁，就能够形成威力，能够让人信服，这样才能得到群众的拥护和厚爱。

领导干部要做到廉洁自律。首先，要加强自身的修养，追求积极向上的生活情趣。再次，加强领导干部的思想政治教育，通过教育打牢领导干部正确的思想观念。2002年1月25日，江泽民在中纪委第七次全体会议上指出："对领导干部来说，打牢思想政治基础，筑严思想政治防线，最根本的就是要牢固树立马克思主义的世界观、人生观、价值观、牢固树立正确的权力观、地位观、利益观。"②再次，领导干部要管好自己身边的人。领导干部不仅要管好自己，自己带头遵纪守法，而且还要管好自己配偶、子女、下属、身边的工作人员等。"主要领导成员不仅要管好自己，而且还要带领导班子，并对本地区、本单位的党风廉政建设工作全面负责。领导干部还要管好配偶、子女和身边的工作人员，发现他们当中有违法违纪的，不得说情，包庇和袒护，要积极支持有关部门查处。"③

4. 标本兼治综合治理从源头上治理腐败问题

腐败是一种社会痼疾，腐败的产生需要一定的基础和条件，这也就决定着反腐败不可能是一项短期、简单的工作，而是一项系统的工程，江泽民曾在中纪委的会议上指出，惩治腐败，要作为一个系统的工程来抓，标本兼治，综合治理，持之以恒。治理腐败不能只看到腐败的现象，光惩治腐败行为，而是要深刻分析腐败现象产生的深刻的主、客观条件和原因，在针对这些采取相应的措施。改革开放以来，中国共产党在深刻总结以往的反腐倡廉经验的基础上，逐渐明确，反腐倡廉要预防和惩治相结合。

新一届党中央继承了老一辈共产党人的反腐败斗争经验和做法，江泽民指出："反腐倡廉，既要治标，更要治本，标本兼治，教育是基础，法制是保证，监

---

① 中共中央文献研究室．十四大以来重要文献选编上[M].北京：人民出版社，1997年．第42页．

② 江泽民．江泽民文选第三卷[M].北京：人民出版社，2006年．第419页．

③ 中共中央文献研究室．十四大以来重要文献选编上[M].北京：人民出版社，1997年．第687—688页．

督是关键，通过深化改革，不断铲除腐败现象滋生蔓延的土壤，坚持教育、法制、监督相结合。"① 治标和治本是两种治理腐败的手段，这两种手是相辅相成，相互促进的，治标是通过打击腐败行为为治本创造条件。而治本则是更加注重预防腐败，治本是为了巩固治标的成果。预防腐败，首先要从教育入手，教育是基础，是从思想上筑起反腐防线，是拒腐防变的堤坝。因此要加强思想政治教育，同时也要大力宣传廉洁奉公等的先进典型。其次，健全法制，从体制上解决腐败问题。江泽民强调，要不断建立和完善内部管理制度，建立和完善监督制约机制。对制订的法律法规要严格执行，要根据新情况，加紧修改、完善相关法律。再次，建立和完善监督机制，要想从根本上消除腐败，监督是关键。即使教育加强了，法制也健全了，监督跟不上，依然无法解决问题，监督是法制得到执行的保证。

党的十六大报告指出，要加强对权力的制约和监督，加强对领导干部特别是主要领导干部的监督，强化领导班子内部监督。

## （三）全面建设小康社会时期（2002年-2012年）中国共产党廉政思想的主要内容

2002 年中国共产党召开了十六次全国代表大会，胜利实现了党中央领导集体的交接。进入新世纪，新阶段，中国在中国共产党的领导下稳步地迈进全面建设小康社会的历史时期，全面建设小康社会需要一个坚强的领导核心，而中国共产党担当的就是这个角色，因此，在此种背景下党的建设显得更为重要。反腐倡廉是党的建设的重要组成部分，十六大以来，以胡锦涛为总书记的党中央对党风廉政建设和反腐败斗争高度重视，对反腐倡廉建设提出了一系列的新要求、新观点、新思想、新论断，丰富了中国共产党反腐廉政思想。

1. 把反腐廉政建设摆在更加突出的地位

进入新世纪，新时期，中国共产党面临的形势更加的复杂多变，国际上政治、经济、文化、科技等方面的竞争更加的激烈，国家安全上也面临着传统安全威胁和非传统安全威胁，而国内面临着长期执政，改革开放和市场经济所带来的

① 中央纪律检查委员会编.江泽民论党风廉政建设和反腐败斗争[M].北京:方正出版社,2003年.第52页.

种种考验，这些都要求中国共产党具备更高的执政水平和执政能力，要求共产党不断地加强自身的建设。21 世纪头二十年，是中国改革开放的关键时期，是实现邓小平提出的"三步走"的第二步的关键时期，也是中国建设小康社会的关键时期。在这样的关键时期，以胡锦涛为总书记的党中央在继承前人思想的基础上，提出了反腐倡廉建设的新命题。中国共产党提出要加强反腐倡廉建设，并提出把反腐倡廉建设放在更加突出的位置。

2007 年，胡锦涛在中央党校发表讲话讲道："要充分认识反腐败斗争的长期性、艰巨性、复杂性，把反腐倡廉建设放在更加突出的位置"[1]，这是中共产党首次提出"反腐倡廉建设"，把"反腐倡廉工作"发展为"反腐倡廉建设"，表明中国共产党对反腐倡廉有了更进一步的认识，"反腐倡廉建设"的概念更具科学性、全面性、长远性和稳定性。反腐败的工作本身就是一项系统的工程，具有长期性、艰苦性、复杂性和极端重要性。"反腐倡廉建设"更加符合反腐败工作的特质，这也表明中国共产党对反腐倡廉工作的规律的认识达到了一个新的高度。胡锦涛在十七届中央纪委第二次全会上重申并指出要"把反腐倡廉建设贯穿于社会主义经济建设、政治建设、文化建设、社会建设各个领域，体现在党的思想建设、组织建设、作风建设、制度建设各个方面，不断把党风廉政建设和反腐败斗争引向深入"[2]，这些重要的论述表明中国共产党对反腐败斗争的地位和作用逐渐在深化。

2. 从党纪和国法上完善反腐倡廉制度建设

任何一个政党都有自己的党章和党规，党章作为政党的核心组成部分，其在政党中的地位是极其崇高的，是党的领导治理党的根本依据，是"党纪"的代表。宪法作为国家的根本大法，法律体系的核心，其代表着"国法"，是国家领导人治理好国家的根本依据。

《中国共产党党章》是共产党的根本大法，是共产党建党、治党、管党革命和执政的行动纲领和政治指南，也是约束共产党员行为的总章程。中国共产党历

---

① 胡锦涛. 坚定不移走中国特色社会主义伟大道路为夺取全面建设小康社会新胜利而奋斗 [N]. 人民日报，2007-6-26.

② 胡锦涛. 加强以完善惩治和预防腐败体系为重点的反腐倡廉建设为发展中国特色社会主义提供有利条件和坚强保障 [N]. 人民日报，2008-1-16.

来重视党章，从共产党建立到新世纪，多次修改、完善党章，以胡锦涛为总书记的新一届党中央极为重视党规和国法，多次强调要通过维护党规和宪法来达到维护党和国家的权威。胡锦涛在十六届中央纪委第六次全会上指出："总结我们党自身建设包括党风廉政建设和反腐败工作的实践经验，可以得出一个重要结论，就是要始终把学习党章、遵守党章、贯彻党章、维护党章作为全党的一项重大任务抓紧抓好。"①胡锦涛的这个讲话，是中国共产党历史上由党的最高领导人专门就学习贯彻党的党章专门发表的讲话，这个讲话表明了党对党章权威的维护，彰显了党依靠党章治党的理念。

"党纪"方面：（1）2002年党的十六大对党章作了修改，修改后的党章。首先，把"三个代表"重要思想写进党章，这个部分的增加，有利于使党员牢记自己的责任和使命。其次，增加了"依法治国，建设社会主义法治国家"，"实行依法治国与以德治国"相结合的内容，这些内容写入党章，成为中国共产党的纲领，反映出党的执政方式的重大转变，这也有利于全党树立法制观念，树立依法执政的意识。再次，对纪委的主要工作任务增加了部分内容，即"协助党委组织协调反腐败工作""对党员领导干部行使权力进行监督和保障党员权利"，这些的增加突出了纪委在反腐倡廉建设中的作用，也表明党中央重视党的纪律检查工作。（2）为了规范从政行为，保证权力正确行使，中国共产党颁布了多项党规，如2004年2月中纪委、监察部颁布《关于领导干部利用职权违反规定干预和插手建设工程招标投标、经营性土地使用权出让，房地产开发与经营等市场经济活动，为个人和亲友谋私利的处理规定》，2004年4月中央办公厅印发《党政领导干部辞职暂行规定》，2004年12月中纪委印发《国有企业领导人员廉洁从业若干规定（试行）》，2003年12月颁布《中国共产党纪律处分条例》《中国共产党党内监督条例（试行）》等，这些"党规"的颁布进一步促进了党政领导干部的廉洁从政行为，完善了反腐倡廉的制度。

"国法"方面：（1）2004年3月14日十届全国人大二次会议通过并施行《宪法修正案》，将有关内容分修改为"公民的合法的私有财产不受侵犯"，这些内容的增加表明任何个人和组织都不得以各种方式、手段去侵犯公民的合法的私有财

---

① 中共中央文献研究室.十六大以来重要文献选编下[M].北京:中央文献出版社,2008年,第173页.

产，包括政府部门在内，不得以任何的理由去侵犯人民群众的合法的私有财产，同时也表明，通过腐败等所得的非法财产不受法律保护。新增"国家尊重和保障人权"，这表明是禁止公务人员以执法的名义侵犯人权，这有利于防止官员滥用职权，树立依法行政的观念等。（2）通过对《刑法》的修正增加了"执行判决、裁定失职罪"，"执行判决，裁定滥用职权罪"，并对渎职罪的主体进行了明确。这些法律条款的增加和修改，为反腐败提供了法律依据，同时也在一定程度上规范了公职人员的从政行为。

### 3. 建立健全教育、制度、监督并重的惩治和预防腐败体系

任何事物的发展都有自身的规律，反腐败也是一样，从反腐倡廉工作的内在规律来看，反腐败的关键点不是一个，而是多元的。人的行为是由动机决定的，因而预防腐败，教育是关键。制度具有根本的约束力，因而防止和惩治腐败，制度是关键。绝对的权力产生绝对的腐败，因而权力运行的监督是关键。因此在反腐败工作当中须遵行这样一个客观的规律，这也就要求反腐倡廉应该综合考虑，建立健全教育、制度、监督并重的惩防腐败体系。党的十六届三中全会，党中央在总结以往反腐倡廉工作的经验基础上，又根据新形势的变化，提出了建立健全教育、制度、监督并重的惩治和预防腐败体系的目标。

胡锦涛曾经在党的十六届四中全会上指出腐败现象得以滋生和蔓延的主要原因就是一些党员干部没有树立真正的马克思主义世界观，经不住各种诱惑。在社会转轨，体制还不完善的改革过程中，权力运行缺乏有效的监督和制约。从胡锦涛作的分析中，可以看出，尽管腐败的形式有很大的不同，但总的归结来讲，就是教育、制度、监督方面出了很大的问题。这些问题严重地影响了党的执政能力，因此党的十六届四中全会集中讨论了党的执政能力建设的议题，并且通过了《中共中央关于加强党的执政能力建设的决定》（以下简称《决定》）。用一次中央全会来讨论党的执政能力建设问题，足以可见加强党的执政能力建设举足轻重。此次全会《决定》指出，党风廉政建设和反腐败斗争是一项重大的政治任务，其关系到党的执政能力的提高和党的执政地位的稳固。《决定》重申了"坚持标本兼治、综合治理，惩防并举、重注预防，抓紧建立健全与社会主义市场经济体制

相适应的教育、制度、监督并重的惩治和预防腐败体系"。① 建立一个反腐败的体系，并不是短期的突击行为，而是一项有着长久规划的工程，随着反腐败的深入进行，我们党也逐渐认识到，反腐败统筹规划、系统推进。为此，2005 年 1 月颁布了《建立健全教育、制度、监督并重的惩治和预防腐败体系实施纲要》，该纲要不仅仅提出了建立健全惩治和预防腐败体系的目标，而且提出了具体的措施，可谓是反腐倡廉建设的一张蓝图。2008 年 5 月，党中央在以十七大精神为指导下颁布了《建立健全惩治和预防腐败体系 2008–2010 年工作规划》，该规划确定了教育、制度、监督、改革、纠风、惩处六项工作部署，这六项任务和措施非常之具体，可见中国共产党正一步一个脚印完善着预防和惩治腐败的体系。

4. 以科学发展观统领反腐倡廉建设

进入新世纪，中国的改革开放已经进行了二十多年，在中国共产党的领导下二十多年的改革开放，中国取得了令人世人所瞩目的成就，国家、社会面貌发生了极大的改观。经济飞速的发展同时，发展过程中的弊端和矛盾也逐渐显露出来，这些弊端和矛盾使得中国共产党的执政又面临一次新的考验。面对这样的考验，中国共产党在党的十六届三中全会提出了科学发展观的概念，党的十六届四中全会则指出要树立和坚持科学发展观。科学发展观是全面、协调与可持续发展的统一。其第一要义是发展，核心是以人为本，基本要求是全面协调可持续，根本方法是统筹兼顾。

科学发展观是党在新世纪、新时期，面临新的情况提出的重大战略思想，党的十七大把科学发展观写入党章，成为党的指导思想，同时也是党反腐倡廉的指导思想。科学发展观的核心是以人为本，但是有些干部没有做到这一点，在现实的工作中不以人民群众利益为重，官僚主义、形式主义盛行，贪污受贿，官商勾结侵占群众财产等，这些都是严重背离科学发展观的。对此胡锦涛指出："不断教育引领各级干部按照科学发展观的要求切实转变作风，真正做到为民、务实、清廉，自觉发扬党的光荣传统和优良作风，自觉抵制各种腐朽落后思想的侵蚀。"② 这要也就明确提出要以科学发展观作为统领，将科学发展观贯彻到反腐败和廉政建设整个过程中去。

---

① 中共中央文献研究室.十六大以来重要文献选编中[M].北京：中央文献出版社，2006 年，第 295 页.
② 胡锦涛.胡锦涛同志在中央纪律检查委员会第七次全体代表大会上的讲话[N].人民日报.2007–1–10.

要做到贯彻落实科学发展观。首先，在思想建设方面，主要是结合反腐倡廉教育，要求广大党员学习贯彻党章，永葆共产党员先进性。加强共产党员的理想信念教育和思想道德建设，可以使广大党员干部成为实践社会主义核心价值体系的模范，科学发展观的忠实执行者。其次，组织建设方面，主要是加强领导班子建设，提高领导班子素质，打造搞素质干部队伍。领导班子是党执政的核心，要提高执政能力和水平，关键在于提高领导班子的素质。党执政的基础来源于人民群众，如果领导班子腐败，那么党将会失去执政的基础。科学执政、民主执政、依法执政是科学发展观的内在要求，科学、民主、依法执政关键还得靠领导班子去推动和落实，因此说，贯彻落实科学发展观需要打造一支高素质的领导干部队伍。再次，党风建设方面，主要是结合反腐倡廉建设，要求共产党员大力弘扬求真务实之风。中国共产党历来强调实事求是，求真务实，并把它作为党的思想路线的核心内容。胡锦涛也多次强调，共产党员要坚持全心全意为人民服务，坚持群众路线，多倾听群众的心声，多为群众办好事，要做到权为民所用，情为民所系，利为民所谋。大兴求真务实之风，反对形式主义、官僚主义，反对弄虚作假，弘扬新风尚，以优良的党风带动民风。

### （四）推进国家治理现代化时期（2012年至今）中国共产党廉政思想的主要内容

2012年11月中国共产党成功召开了十八次全国代表大会，这次会议顺利地实现了中国共产党的权力交接，选举产生了新一届的中央领导机构。中共十八大以来，以习近平总书记为核心的党中央新一届中央领导集体对党风廉政建设和反腐败斗争极为重视，也针对党风廉政建设和反腐败斗争提出了许多的新思想、新观点、新论断、新要求。特别是中共十八届三中全会提出了推进国家治理现代化这个新的政治理念，这些重要的论述着眼于党和国家事业的发展，尤其是对党的建设的全局，为进一步做好新形势下党风廉政建设和反腐败斗争工作指明了方向，同时这些重要论述也丰富了中国共产党的廉政思想。

1. 以党的作风建设开创反腐新局面

一个政党的作风就是该党内在精神实质、政治素质、组织纪律的反映，作风的状态，能够显示出党的路线、方针、纲领、政策等的落实情况。无论是执政党还是非执政党，人民群众评价政党的最直接、最直观的依据就是政党的作风。党员干部清正廉洁，勤政务实，与民为善，说明这个政党党风优良，人民群众就会支持他。相反，作风不正，就会失去人民群众的支持和信任，作为执政党就可能会面临人亡政息的危险。因此，党员干部作风绝不是小事，如果任凭不正之风发展下去，就会使得党越来越脱离群众，最后失去执政的根基。

2013 年习近平在党的群众路线工作会议上的重要讲话指出，当前党群关系、干群关系还是好的，人民群众还是非常拥护党的。但是党内还是存在大量的消极腐败现象，集中表现在形式主义、官僚主义、享乐主义和奢靡之风。我们要对作风之弊，行为之垢来一次打排查、大检修、大扫除。① 为了改进作风，中国共产党采取了多项措施，首先，改进作风从中央做起，中共中央政治局审议通过了中央政治局关于改进工作作风、密切联系群众的八项规定，规定要求政治局全体同志改进调查研究，不搞形式主义；改进会风，精简会议；改进文风，精简文件简报；规范出访活动，合理安排；改进警卫工作，坚持联系群众；改进新闻报道，根据需要而定；严格文稿发表；厉行节约，遵守廉洁从政规定。八项规定出台后，政治局同志带头执行，后各地也大力整饬。党中央以踏石留印，抓铁留痕的坚强决心狠抓八项规定的贯彻和落实，使得新规真正得出了实效，同时也让人民群众看到了实实在在的变化。八项规定的出台实施拉开了新一届党中央反腐的序幕。其次，为了解决"四风"问题，党中央提出，反对形式主义，坚持求真务实。求真务实是人民群众对党员干部的迫切要求和衷心期盼，形式主义则被人民群众深恶痛绝，克服形式主义的根本措施就是坚持求真务实。求真务实要求广大党员干部在思想上，行动上都要做到求真务实，树立正确的人生观、价值观、世界观、权力观等，坚持把人民群众的利益放在首位；反对官僚主义，坚持执政为民。官僚主义的主要表现就是脱离实际、脱离群众，其危害的是党和国家的事业，是对人民群众利益不负责。反对官僚主义主要是解决对人民群众利益不重视，不作为的问题，教育引导党员干部深入实际、深入基层、深入群众，虚心向群众学习、真心对群众负责、热心为群众服务。反对官僚主义不是一时的工作，而是一项长期必须坚持的繁重工作；反对享乐主义，坚持艰苦奋斗。享乐主义的主要表现是

---

① 习近平 . 党的群众路线教育实践活动工作会议召开习近平发表重要讲话 . http://news.xinhuanet.com/politics/2013-06/18/c_116194026.htm

贪图享受，不思进取，精神懈怠，讲究排场等，这些都严重威胁着党的执政地位和执政使命的实现，因此必须反对享乐主义，坚持艰苦奋斗的作风；反对奢靡之风，坚持勤俭节约。奢靡之风的主要表现为部分党政人员公款消费、奢侈浪费、生活奢华、挥霍无度等。奢靡之风不仅是一种生活方式，也是一种思想意识，这种意识会腐蚀党政人员的心灵，使人生态度变得萎靡颓废。因此，应该坚决反对奢靡之风，提倡勤俭节约。

2. 严厉打击腐败——"老虎"和"苍蝇"一起打

腐败是社会的毒瘤，这是一个共识，放在任何时期、任何地方都会对社会造成危害。中国共产党其本身的性质决定了其与腐败水火不容，从中国共产党的发展历程来看，一直都进行着反腐败的工作。任何时候都不能对腐败掉以轻心，习近平对腐败腐蚀着党员干部、破坏党和国家事业、危害人民群众利益有着深刻的认识。习近平在十八届中纪委第三次会议上指出："腐败问题对我们党的伤害最大。"[①] 的确，腐败问题是人民群众深恶痛绝的，习近平正是了解到人民群众的心声，才做了腐败是对中国共产党伤害最大，而党风廉政建设和反腐败斗争则关系着党和国家生死存亡的这样的科学论断。十八大以来，中国共产党在党风廉政建设方面的突出表现就是严厉惩治腐败，坚持有腐必反、有贪必肃，从严治党，"老虎""苍蝇"一起打。

改革开放以来，特别是进入新世纪，步入新的发展阶段以来，我国的腐败现象出现了新的特点，其中之一就是腐败越来越趋向于集团化、高官化，而没有发生变化的就是腐败现象依旧是易发多发。集团化、高官化就是围绕着某一高官为核心人物形成一个非正式的群体或者集团，整个群体都出现腐败，从上到下产生连带的腐败，出现腐败问题的官员，其级别有高有低。其中级别高的就是"老虎"，级别低的就是"苍蝇"，除此之外，基层社会中出现腐败的小官小吏也是"苍蝇"。这些"老虎"滥用权力，侵吞国家财富，涉案金额数以万计，而且一般都是高级领导干部，高级领导干部出现这样那样腐败大案、要案，其影响是极其的恶劣的，这不仅损害了国家、群众的财产，更重要的是给中国共产党抹黑，影响了中国共产党的信誉，扭曲了党在人民群众中的形象，这些损失都是无可估量

---

① 中共中央文献研究室．习近平关于党风廉政建设和反腐败斗争论述摘编［M］．北京：中央文献出版社，中国方正出版社出版，2015年．

的。普通官员腐败相比较于高级干部的腐败，其案子所牵扯范围、人数较小、较少，但是普通官员人数较多，发生的案子也比大案要多，普通官员和群众接触较多，因此群众对"苍蝇"的腐败感受最直观，从这方面讲，"苍蝇"腐败的影响要更广、更深。

以习近平为总书记的党中央也深刻地认识到这些，所以习近平指出："反腐倡廉必须常抓不懈，拒腐防变必须警钟长鸣。要牢记'蠹众而木折，隙大而墙坏'的道理，保持惩治腐败的高压态势，做到有案必查、有腐必惩，坚持'老虎'、'苍蝇'一起打，切实维护人民合法权益，努力做到干部清正、政府清廉、政治清明。"① 坚持严厉惩治腐败，"老虎""苍蝇"一起打，首先，要保持对腐败分子的高压态势。狠抓"八项规定"精神落实，坚决纠正"四风"，加强对重点领域的监督检查，严肃处理顶风违纪人员，做到有案必查，有腐必惩，加强巡视工作。其次，要从严治党。治国必先治党，治党务必从严，从严惩治腐败，关键在于严惩，所以，严惩腐败分子，不论其是什么人，不论其职务有多高，只要触犯了党纪国法，都应当受到严肃追究和处理，党纪国法面前没有例外，人人平等，不管涉及到谁，严查到底。再次，加强教育，治病救人。在严厉打击已经发生腐败行为的同时，对于一些党员干部存在的违法违纪倾向，要及早发现，及时警诫、教育，及时的处理，防止小问题变成大问题。

3. 强化制约监督权力

权力具有两面性，权力既可以为人们造福，也会给人们带来伤害。法国启蒙思想家孟德斯鸠早就说过，掌权者很容易滥用权力，而要防止权力的被滥用，唯有以权力约束权力。权力是政治生活的核心，其受监督和制约的状况，则是反映这个社会政治文明程度高低的一个重要的标志，因此，可以说反腐倡廉的核心就是制约和监督权力，也就是限制绝对权力使用。改革开放以来，我国对权力运行的机制进行了相应的改革，也设立了针对公共权力的多种多样的监督机关，制定了有关的监督的政策和法规，但是这种对权力的监督体制存在严重的缺陷，如监督机制侧重于单向的运行，事实上只存在上级对下级的监督，而同级和自下而上的监督在现实中根本无法真正实现，只存在在理论和口头上；对一把手的监督

---

① 习近平.在中共十八届中央政治局第五次集体学习时的讲话[N].人民日报，2013-4-19（01）.

更是整个监督制度中最薄弱的环节，这就在一定程度上导致了对一把手权力监管的真空出现，主要领导干部手中掌握的权力一旦失去监督，犯法犯罪就可能会出现。此外，还存在监督系统的不协调弱化了政体的功能，群众监督缺乏必要的权力性力度，法律惩防体系的缺失导致腐败犯罪难以得到有效的监控等漏洞和弊端。监督系统的诸多漏洞和弊端反映出如果没有科学完善的权力运行机制，对权力的监督制约也就无从谈起，甚至是也只能是一句空口号而已，而要从根本上防止权力的滥用和权力的腐败，关键在于保证权力沿着制度化和法律化的轨道运行①。习近平在第十八届中纪委二次会议上提出："要加强对权力运行的制约和监督，把权力关进制度的笼子里，形成不敢腐的惩戒机制、不能腐的防范机制、不易腐的保障机制。"② 这是的预防腐败的根本举措。制约和监督权力，其关键之处在于"把权力关进制度的牢笼里"。那如何扎紧"制度牢笼"和"权力进笼"，须做到"三强化"：

强化制约，探索形成科学的权力结构和运行机制。早在党的十六大报告中就深刻指出，要加强对权力的制约和监督。建立结构合理、配置科学、程序严密、制约有效的权力运行机制，着重从决策和执行等环节加强对权力的监督。党的十八届三中全会《决定》指出，要形成科学有效的权力制约和协调机制。合理的权力结构那就是要求对不同性质的权力进行科学的配置，适当的分解决策权、执行权、监督权，使得决策权、执行权、监督权分别有不同的部门来独立行使，形成不同性质的权力相互制约同时又相互协调。这样可以让决策更加科学，执行更加高效，监督更加有力，从而防止权力的滥用。权力的科学运行机制需要在权力运行的每个环节设置严密、规范的运行程序，并且以法律法规的形式加以法定化，这种程序一旦形成，任何人不得擅自变动。

强化监督，着力改进对领导干部特别是一把手的监督。加强对权力的制约和监督，重点是加强对各级领导干部的权力进行制约和监督。依法治国、依法执政，建设社会主义法制国家，这是对中国共产党作为执政党在权力运行上提出的要求，而遏制腐败的关键则在于对领导干部的权力进行制约和监督。从权力的运行上看，权力的过分集中是造成腐败的根本原因，而在现行的体制下领导干部的

---

① 张荣臣.党风廉政建设与反腐败干部学习读本[M].北京：中共中央党校出版社，2014年.

② 习近平.把权力关进制度的笼子[DB/OL].http://news.xinhuanet.com/2013-01-22/c_114459610.htm

权力就是过于集中，因此，首先，要适当地分散主要领导干部的权力和责任，按照分工负责原则来确定主要领导干部分管的事项、掌握的权力以及应负的责任。其次，加强行政监察和审计监督，中纪委副书记赵洪祝曾撰文指出："要改进中央和省区市巡视制度……要加强行政监察和审计监督，把行政监察渗透到行政管理的各个环节和层面……加强对领导干部在经济决策、经济管理等经济责任方面的审计监督。"[1] 巡视和审计是把反腐的"利剑"，在反腐败的过程中要充分地利用好。再次，建立健全群众监督、舆论监督、法律监督机制。我国法律规定人民群众享有知情权、参与权、表达权、监督权，因此需要创造条件、拓宽渠道方便人民群众监督，切实保障人民群众的相关权利得到尊重；同时也要发挥人大及其常委会通过询问、质询，听取和审议工作报告等方式行使监督权；进行司法改革，探索建立跨区域的法院，支持检察院和法院独立行使检察权和审判权。

强化公开，依法公开权力运行流程，让广大干部群众在公开中监督，保证权力正确行使。权力运行过程的不公开透明、暗箱操作和"潜规则"滋生着腐败，这一直为人民所诟病。出现这些现象的根本原因就是对权力的运行缺乏有效的监督，要想解决这一难题最根本就是要使权力运行做到公开、透明，消除构成暗箱操作的基本条件，从而使掌权者不敢滥用权力。要坚持公开是原则、不公开是例外的要求，凡是经济社会发展重大事项、群众普遍关注事项、涉及群众切身利益事项、容易发生腐败问题领域和环节的事项，都要做到及时公开，提高权力运行的透明度。[2]

要想提高权力运行透明度，首先，建立健全权力透明制度。权力的透明包括权力授予的透明，权力使用的透明，权力运行结果的透明。这也就要求，在选人用人方面要做到公开透明，在干部的提拔、任用、调配等中心环节中要依据既定的规则来执行，要坚持群众路线，充分发扬民主，要认真做好组织考察、拟任公示、群众意见反馈等工作；在权力的使用过程中做到公开透明，整个行政过程都要依照法律来执行。其中公开办事制度是关键，要将办事的条件、程序、结果等项公开，扩大公众监督的领域和范围；权力运行结果要做到公开透明，只要是涉及群众切身利益的重大事项，在最后做出决策前都应当征求相关利益群体的意

---

[1]　赵洪祝.进一步强化权力运行制约和监督体系[N].人民日报.2013-11-27（06）.

[2]　赵洪祝.进一步强化权力运行制约和监督体系[N].人民日报.2013-11-27（06）.

见，在做出决策之后，要及时地把决策的结果公示。其次，完善党务公开制度，认真落实《政府信息公开条例》。党务方面，要坚持实事求是，面向基层，面向群众的原则，按照党务公开制度所要求的公开的内容推进党务的公开。政务方面，凡只要不涉及政府的需要保密的事项，都应当公开，其中特别是各部门财政预算决算、重大建设项目和公益事业等信息。再次，完善政府新闻发言人制度。加强指导，统筹协调，打造一支高素质、搜集各方面信息能力强的新闻发言人队伍，使得群众的关切能得到主动的回应，群众的疑惑能得到解答。

4. 强化党委廉政建设的主体责任与纪委的监督责任

主体责任是指主体在社会中所扮演的不同社会角色以及对自身行为的后果所承担的职责和义务。党委主体责任是各级党委在党风廉政建设中应当承担的责任和义务，其具体的内涵包括党委选好用好干部、纠正损害群众利益行为、从源头上防治腐败、支持执纪执法机关工作、党委主要负责同志当好廉洁从政表率等五个方面。党委是党风廉政建设的领导者、执行者、推动者，党委负主体责任是党章规定的职责。中国共产党的发展历程表明，加强对党风廉政建设和反腐败工作的统一领导，深入推进党风廉政建设和反腐败斗争，必须在党中央坚强领导之下，全党全社会一起抓。只有按照中央的要求强化党委的主体责任和纪委的监督责任，才能保证党风廉政建设责任落到实处。因此，党的十八届三中全会第一次明确提出，落实党风廉政建设责任制度，党委负责制度，纪委负监督责任，制定切实可行的责任追究制度。

第一，党委的主体责任须到位。以往在党内都存在有这样一个认识：党风廉政建设是纪委的事情，而党委的主要职责是"聚精会神抓发展"。这样的一个认识以及在这样的认识指导下的行动，就忽视了党委本应当承担的党风廉政建设责任，导致了党委在廉政建设过程中的缺位。这种"看起来在管党治党，但没有管到位上，没有严到份上"的状态使得党风廉政建设的形势变得更为严峻和复杂。

为了扭转或者改变这种局面，就必须突出党委在党风廉政建设中的主体意识，正如习近平指出的那样，各级党委特别是主要领导干部必须要树立一种这样的意识，那就是不抓党风廉政建设就是严重的失职，而作为党的干部，公权力的掌握者，失职就意味着要承担相应的责任，也就是落实主体责任不力要进行问责。因此，党中央对于落实主体责任提出了具体要求：第一责任人要做到重要工作亲自部署、重大问题亲自过问、重点环节亲自协调、重要办案亲自督办。对于领导班子的其他人，要坚持"一岗双责"，各自要担好各自的责任，都要种好自己的"责任田"，不能当"甩手掌柜"，要做到守土有责、守土尽责。

第二，明确纪委的监督责任。党的十八大以来，中央纪委自身为了适应反腐败的需要，为了加强纪律检查和党风政风监督工作，为了更好地开展反腐斗争，进行了转职能、转方式、转作风等一系类调整，明确了"监督、执纪、问责"三项主要职责。执纪即为纪委要履行协助党委加强党风廉政建设和组织协调反腐败的工作职责；监督即为督促检查相关部门落实惩治和预防腐败工作任务；问责即为开展执纪监督和查办腐败案件。诚如习近平总书记在十八届中央纪委三次全会上所强调的那样，"各级纪委要履行好监督责任，既协助党委加强党风建设和组织协调反腐败工作，又督促检查相关部门落实惩治和预防腐败工作任务，经常进行检查监督，严肃查处腐败问题"。[①] 纪委的监督不仅仅是下级的监督，同时对同级党委的监督也是其重要职责之一，但是往往对同级的监督有相当大的困难。因此，明确纪委的监督职责，需要推动纪委纪律检查工作双重领导，既接受同级党委的领导，又要强化上级对下级纪委的领导。加强对同级党委特别是对常委会成员的监督，应该说这是一种监督理念和策略的新发展，有利于更好地发挥纪委的专门的监督作用。

第三，制定责任追究制度。党的政策、方针、计划、任务等能否发挥其功效，能否真正地为广大人民群众带来真正的实惠，关键在于落实，而党委班子，特别是主要领导干部是党的任务落实的主要推动者，他们对于党的任务的落实负有主要的责任。党风廉政建设是党委和纪委共同的职责，党风廉政建设出了大问题，党委和纪委都难辞其咎。坚持从严治党，从严执政，就必须维护党风廉政建设责任制和党纪政纪的严肃性，对抓党风廉政建设和反腐败工作不力，造成不良影响的，要严肃追究领导责任。而追究责任需坚持实事求是，集体领导责任追究和个人领导责任追究相结合的原则。

5. 严明党纪依规治党

新一届党中央强调全面从严治党，全面是指什么？如何治？依靠什么来

---

① 中共中央纪律检查委员会、中共中央文献研究室.习近平关于党风廉政建设论述重要摘编[M].北京：中央文献出版社、中国方正出版社.2015年.

治？其实就是靠党的纪律，党纪是党按照民主集中制的原则，根据党的性质、纲领、革命发展的进程和实现党的路线方针政策的需要而确立的各种党规党法的总称，是党的组织和党员必须遵守的行为准则。是党内的规矩，是党的根本大法。治党仅仅依靠党纪还是不够，还得依靠严明的党纪，中国共产党从成立之初一直到现在，之所以能兴旺发达，靠的就是严明的纪律。习近平说："中国共产党是靠革命理想和铁的纪律组织起来的马克思主义的政党，纪律严明是党的光荣传统和独特的优势，党面临的形势越复杂、肩负的任务越艰巨，就越要加强纪律建设，越要维护党的团结统一，确保全党统一意志、统一行动、步调一致前进。"① 习近平总书记的话强调了严肃党的纪律的重要性。当前全面从严治党就是要依规治党，"规"就是党的纪律和规定，而且是严字当头的纪律和规定。党的严纪和规定是党的路线方针政策贯彻执行的保证，是维护党的团结统一的有力武器，是巩固党与群众密切联系的重要条件，是共产党人应有的品格和党员应该履行的义务。

当前我国正处在深化改革和建成小康社会的关键时期，党面临的形势异常复杂，改革所遇到的阻力也是异常的强大。一些地方和部门保护主义、本位主义有所抬头，出现"上有政策、下有对策"的现象，有令不行、有禁不止，在贯彻执行中央决策部署上打折扣、做选择、搞变通。这些都是严重损害中央权威的行为，如果长此以往，继续这样下去，无纪律、无组织，那么党的前途会丧失，伟大的中国梦将不可能实现。因此，必须严明的纪律，使党的纪律成为真正带电的高压线。习近平总书记指出："严明党的纪律，首先要的就是严明政治纪律，政治纪律的特殊之处在于它是一个党核心的纪律，是这个党的政治原则、方向、路线方面的纪律。而遵守党的政治纪律，最核心的就是坚持党的领导，坚持党的基本理论、基本路线、基本纲领、基本经验、基本要求、同党中央保持高度一致，自觉维护党中央的权威。"② 只有这样，才能使全党保持高度的集中统一，才能不断地把反腐倡廉向前推进。

---

① 习近平.习近平在十八届中央纪委第二次全会上发表重要讲话［DB/OL］.http://news.xinhuanet.com/politics/2013-01/22/c_114461056.htm

② 中共中央文献研究室.十八大以来重要文献选编（上）[M].北京.中央文献出版社.2014年.第132页

## 第二节 十八大以来党内巡视制度创新研究

我国的巡视制度源远流长。我们党在成立初期就探索建立党的巡视制度。1928 年，党中央制定巡视条例，以中共中央通告形式下发。本文坚持用马克思主义历史的、世界的眼光分析巡视制度，通过对巡视制度的发展历程的梳理，为研究中共十八大以来巡视制度的发展创新作铺垫。

### 一、党的十八大以前巡视制度的发展历程

#### （一）第一阶段（1921—1949）：党内巡视制度的初步探索阶段

1921 年，中国共产党刚成立，就把巡视作为保证上级正确指导的主要方法，派出特派员巡视指导地方工作。1922 年 7 月 6 日，中共第二次代表大会通过的《党章》规定建立"中央特派员"制度。通过的《关于议会行动的决议案》强调了特派员的权威。

1925 年 10 月，召开中央扩大的执行委员会，通过的《组织问题决议案》第二条明确规定，"增加中央特派巡行的指导员，使事实上能对于区级地方实行指导全部工作。"[1] 决定设置"中央特派巡视指导员"这是党内巡视工作的初步探索。

党中央着手巡视工作。1928 年 10 月 8 日，中央发布《中央通告第五号——巡视条例》，明确中央、省委、县委，特委都须设专门巡视员；明确巡视人选由派出之党部常委会议决定；明确巡视员召集各种会议、改组巡视区域之最高党部、巡视结束后向派出地党支部作有系统的报告和讨论等工作任务和要求。

1931 年 5 月 1 日，《中央巡视条例》明确巡视员的条件、基本任务、工作方法、职权、教育与纪律等问题。这成为我党最早的巡视条例，是指导巡视工作的规范性文件。

1938 年 11 月 6 日，党的六届六中全会（扩大）通过《关于各级党部的工作规则与纪律的决定》，明确了巡视员的权力范围，"各级党的委员会为了解下面的情况，便于工作上的指导起见，上级党委得向下级党委派遣巡视员，传达上级党

---

[1] 傅逊. 党内巡视制度与反腐倡廉研究 [D]. 北京：中国石油大学，2008.

委的意见，考虑下面的情形报告上级党委"。[1]

## （二）第二阶段（1949—1978）：党内巡视制度的曲折发展阶段

新中国成立后，巡视工作有了更为广泛的领域和平台。1950年5月23日，中共中央就保卫世界和平运动给各中央局、分局、各省、市委，各野战军军区党委的指示："北京和大委员会派萧三、艾青、赵仲池等同志日内去沪、杭、宁、汉、长沙、广州、西安各地作旅行讲演，并巡视工作（除保卫世界和平的工作外兼及各地中苏友协工作与文艺工作）"[2]1950年6月，刘少奇在《关于土地改革问题的报告》中提出："进行土地改革的各省的高级领导机关应该与乡村架通电话，与下级密切联系，并逐级派负责人或巡视团下去，切实地掌握运动的领导。"

1957年1月17日，中央组织部在《关于县、区、乡的组织形式和领导方法的若干问题的报告》中要求"各项工作应该由县直接布置到乡，县级机关的干部，应该经常深入基层指导工作为了加强对工作的检查与研究，县委可以设置少数质量较强的巡视员来帮助进行工作。"1962年12月8日，中共中央对《组织工作会议纪要》批示："必须加强党的监察工作和国家的检察工作，加强各级领导机关的巡视检查工作。"1965年1月14日，中共中央政治局讨论农村社会主义教育运动中提出的一些问题指出："中央及地方的党组织的领导人，要实行固定性与灵活性相结合，除了要在固定的地方指导工作，还要到别的地方去巡视。"

"文化大革命"期间，党的巡视工作有所弱化，但巡视工作仍然在进行中。1971年8月中旬至9月中旬，毛泽东到外地巡视，沿途同各地负责人谈话，强调："要谨慎。第一军队要谨慎，第二地方要谨慎。不能骄傲，一骄傲就犯错误。"用三大纪律八项注意教育战士，教育干部，教育群众，教育党员和人民。"

## （三）第三阶段（1978—2003）：党内巡视制度的制度化阶段

改革开放后，巡视工作有了新的发展。1990年3月12日，党的十三届六中全会通过《中共中央关于加强党同人民群众联系的决定》要求，中央和地方可根

---

[1]　梁显森.新民主主义革命时期中国共产党的巡视制度研究[D].郑州：郑州大学，2010.
[2]　中共中央文献研究室、中央档案馆编：建党以来重要文献选编（1921—1949）第5册，中央文献出版社，2011：652—654.

据需要，向各地派出巡视小组，并赋予必要的权力，督促检查有关问题，可向中央和省、区、市党委报告情况。

1991 年 9 月 9 日中央纪委第九次全体会议通过的《中共中央纪律检查委员会向党的十五大报告》提出："中央纪委和省、自治区，直辖市纪委建立巡视制度。"1996 年 3 月 13 日，中共中央纪律检查委员会办公厅印发了《中共中央纪律检查委员会关于建立巡视制度的试行办法》，明确了巡视干部的选派、任务、职权、纪律、管理等五大问题。

2000 年 12 月 14 日通过的《中共中央纪律检查委员第四次全体会议公报》提出："要进一步健全巡视制度，推动廉洁自律各项规定的落实。"中央纪委、中央组织部联合开展了对辽宁、云南、吉林等 8 个省区巡视工作的试点。

2001 年 5 月至 2002 年 10 月，中央纪委、中央组织部联合派出巡视组，对 6 个省正式开展巡视试点。2001 年 9 月，党的十五届六中全会，从党的作风建设的高度，提出要在中央、地方建立巡视制度，将下一级领导人的廉政情况做重点考察。[①]

2002 年 11 月，党的十六大明确规定："改革和完善党的纪律检查体制，建立和完善巡视制度。"

党的十六大以后，巡视制度正式成为党内监督的一项重要制度。2003 年 8 月，由中央纪委、中央组织部领导的巡视工作办公室与巡视组正式宣布成立，并成立了 5 个地方巡视组。巡视工作进入发展新时期。

2003 年 12 月，《中国共产党党内监督条例（试行）》正式颁布，明确了党内巡视制度的具体内容，党内巡视制度成为党内监督的十项制度之一。

### （四）第四阶段（2003—2012）：党内巡视制度的逐步完善阶段

2004 年 1 月，十六届中央纪委三次全会召开，会议要求加强对巡视工作的领导，要建立健全省、自治区、直辖市的巡视组织机构，是巡视制度管理体制的新探索。

2007 年 10 月，党的十七大，正式通过修订后的《中国共产党章程》，明确提出"党的中央和省、自治区、直辖市委员会实行巡视制度"。

---

① 王玲蔚.党内巡视制度研究[D].上海：上海师范大学，2012.

2009 年 7 月，党中央颁布了《中国共产党巡视工作条例（试行）》，并成立了中央巡视工作领导小组和省（区、市）巡视工作领导小组。从领导体制层面加强巡视制度，中央巡视小组由中央直接领导；省（区、市）巡视小组由党委直接领导。

党的十八大以来，巡视工作进一步创新，进入了新的发展阶段。2015 年 2 月，中共中央政治局会议审议通过巡视工作的专题报告，对加强和改进巡视工作作出重大部署，明确了中央巡视工作方针。

2015 年 6 月，按照全面从严治党的新要求，《中国共产党巡视工作条例（修订稿）》经中央政治局会议审议通过，把原来《中国共产党巡视工作条例（试行）》的六章、四十九条优化为《中国共产党巡视工作条例（修订稿）》的七章，四十二条，从总则、机构和人员、巡视范围和内容、工作方式和权限、工作程序、纪律与责任等方面，结合新时期特点将实践中的有益做法纳入巡视工作条例。

2015 年 8 月 3 日，新修订的《中国共产党巡视工作条例》，经中共中央通过后实施，是新时期巡视工作的基本遵循和制度保障，是全面从严治党的重要利器，是加强党内法规制度建设的具体成果。

2015 年 10 月，中共中央颁布了《中国共产党廉洁自律准则》《中国共产党纪律处分条例》，不仅体现新形势下全面从严治党和依规治党的新要求，也是健全完善党内法规保障社会主义法治国家建设的新举措。巡视工作条例与廉洁自律准则、处分条例是全面从严治党的必然要求，用好巡视利剑，有利于从严管党治党，永葆党的先进性和纯洁性。

巡视工作在发展过程中不断创新，结合新时期新形势，与时俱进修改《巡视工作条例》，是强化党内监督的重要制度保障。

## 二、党的十八大以来中国共产党巡视制度的创新

巡视工作作为新时期党内监督的一项创新实践，在探索中不断完善，在实践中不断创新。积极研究新情况、提出新思路、探索新办法，不断推进巡视工作实践创新、理论创新和制度创新。

## （一）与时俱进修订《中国共产党巡视工作条例》

党的十八大以后，根据反腐败斗争的严峻复杂形势，中央对巡视工作赋予了新的使命，巡视内容、方式和机制都做出了新的改变，与时俱进修订巡视条例。

2015年8月3日，新修订的《中国共产党巡视工作条例》正式颁布实施，《条例》从原来的六章49条内容，修订为七章42条内容，从巡视总则、机构人员设置、范围和内容、工作方式和权限、工作程序、纪律与责任六大方面予以确立。巡视制度之所以具有强大的生命力，在于其能够因时而变、因势而变。

新修订的巡视工作条例明确了以下问题：

第一，谁设立？中央巡视组是党中央所设立的；地方巡视组是省、自治区、直辖市委员会设立的。巡视组不同于干部任命考察组、工作组、办案组，更不同于古代朝廷派的"钦差大臣"，监督者与被监督这在党内是平等的，都有监督和被监督的权利与义务，都有批评与自我批评的权利，都为维护党的形象和人民群众利益的义务。

第二，怎样组成？巡视组由组长、副组长、巡视专员和其他工作人员组成。巡视组工作人员必须是阅历经验比较丰富，且无直接利益冲突的人员。中央巡视的对象主要是省部级领导干部，工作难度大，问题较复杂，巡视组组长多为从省部级岗位退下来、阅历经验较为丰富的领导干部。"巡视组组长根据每次巡视任务确定并授权。"这体现了十八大以来我国巡视工作的一条重要规律——"无规律"。不论是巡视人员安排，还是巡视对象安排，都是根据每次任务随机分配，而不是固定的。

第三，实行什么工作制度？巡视组工作实行组长负责制。组长负有发现巡视问题的责任，有领好巡视班子、带好队伍的责任。在巡视过程中，组长必须带领整个巡视组全面听、认真看、深刻思、多商量、勤帮助、促整改、呈实情，否则，应该发现的巡视问题没有发现，该报告的问题没有报告，都将被追究责任。

第四，向谁负责？巡视组是党中央和省、自治区、直辖市委员会派出的组织，向党中央和省、自治区、直辖市委员会负责，直接向其巡视工作领导小组负责。负责的一种重要形式是报告巡视工作，这就是巡视工作结束后，必须及时报告巡视情况。

第五，承担什么任务？承担巡视任务，即巡视聚焦党风廉政建设和反腐败斗争，着力发现违反"六大纪律"的行为，盯住重点人重点事，落实全面从严治党。

## （二）巡视工作的总则

巡视工作的总则，是巡视工作的总指导、总原则和总责任，是巡视工作的总纲。贯穿于巡视工作的各个方面和全过程。要把握其指导思想、基本原则、制度规定、主体责任，以达到统领全局的效果。

### 1. 巡视工作的指导思想

思想是行动的先导。要搞好巡视工作，首要的问题是明确指导思想。"巡视工作以马克思列宁主义、毛泽东思想、邓小平理论、"三个代表"重要思想、科学发展观为指导，深入贯彻习近平总书记系列重要讲话精神，坚持从严治党、依规治党，落实中央巡视工作方针，聚焦党风廉政建设和反腐败斗争，发现问题，形成震慑，推动党的先进性和纯洁性建设。"[①] 习近平总书记系列讲话精神，是党的十八大以来习近平总书记就中国特色社会主义的经济建设、政治建设、文化建设、社会建设、生态文明建设、党的建设、祖国统一、民族复兴、外交等提出的一系列重要思想，如实现中华民族伟大复兴的中国梦、党的群众路线教育活动、"反四风""八项规定""三严三实""四个全面"战略布局等内容，也蕴含着丰富的巡视监督思想，创新巡视形式，不能看人看地方下"菜碟"等重要思想。

在巡视工作中坚持以习近平总书记系列重要讲话为指导，着重从实际出发，依据"四个全面"战略布局，全面从严治党，加强巡视监督，踏实留印，抓铁有痕，努力开创巡视工作新局面。

坚持从严治党，依规治党。这是巡视工作的重要要求。按照这个要求开展巡视工作，就是把纪律和规矩挺在前面，严格遵守党章党规。通过巡视工作，从严、从紧、从实地加强党的思想建设、组织建设、作风建设、反腐倡廉建设和党的制度建设，特别是从严加强对领导干部权力运行的巡视监督，发现和揭露腐败问题，做到干部清正、政府清廉、政治清明。

---

① 中国共产党巡视工作条例 .[Z]. 北京：中国方正出版社 .2015-8-3

## 2. 巡视工作的基本原则

第一,"巡视工作坚持中央统一领导、分级负责"[①];坚持中央统一领导是巡视工作的必然选择。坚持分级负责是巡视工作的内在要求。第二,坚持实事求是、依法依规;实事求是是对巡视工作的基本要求。依法依规是巡视工作的基本原则。第三,坚持群众路线、发扬民主。

## 3. 巡视工作的制度规定

制度具有根本性、全局性、稳定性、长期性、搞好巡视工作,必须建立完善巡视工作的制度规定。党章是我们实行巡视工作的根本制度。特别是 2007 年党的十七大总结长期以来巡视监督工作经验教训的基础上,根据党要管党、从严治党、加强巡视监督的新任务新要求新形势,在修改党章时,在党章第二章党的组织制度部分,明确提出了党的中央和省、自治区、直辖市委员会实行建立巡视制度。2009 年 7 月 2 日,中共中央颁布实施的《中国共产党工作条例(试行)》是建立巡视制度的初步尝试。2015 年 8 月 3 日,新修订的《巡视工作条例》是符合新时期巡视工作的制度规定。

## 4. 巡视工作的主体责任

巡视工作的主体有两类:一类是党的中央;另一类是省级党的组织。《巡视条例》第九条指出:"党的中央和省、自治区、直辖市委员会设立巡视组,承担巡视任务。"[②]此外,条例通知指出"新疆生产建设兵团党委的巡视工作,参照《巡视工作条例》执行。"这说明新疆生产建设兵团党委也是巡视工作主体。除上述主体外,省级以下党的组织不是巡视工作的主体,也不是巡视机构。这意味着中央和省级党委,是巡视工作的责任主体,是巡视工作的领导者、工作者和推进者。党中央和省级党委肩负有巡视工作的职责,肩负巡视工作的主体责任。强调党组织肩负巡视工作的主体责任,体现了党中央全面从严治党的战略部署,体现了习近平总书记的"从严治党,必须增强管党治党意识,落实管党治党责任"的要求,是解决巡视工作责任不明确、责任落实不力、责任追究不够等问题的迫切需要。没有责任,就难以落实。应让主体责任落地生根,明晰巡视主体、巡视对象的巡视工作责任,明确党委"一把手"作为巡视工作第一责任人和其他组织成员

---

① 中国共产党巡视工作条例 .[Z]. 北京:中国方正出版社,2015-8-3
② 中国共产党巡视工作条例 .[Z]. 北京:中国方正出版社,2015-8-3

的配合责任，坚持巡视工作和党建工作、中心工作一起谋划、一起部署、一起考核，把每条战线、每个领域、每个环节的巡视工作抓具体、抓深入，努力形成齐抓共管、一级抓一级、层层落实的巡视工作机制，形成巡视工作的合力，提高巡视工作的效率和效果。

### （三）巡视工作的组织基础

巡视组织是巡视工作的"骨架"，是巡视工作的支撑。《巡视工作条例》针对目前存在的巡视机构设置不统一、责任不明晰等问题，明确规定了巡视工作领导小组、巡视办公室的责任、巡视组及巡视工作人员的职责及条件，使巡视组织运作步入科学化规范化制度化的轨道。

巡视工作的"三个责任人"，指省区市党委是落实党风廉政建设主体责任的第一责任人，巡视工作领导小组组长为组织实施巡视工作的主要责任人，巡视组长是落实巡视监督责任的第一责任人。

1. 巡视工作领导小组及职责

巡视工作领导小组分为中央与省、自治区、直辖市委员会两个层次，其他层级不设巡视工作领导小组。中央巡视工作领导小组领导省、自治区、直辖市巡视工作。这是习近平总书记提出并明确的，过去讲"指导"，现在由"指导"转变为"领导"，强调一级抓一级，层层落实，形成巡视工作的合力。这些关系体现在党章第四十三条的"党的中央纪律检查委员会在党的中央委员会领导下进行工作。党的地方各级纪律检查委员会和基层纪律检查委员会在同级党的委员会和上级纪律检查委员会双重领导下进行工作"的要求，是这些要求的具体应用。

2. 巡视组及职责

巡视组是在我国改革开放，发展社会主义市场经济，经济全球化、世界多极化，国际交往日益增多，腐败现象易发多发的背景下创立的。2002年党的十六大通过的新党章规定"加强对党的领导机关和党员领导干部的监督，不断完善党内监督机制"，2003年8月中央纪委、中央组织部正式成立巡视组。

巡视组是常设机构，有专门的编制和经费，肩负着党的信任和权威，使命崇高，是党的"千里眼""顺风耳"。巡视组的职责：承担巡视任务。

### 3. 巡视工作人员及条件

巡视工作人员是巡视工作的骨干，是"四个全面"战略布局的维护者，是中央巡视工作方针政策的执行者，是党章党规党纪意识的唤醒者，是管党治党主体责任和监督责任的检查者，是违反党的纪律、违反中央八项规定精神、贪污腐败等问题的发现者、报告者，是抓早抓小、防患于未然、惩前毖后的预警者，其队伍状况直接关系到巡视工作的成败。要严格按照条件选配、优化巡视队伍。把政治素质高、业务能力强、作风过得硬的人才纳入其中，并实行动态管理，不断完善。实行任职回避、地域回避、公务回避。这是加强巡视队伍管理和监督，客观公正地进行巡视，促进党风廉政建设的重要举措。

## （四）巡视工作的范围和内容

范围是巡视工作的对象，内容是巡视工作的任务。习近平总书记指出："无论是谁，都在巡视监督的范围之内。"为贯彻落实全面从严治党，巡视范围全覆盖从制度设计层面堵塞了巡视监督的漏洞，有效发现过去巡视监督的死角和盲区问题，打消了一些人的侥幸心理，有助于进一步发挥巡视的震慑监督作用。

## （五）巡视工作的方式和权限

方式关乎巡视工作成败，权限关乎巡视组作为。巡视组要想当好"千里眼"，找出"老虎""苍蝇"，方式方法至关重要。方式得当，事半功倍；方式失当，事倍功半。巡视的十三种主要工作方式：1.听取专题汇报；2.个别谈话；3.受理来信、来电、来访等；4.抽查核实领导干部报告个人有关事项的情况；5.向有关知情人询问情况；6.调阅、复制有关文件等资料；7.召开座谈会；8.列席有关会议；9.进行民主测评、问卷调查；10.以适当方式了解情况；12.开展专项检查；13.提请有关单位予以协助；13.批准的其他方式。

监督者首先要接受监督。《巡视工作条例》赋予巡视组采用多种方式进行巡视的权力，这些巡视方式也意味着特殊的权力，如果对其不加以规范，巡视权力也可能被滥用，导致新的腐败问题。巡视的主要任务是发现问题，巡视组不履行执纪审查的职责，要坚持纪严于法、纪在法前，严格依法依规巡视，坚持把纪律和规矩挺在前面，通过巡视监督，唤醒党章党规党纪意识。巡视监督虽然是来自上级组织的监督，但这种巡视不是微服私访，不是暗中调查，必须依靠被巡视党组织开展工作、了解情况。巡视组根据任务需要应当主动与被巡视党组织主要负责人沟通情况、了解情况、交换意见、获得被巡视地区和单位的配合与支持。巡视组没有执纪审查的职责更没有进行处理办案的权力。巡视过程中，巡视组职责任务是发现问题、反映问题，这既体现党内监督的内部分工，也体现对监督权力的制约，不履行执纪审查的职责可以让巡视组着力于发现问题，聚焦反腐败中心任务。执纪审查有专门机关负责，如果出现了必须被查的人或事，那就需要根据实际情况，比如涉事官员的行政级别，交由不同级别的纪检监察部门进行查处。巡视与执纪审查定位清晰，有利于明确责任，形成监督合力。

巡视组的权限：1.开展工作：依据被巡视党组织开展工作方式，不履行执纪审查的责任，不影响被巡视地区单位的正常工作。2.请示报告：对巡视工作中的重要情况和重大问题及时向巡视工作领导小组请示报告，严格执行请示报告制度。3.巡视期间：巡视组可以将发现的具体问题线索移交有关部门处理。巡视权限之外的情况，如当事人、老百姓的个人诉求，征地拆迁纠纷，涉法涉诉等，巡视组按规定不予受理。如果收到了相关信访件，应移交有关单位处理。巡视组坚持履行权限"到位不越位"，集中精力发现党风廉政建设方面的问题，充分发挥巡视监督作用。

### （六）巡视工作的程序

程序是巡视工作的环节、次序，体现着巡视工作的规律。程序正义是对巡视监督的重要要求。巡视组开展巡视前、进驻被巡视地区（单位）后，巡视了解工作结束后的工作做出了明确规定，体现了程序正义原则，增强了巡视工作政治性、组织性、纪律性，有助于实现巡视工作的标准化、规范化和效益最大化。

巡视工作程序分为准备——了解——报告——反馈——移交——整改六大环节。

1. 巡视前的准备

凡事预则立，不预则废。巡视工作要聚焦中心、突出重点，在短时间内达到发现问题、形成震慑的效果，巡视前的准备工作至关重要。巡视之前最重要的是做好功课、"备足弹药"，带着问题去巡视，不打无准备之仗，也不打有准备无把握之仗。巡视前要加强调查研究，认真了解被巡视地区、部门、单位的历史沿革和文化特色，依据不同巡视地区、单位的特殊性，广泛搜集各类资料，梳理问题线索。

2. 进驻后的巡视了解工作

巡视组巡视了解期间，应注重运用沟通协调、调阅资料、定量分析、明察暗访、专题检查、借用外力等方式方法，着力发现问题线索。

3. 巡视后的结果报告

巡视了解工作结束后，各巡视组要根据巡视情况形成书面的巡视报告，反映巡视发现的问题，提出改进建议和意见。报告一般分为肯定成绩、指出问题、提出建议、严格要求四大部分。巡视报告重点是发现问题。十八大以来，巡视报告直指问题，谈成绩的少，反映问题的情况多。真正落实巡视组的责任，责任倒逼反映问题。

4. 巡视成果运用

巡视成果运用，是切实发挥巡视效果的重要环节，也是维护巡视制度的生命力的重要保障。习近平总书记曾做出重要指示，巡视工作要取得实效，关键是要用好巡视成果，落实整改责任。王岐山多次强调指出，巡视工作成效关键体现在成果运用上，巡视完了就要有结果，如果发现问题不解决，还不如不巡视，必须善用巡视成果，做到件件有着落、事事有回音。《巡视工作条例》对巡视成果运用的各环节工作提出了明确要求，从巡视报告情况反馈、听取汇报整改落实、巡视移交、跟踪督促、公开整改情况等，环环相扣，为落实巡视成果运用提供了制度保障。

巡视了解工作结束后，被巡视地区、单位党组织按照巡视组的要求，听取巡视组对本地区的反馈，认真整改落实。一要加强组织领导，明确整改落实。二是迅速安排部署，凝聚思想共识。三是制订方案台账，细化整改任务。四是营造浓厚氛围，形成强大声势。五是加强督导检查，推动整改落实。着力抓好落实"履责汇报、工作台账、专项督办、简报通报、检查考核"等5项工作推进机制，全方位传导压力，形成上下联动、信息畅通、推动落实的工作态势，推进各类整改事项的有效落实。六是坚持举一反三，建立长效机制。针对巡视组指出的薄弱环节和突出问题，在坚持立说立行、立行立改、快整快改的同时，应更加注重治根本，管长远的制度体系建设、制定具有针对性的整改制度和具体措施，明确整改责任、强化制度执行、逐级传导压力，进一步扎紧制度"篱笆"，规范权力运行。

### （七）巡视工作的纪律和责任

纪律是巡视工作的保证，责任是巡视工作的担当。《巡视工作条例》构建巡视工作责任体系，严明巡视纪律，从严追究责任，为规范和监督巡视工作提供了科学的制度保障。

1. 领导者的纪律与责任

巡视工作能否坚强有效、形成震慑，关键是巡视领导工作是否有力有为。巡视工作领导小组要切实加强对巡视工作的领导。巡视工作领导小组的主要职责是落实党中央和同级党委关于巡视工作的决策部署，及时组织巡视力量，认真抓好实施；及时解决巡视中遇到的问题和困难，组织领导巡视中深入了解问题，确保党委决策落地。要进一步完善常委会、五人小组、巡视工作领导小组听取巡视工作汇报等工作机制，坚决落实巡视工作责任。《巡视工作条例》明确指出，对领导巡视工作不力等依据有关规定追究相关责任人员的责任，责任倒逼督促履职。

2. 巡视工作人员的纪律与责任

巡视要把纪律挺在前面，巡视工作人员同样要强化遵守党纪的意识。巡视组要加强党组织建设，把党支部建设成坚强战斗堡垒。巡视干部要围绕全面从严治党，提高发现问题、总结归纳的能力，善于抓住个性、把握共性、体现政治性、政策性。要践行忠诚干净担当，坚持原则，敢于碰硬。要遵守廉洁纪律，带头落实中央八项规定精神，切实担负起沉甸甸的巡视责任，不辜负党和人民的信任与重托。巡视组在工作中不履行或者不正确履行职责，对属于巡视工作职责范围内的重要问题，应当发现而没有发现，应当报告而没有报告的，依法依规追究相关工作人员的责任。

3. 巡视对象的纪律与责任

巡视是一次"政治体检"，被巡视党组织和党员干部要以积极的正确的态度来对待巡视工作，切实把思想和行动统一到中央精神上来，自觉接受巡视监督。对巡视发现的问题，要整改落实，及时解决。监督巡视工作人员是巡视地区（单位）的干部群众应有的权力。被巡视地区、单位党组织和干部群众要自觉履行监督义务，增强对巡视组和巡视工作人员的监督，发现问题及时反映，也可依照有关规定直接向有关部门、组织反映，巡视组要自觉接受监督。

## 三、进一步完善巡视制度的对策

巡视制度是全面从严治党的制度利器，党的十八以来巡视工作取得一系列创新进展，为进一步完善巡视工作，可从加强巡视工作内部建设，强化巡视工作外部监督，完善巡视工作方式方法三个方面着手。

### （一）加强巡视工作内部建设健全巡视工作机制

1. 健全体制机制，加强对巡视工作的组织领导

随着巡视任务量成倍增长，"即时式"协调已经不能有效保障巡视工作深入开展，巡视工作要做到"忙而不乱，忙而有序"，需要形成机制化的后台支撑。党的十八大以来，中央巡视办与中央纪委、中组部以及审计署、人民银行等六个方面建立了 10 项工作协调机制。要努力实现巡视全覆盖、全国一盘棋，要围绕这个目标和要求，建立和完善专职巡视机构，明确机构、编制、人员、职责，中央巡视组应加强对省区市巡视工作的领导，要通过召开巡视工作座谈会、开展专项检查等方式，督促落实中央巡视工作方针。

2. 强化人员力量，建设高素质巡视干部队伍

各省（区、市）党委要高度重视巡视机构建设，纪委和组织部要积极解决巡视干部管理和工作保障等方面的实际，研究制定符合巡视工作实际的巡视干部管理办法，有助于增强巡视工作的人员队伍力量。

要配强巡视组和巡视工作办公室的力量。明确巡视干部任职资格和条件，严格选拔任用标准、作风形象好的优秀干部参加巡视工作，特别是要选好配强巡视组组长、副组长。选配巡视干部可以采取组织选调、竞争上岗、公开选拔方式，组织选调应当征求巡视机构负责同志的意见。同时要选派一定数量的新任省（区、市）党委管理的干部和后备干部参加巡视工作，要加强巡视干部的轮岗交流。根据巡视工作需要，巡视干部工作 3 至 5 年的，要有计划地安排交流，交流的渠道可适当拓宽。对巡视干部的年度考核、民主测评和考察，应由干部主管部门在巡视机构范围内组织进行。对巡视干部的职务晋升，巡视工作办公室在巡视组意见后，可以提出建议，干部主管部门应当充分听取。

要加强巡视干部的日常管理。从政治上、生活上关心爱护巡视干部，进一步

解决好其待遇问题。要切实发挥党组织的战斗堡垒作用，积极探索巡视机构党组织对党员干部加强日常教育、管理、监督的有效形式。巡视组组长要坚持两手抓，既要抓好巡视工作，又要承担起对巡视组干部的管理责任。纪委和组织部要把巡视干部学习培训纳入总体计划，不断提高巡视干部的政治素质和业务能力。要加强巡伍作风建设，严格执行廉洁自律规定和各项工作纪律。要加强巡视机构基础建设，建立健全相关保障制度。巡视工作人员加强理论和业务学习，模范遵守党内法规和国家法律法规，树立可亲、可信、可敬的良好形象。

3. 加强制度建设，提高巡视工作规范化水平

加强巡视工作制度建设，要立足当前、着眼长远，从巡视工作急需而又具备解决条件的问题入手，坚持程序与实体并重，把基础性制度建设与配套制度建设结合起来。《中国共产党巡视工作条例》出台后，要抓好贯彻落实，并修订完善相关制度。要建立和完善巡视工作领导小组工作制度，规范决策程序；健全纪委和组织部的协调沟通机制，加强对巡视工作的具体指导；完善巡视成果运用制度，明确职责，规范程序，确保巡视成果充分运用；建立和完善巡视组长负责制和重大事项报告指导，明确组长职责，规范重大事项的范围和报告程序；建立健全来信来访、档案管理以及保密工作等具体制度，规范内部工作程序。要出台巡视工作条例实施办法和相关制度。《巡视工作条例》第三十九条要求："各省、自治区、直辖市党委可以根据本条例，结合各自实际，制定实施办法。"各地、各单位的情况千差万别，有的地方在贯彻落实《中国共产党巡视工作条例》的过程中已经出台了实施办法，如江苏省委。在多年巡视工作实践中各地也创造了许多好经验好办法，各地应以《巡视工作条例》的颁布为契机，结合自身实际和经验，采取立、改、废的方式，出台或者修订有关实施办法，完善责任体系，如海南省细化巡视工作责任体系的四个责任、四个责任人的清单，形成配套的巡视制度体系，推进巡视工作的制度化、规范化。

4. 落实工作责任，完善巡视工作激励约束机制

要增强巡视工作的自觉性。党组织要从全面从严治党的战略高度，深入学习把握党中央关于巡视工作的战略部署，深入实际调查研究，把握巡视工作的特点和规律，并遵循党的建设规律和巡视工作规律，自觉地巡视问题、反映问题、解决问题，领导和推进巡视工作。

要增强巡视工作的能动性。政治领导是一切领导的核心，要把抓好党建作为最大的政绩，把抓好巡视工作作为政绩的主要内容。把巡视工作纳入党建考核，促使党组织从自身的需要出发能动地开展巡视工作。

要增强巡视工作的创造性。党组织要解放思想、实事求是、开拓创新，利用互联网、大数据等创新发现问题的方法，运用矛盾论、博弈论等创新解决问题的方法，利用新媒体引导社会舆论，努力开创巡视工作的新局面。

巡视工作要以党规党纪为依据，发现问题，形成震慑，以严标准监督检查巡视对象，确保党规党纪刚性约束。要坚持纪在法前，党纪严于国法，把纪律和规矩挺在前面就是治本之策。巡视要从全面从严治党出发，唤醒党章党规党纪意识。

## （二）强化巡视工作外部监督形成强大监督合力

### 1. 提高社会认知程度，形成良好的舆论氛围

十八届三中全会《决定》提出加强反腐败体制机制创新和制度保障，这是构筑"不想腐、不能腐、不敢腐"体防线之"魂"。

要围绕把党要管党、从严治党落到实处，形成"不想腐"的内在约束，"不敢腐"的惩戒机制，"不能腐"的社会氛围。加强反腐惩戒的教育，营造正本清源良好的社会风气。增强贪污腐败的惩戒机制，对腐败问题"零容忍"，让腐败分子深感利剑高悬，不敢腐败。

### 2. 建立民意表达机制，拓宽信息来源渠道

要注意听取干部群众的呼声和反映，了解和掌握第一手资料。在了解掌握真实情况、发现突出问题上下功夫。要坚持走群众路线，深入基层，通过个别谈话、座谈等方式，直接听群众呼声、了解群众诉求；注意听取基层党代表、人大代表、政协委员、离退休老干部等方面的意见建议；畅通信访渠道，搞好实地考察和暗访工作；结合年度考核、干部选拔任用工作"一报告两评议"，做好对被巡视领导班子及其成员的民主测评和问卷调查工作；对群众反映强烈的突出问题可进行专题调研。

意见箱是巡视组用来接收举报信件的主要渠道之一，如果举报人觉得不方便用电话反映详细问题，可形成举报书面材料投到意见箱。意见箱一般放置在群众

容易注意到并方便前往的场合，而且，意见箱附近不能有摄像头，举报人不用担心有人会通过监控设备找到他。意见箱的钥匙由巡视组成员保管，大多由组长、副组长分别保管，巡视组在意见箱取信件时，也是两个人一起取，防止有人取走信件没有上交的漏洞。为了保密，群众反映问题的邮箱，只有巡视组工作人员才能打开。巡视组驻地可张贴信访公告，写明巡视组的受理范围、接访流程、工作时间和其他注意事项等。对待群众反映的与巡视工作侧重点有偏差的问题，巡视组一般会进行整理并及时转交有关部门。出于保密的考虑，接待群众一般不宜在公开场合，可在巡视组下榻的宾馆进行。被巡视地区和部门要严格遵守政治纪律和政治规矩，认真诚恳、自觉接受专项巡视和监督检查，畅通信访渠道，决不允许任何人以任何名义干扰、阻止干部群众向巡视组反映问题，对违反巡视纪律的情况要严肃问责。

要做好举报人保密工作，根据知情人、举报人的要求，巡视组可采取"一对一"的单独谈话，不用记录员，谈话地点不限定在巡视组的驻地，可安排在巡视组驻地之外知情人和巡视组都认为方便的地方。向巡视工作领导小组汇报的巡视报告中，以及向被巡视党组织反馈的材料里，都应为知情人、举报人保密，建立健全严密、具体的保密规定，确保举报人身份不被泄露。如果举报人反映的问题属实，纪检监察机关将依纪依法调查处理。在调查处理的环节，对举报人的保护，同样要遵循严密的保密制度规定。

3. 完善协调整合机制，形成强大巡视监督合力

加强与其他监督部门以及专项工作检查组的协调配合，做到优势互补、资源共享，拓宽发现问题的渠道。完善巡视工作体制机制，形成党委、纪委、组织部、巡视组，有关单位相互分工又密切配合的巡视合力。各省（区、市）党委要高度重视巡视工作，把巡视工作纳入党的建设总体布局，健全完善党委统一领导；党委常委会要定期听取巡视情况汇报，研究决策巡视工作中的重大问题。要成立巡视工作领导小组，组长一般由党委负责同志担任，成员应当包括纪委和组织部的主要负责同志和分管领导，以及巡视工作办公室主任等。领导小组应及时研究部署巡视工作年度计划，听取巡视情况汇报。研究解决巡视工作中的重要事项。纪委和组织部可以通过联席会议等形式，认真研究巡视工作有关事项，加强指导。各省（区、市）巡视工作办公室作为巡视工作领导小组的日常办事机构，

要认真履行组织指导、综合协调、服务保障、监督管理等职责；要及时向中央纪委、中央组织部巡视组办公室报送巡视工作信息，定期抄报巡视工作年度计划、总结和巡视情况报告等材料。

### （三）完善巡视工作方式方法灵活运用各种方式

1. 加强成果运用，使巡视监督落到实处

要做好巡视情况报告、反馈、综合分析、移交、整改和督办工作。报告巡视情况，要对被巡视地区或单位的领导班子及其成员客观的做出评价，重点汇报存在的问题，并分析原因，提出具有针对性和可行性的对策、建议。

巡视组根据巡视情况和有关规定，及时反馈。经领导小组审定后向被巡视单位和个人反馈。个别反馈，即向被巡视单位主要领导负责人反馈。集体反馈。即召开专题会议集中反馈。必要时可适当扩大与会人员范围。反馈的主要内容为巡视的全面情况、意见和建议。反馈巡视情况，要坚持原则、实事求是，既肯定成绩，又指出问题。要对照中央和省（区、市）党委的有关政策和要求，联系被巡视地区或单位实际，对反馈的问题进行认真分析，指出其危害性，并增加宣传教育内容，以起到统一思想、警示教育、促进整改的作用。

对巡视发现的各类问题，都要及时分类处置，做到事事有回音、件件有着落。巡视组对巡视建议进行分类整理，移交巡视办办理。巡视办按照领导小组的意见，对巡视建议进行分流处理。移交有关事项，应当分类整理，依照职责和权限，按程序及时移交相关部门处理。纪检监察机关对于移交的案件线索要及时进行核实，对涉及领导干部廉洁自律方面的倾向性、苗头性问题要认真纠正和处理，对落实党风廉政建设责任制方面存在的问题要及时督促整改。组织部门对于移交的关于领导班子及其成员的总体评价，以及在执行民主集中制、选拔任用干部等方面的情况，要分析研究，把它作为调整班子和干部考核、使用、提拔、交流和管理监督的重要参考。其他相关职能部门对于移交事项要高度重视，认真办理，并及时向巡视工作办公室反馈办理情况。

要做好巡视成果运用的督办工作。被巡视地区和单位党委（党组）对巡视组反馈的意见和建议要高度重视，认真研究制定整改方案，分解责任、落实到人、明确时限。要将整改方案和整改情况及时呈报巡视工作领导小组。被巡视单位要认真抓好整改方案的落实。巡视组可采取阶段性跟踪巡视和年度跟踪巡视了解督促整改落实工作。

巡视机构要对反馈、意见和移交事项的办理情况进行跟踪了解，建立整改情况督办制度，加强对被巡视地区或单位整改情况的督促检查，重要情况及时向巡视工作领导小组报告。被巡视地区或单位纪检监察和组织（人事）部门要按照党委（党组）的要求，参与制定本地区或本单位的整改方案，并对整改落实情况进行监督检查。被巡视地区或单位的整改情况，要在适当范围公开，接受干部群众的监督。建立责任追究制定，对不予整改，或整改不及时、措施不到位造成严重后果的，要追究有关负责人的责任。确保巡视成果得到有效运用，巡视监督取得扎实成效。

2. 突出工作重点，增强巡视工作针对性

开展巡视工作要统筹规划，突出重点，扎实推进。要继续把"四个着力"作为巡视工作的重点内容，加强对下一级的延伸巡视，有选择地开展对所属国有企业、高等学校和直属机关等单位的巡视。要严格按照《中国共产党党内监督条例》规定的巡视工作主要任务，紧紧围绕中央和省（区、市）党委的重大决策部署开展巡视。

3. 着力发现问题，创新巡视工作方式方法

创新巡视方法，如"听、坐、接、查、谈、看、测、访，请"的巡视"九要素"工作法：一是"听"，听取工作汇报和专题汇报；二是"坐"，列席有关的会议；三是"接"，接听接收群众的来电、来访、来信；四是"查"，抽查核实领导干部报告个人有关事项的情况，开展专项检查；五是"谈"，进行个别谈话和召开各种座谈会，向有关知情人询问情况；六是"看"，调阅、复制有关的文件、资料、档案；七是"测"，通过民主测评、问卷调查的形式了解被巡视单位的相关情况；八是"访"，通过调研和走访的方式，到相关单位、部门了解情况，以适当方式到被巡视地区（单位）的下属地方、单位或部门了解情况；九是"请"，对一些专业性问题，请专业人士予以协助，综合运用各种力量。组织开展对所管理的地方、部门、企事业单位党组织的巡视监督，不放过"清水衙门"和边沿地带，不留死角、不留空白，形成以全面从严治党为主线、横向到边、纵向到底的全覆盖的巡视监督格局。

要把发现问题作为巡视工作的重要职责，作为加强监督、促进工作的重要基础，切实增强发现问题的意识，改进方式方法。根据需要可采取"一对一"谈话方式或者适当扩大谈话范围，提高谈话质量；积极运用现代信息技术和手段，拓展信息来源，广泛了解情况、查找问题；必要时可采取"暗访"的形式，对重要问题进行深入核查；要与党风廉政建设责任制考核、检查，省（区、市）党委管理的领导班子和领导干部年度考核，以及民主生活会、述职述廉、民主评议、谈话和诫勉、党员领导干部报告个人有关事项等其他监督方式结合起来，要处理好发现问题与加强监督、促进工作的关系。紧紧依靠被巡视地区或单位党委（党组）开展工作，争取他们的理解、配合和支持，通过发现问题、查找不足，加强监督、促进整改。要积极支持被巡视地区或单位做好改革发展稳定各项工作，坚持以人为本，对存在苗头性、倾向性问题的干部及时提醒，为受到诬告、错告的同志澄清事实，达到既加强监督、预防腐败。又保护干部、增强团结、推进工作的目的。要坚持边实践、边总结、边完善，灵活运用巡视工作的方式方法。

## 第三节　迈出新步伐走好新征程

2017 年 10 月 18 日，举世瞩目的中国共产党第十九次全国代表大会在北京胜利召开。扬鞭策马征程急，放眼神州气象新。回首 5 年历程，给我们最重要的启示是：办好中国的事情，关键在党，关键在党要管党、从严治党。习近平总书记指出，中国特色社会主义进入新时代，我们党一定要有新气象新作为。各级纪检监察干部要认真学习习近平总书记在十九大上的重要报告，以全面从严治党永远在路上的恒心和勇气，坚定不移地推进党风廉政建设和反腐败斗争。

我们要清醒地认识到，我党面临的执政环境是复杂的，影响党的先进性、弱化党的纯洁性的因素也是复杂的，党内存在的思想不纯、组织不纯、作风不纯等突出问题尚未得到根本解决。

要深刻认识党面临的执政考验、改革开放考验、市场经济考验、外部环境考验的长期性和复杂性，深刻认识党面临的精神懈怠危险、能力不足危险、脱离群众危险、消极腐败危险的尖锐性和严峻性，坚持问题导向，保持战略定力，推动全面从严治党向纵深发展。

要持之以恒正风肃纪。凡是群众反映强烈的问题都要严肃认真对待，凡是损害群众利益的行为都要坚决纠正。坚持以上率下，巩固拓展落实中央八项规定精神成果，继续整治"四风"问题，坚决反对特权思想和特权现象。重点强化政治纪律和组织纪律，带动廉洁纪律、群众纪律、工作纪律、生活纪律严起来。坚持开展批评和自我批评，坚持惩前毖后、治病救人，运用监督执纪"四种形态"，抓早抓小、防微杜渐。赋予有干部管理权限的党组相应纪律处分权限，强化监督执纪问责。加强纪律教育，强化纪律执行，让党员、干部知敬畏、存戒惧、守底线，习惯在受监督和约束的环境中工作生活。

要夺取反腐败斗争压倒性胜利。当前，反腐败斗争形势依然严峻复杂，巩固压倒性态势、夺取压倒性胜利的决心必须坚如磐石。要坚持无禁区、全覆盖、零容忍，坚持重遏制、强高压、长震慑，坚持受贿行贿一起查，坚决防止党内形成利益集团。在市县党委建立巡查制度，加大整治群众身边腐败问题力度。不管腐败分子逃到哪里，都要缉拿归案、绳之以法。推进反腐败国家立法，建设覆盖纪检监察系统的检举举报平台。强化不敢腐的震慑，扎牢不能腐的笼子，增强不想腐的自觉，通过不懈努力换来海晏河清、朗朗乾坤。

让我们紧密团结在以习近平同志为核心的党中央周围，迈出新步伐，走好新征程，以新的精神状态和奋斗姿态，牢记使命、不负重托，把全面从严治党的"严"字长期坚持下去，确保承载着中国人民伟大梦想的航船驶向光辉的彼岸！

# 第四章　廉洁修身

习近平总书记指出："实现中华民族伟大复兴的中国梦，需要一代又一代有志青年接续奋斗。广大青年要以国家富强、人民幸福为己任，胸怀理想、志存高远，积极投身中国特色社会主义伟大实践，并为之终生奋斗。"高校是直接与社会接轨的人才培养平台，大学生将从这里步入社会，成为党和国家事业的建设者和接班人。培养高校大学生廉洁修身素质，教育引导大学生诚实守信，正直自律，不仅是大学生健康成长成才的内在要求，也是构建社会主义和谐社会，把党和人民的事业不断推向前进的需要。

## 第一节　高校大学生廉洁修身的内涵和特征

建设高校大学生廉洁修身文化必须首先全面理解大学生廉洁修身文化的内涵，把握高校大学生廉洁修身文化的现实基础。高校大学生廉洁修身文化作为高校廉洁文化的重要组成部分，既具有高校廉洁文化的特征，也具有自身的特点和规律。

### 一、高校大学生廉洁修身的内涵

高校大学生是高校群体中数量最多、地位最重要的一类，是高校赖以生存的基础。高校大学生廉洁修身素养是针对大学生这个主体而言的，它同高校管理干部廉洁从政文化、高校教师廉洁从教文化同属于高校廉洁文化，对校园风气起着重要的导向作用。

高校大学生廉洁修身文化是在高校廉洁文化和大学生廉洁修身教育概念的基础上派生来的，是针对大学生实际，根据高校内部不同对象、确定不同目标，使高校不同的群体接受与其社会角色相适应的廉洁文化教育背景下提出来的，是一个全新的概念。

### （一）廉洁修身的概念

廉洁，是社会永恒的价值追求。"不受曰廉，不污曰洁。"廉洁，作为一种社会价值取向，始终引领着社会向前发展，形成一种良性的品德追求。这种价值追求早在战国时期便已出现，屈原的《楚辞·招魂》："朕幼清以廉洁兮，身服义而求沫。"随后一直沿用至今。当前，人们解释"廉洁"的意思，主要是：不贪得，不妄取，不接受不应当的财物，不受世俗丑行的污染。

修身，是从古至今国人的个体诉求。关于修身的论述，早在2500多年前，孔子就提出了修身的思想，《礼记大学》篇："古之欲明明德于天下者，先治其国；欲齐其家者，必修其身；身修而后家齐，家齐而后国治，国治而后平天下。"之后，修身成为中国古代最重要的道德概念，一直影响至今。所谓"修身"，就是指个人对自己的思想意识和道德品质进行主动的、自觉的锻炼和修正，按照社会道德标准的要求，不断的消除、克制自己内心的各种非道德欲望，努力将自己的品德修养提高到一个尽善尽美的境界。

廉洁作为一种重要的社会道德和法律准则，是"修身"的重要对象，只有不断地提高自身的思想道德修养水平，才能树立廉洁的意识，做到为人民服务、为国家服务；修身作为个人安身立命的根本途径，是廉洁的基础，只有用廉洁的要求指导和规范自己的行为，才能把一切不廉洁的行为排除在外，在完善自我中得到升华。

### （二）高校大学生廉洁修身的内涵

中共中央《建立健全教育、制度、监督并重的惩治和预防腐败体系实施纲要》指出："大力加强廉政文化建设，积极推动廉政文化建设进社区、家庭、学校、企业和农村。"教育部《关于在大中小学全面开展廉洁教育的意见》对大学阶段的廉洁教育目标做出了明确的规定："引导大学生树立报效祖国、服务人民的观念，不断提高大学生的道德自律意识，增强拒腐防变的良好心理品质，逐步形成廉洁自律、爱岗敬业的职业观念。"高校大学生廉洁修身是根据高校廉洁文化的要求，结合高校大学生的思想、行为实际提出来的一个概念，是在高校廉洁文化建设过程中，专门针对大学生这一个特殊群体而言的，是高校大学生对廉洁修身的道德化认知。具体说，高校大学生廉洁修身，是高校在办学过程中，倡导和积累起来的促使大学生廉洁修身的思想观念、行为规范、规章制度和价值取向的总和。高校大学生廉洁修身文化的培养，是针对高校大学生这个特定主体，核心的要求就是通过教育的力量，培育大学生廉洁自律的思想观念，强化其廉洁修身的意识，规范大学生的言行举止，使其思想和行动始终遵循正确的理想信念、道德观念和法制意识，以此来主导和影响大学生的价值准则、伦理道德、行为规范、思维模式，促使大学生始终做到诚实守信、正直自律，自觉抵制腐朽思想的侵袭。

## 二、高校大学生廉洁修身的特征

高校大学生廉洁修身素质是高校廉洁教育的重要组成部分，它包含精神、制度和物质三个层面，以文化的形式发挥其特有的作用。它具有以下特征：

### （一）导向性

高校大学生廉洁修身素质是高校廉洁教育的重要组成部分。其中包含的精神理念、价值取向、道德准则等反映了社会主义先进文化的价值诉求。培养高校大学生廉洁修身素质，可以教育引导大学生增强道德修养和法律意识，增强反腐倡廉的认知能力，提高思想道德素质和科学文化知识，树立正确的世界观、人生观和价值观，起到弘扬主旋律，鼓舞和激励人心的作用，从而引导大学生自觉认同，并主动筑牢精神屏障，站在人格高地，保持干净灵魂。

### （二）针对性

高校大学生廉洁修身素质的培养，必须牢牢抓住主要矛盾，突出重点，增强针对性，以点带面，整体推进。这个重点就是大学生群体，他们是建设高校大学生廉洁修身文化的主体，是建设的重点和关键。同时，还要考虑大学生群体的差异性，根据大学生不同的学习阶段，进行不同层次的教育；特别是要考虑大学生中的特殊群体，比如，大学生党员、学生干部等，也要针对其不同的需求，进行不同的教育。忽视他们之间的差异，囫囵吞枣地进行，是舍本逐末，更无法达到教育目的。

### （三）约束性

高校大学生廉洁修身素质对腐败思想和行为具有很强的提醒功能，它所反映出来的价值取向和行为规范是一种内在的约束，有助于大学生自觉约束和修正自己的不良思想和行为。

### （四）实践性

高校大学生廉洁修身素质培养既是一个理论问题，更是一个实践问题。它的实践性决定其一定要做到知行合一、贵在实践。理论探索固然重要，也很有必要，但必须从实际出发，落实到行动上、措施上时要能够真正做到切实可行、可用、有用、管用。没有实践的支撑，高校大学生廉洁修身的培养就会成为无源之水、无本之木，失去了基础，就不可能站稳脚跟，更不能生存和发展。

## 第二节 高校大学生廉洁修身的现实基础

### 一、大学生不廉洁现象

#### （一）大学生不廉洁行为的界定

不廉洁指不清白高洁、贪污，不诚信，不正直。有些人会把不廉洁行为与腐败行为混同，其实二者既有联系也有很大的区别。从法律角度来看，不廉洁行为，可以发生在领导干部身上，还可以发生在普通工作人员身上。腐败行为，主要发生在领导干部和重要岗位的公务员身上，它一般不发生在无职无权的工作人员或普通老百姓身上。不廉洁行为与腐败行为都是一种侵占行为，不廉洁行为与腐败行为有一个从量变到质变的过程，不廉洁行为容易引发腐败行为，腐败行为是不廉洁行为的集中表现。

根据以上对腐败行为的定义，校园里出现的考试作弊、学生干部"贿选"、论文造假、生活奢侈浪费等行为并不是腐败行为，而是不廉洁行为。虽然是不廉洁行为，但如果不及时给予矫治，就容易导致腐败的滋生蔓延。

### （二）大学生不廉洁行为的表现

就目前来看，大学生的思想主流是好的，他们热爱祖国、积极向上。但是，某些消极因素也冲击着大学生正在形成的人生观和价值观，并对他们即将树立的廉洁思想构成潜在的威胁。

1. 生活攀比，浪费严重

（1）盲目攀比

## 【案例分析】

### 大学生入学"行头"花费万元攀比风或影响消费观

再过不久，南昌高校将陆续迎来大一新生，不少学生也早早开始了准备工作。其中，手机、电脑、数码相机是最受学生青睐的入学"装备"。记者日前调查发现，除去学费，不少准大学生的开学消费都轻易过万元，而对于一些工薪家庭来说，这让他们倍感压力，但为了孩子也得扛着。心理专家提醒，别让攀比之风影响孩子的消费观。

## 【调查】

### 入学开销超万元的不在少数

日前，记者在对多位准大学生展开调查时发现，大一新生入学开销在一两万元的不在少数。而新生入学花费主要包括：学费、交通费、学习用具费用、日常生活用品费用。除了学费和交通费，购买数码产品费用是支出最大项。

在受访学生群体中，超八成的新生在入学时都会购买新手机，花费在 2500 元左右；和以往相比，更多学生会在刚入学时就购买笔记本电脑，价值在 4000 元左右；首月生活费及其他零用大概 3000 元。不包括学费，开学时就需花费上万元。

考上江西师范大学的小郑告诉记者，他为自己购置的电脑和手机已经花了 6000 元。因为喜欢摄影，他还想买一款 12000 元的单反相机。"自己存了 6000 块，剩下的要爸妈帮忙解决了。"

记者在东方电脑城、新大地等多家大型数码卖场看到，商家纷纷打出"开学季"为主题的促销活动。此外，网上商城也掀起了争抢准大学生消费的竞争潮。

## 【案例】

A：入学"三件套"就花了 1 万多元

开学预算（不含学费等）：

苹果手机 5000 元，联想电脑 5500 元，IPAD3000 元，还要买衣帽鞋袜。

人物：小颖

安义女孩小颖今年考上了南昌大学（微博招生办），爸爸准备为她好好置办一身行头。小颖给记者算了一笔自己的开学预算账单，一家人做出了这样的规划：开销的大头主要是数码产品："苹果 5S5000 元，联想电脑 5500 元，Ipad3000 元……"小颖说，反正既然要买，那就买个好点的。这样一算，这类支出已经过万元了。此外，女孩子喜欢的新衣服新鞋也少不了，如果再加上 4000 多元的学费，还有住宿费、生活费，开学第一个月小颖的消费将近两万元。用小颖的话说，她的父母认为女儿要富养，上大学自然不能太寒碜。

B：入学行头花掉父母一个多月的工资

开学预算（不含学费等）：

手机 1600 元，电脑 3500 元，行李箱 200 元，买衣服约 400 元，买护肤品等生活用品 500 元。

人物：小李

和小颖比起来，来自南昌县的小李家庭条件就稍微差一些了。"一大家子就我一个人考上了大学，虽说不能铺张浪费，但是亲戚们都说要好好操办下，风风光光地上学。"为了方便学习和生活，平时省吃俭用的小李还是购买了 1600 元的手机，3500 元的电脑，200 元的行李箱，买衣服花了 400 元，买护肤品等生活用品花了 500 多元。

记者了解到，小李的父母都是普通工人，两人加起来月收入不到 5000 元，每个月还房贷还要花掉 1600 元。虽说小李还没开学，但是入学行头还是花掉了父母一个多月的工资。

## 【专家】

*小心攀比之风，影响孩子消费观*

在采访中，小李的父亲告诉记者，别人家的孩子上大学都是买这买那，自己家里还算比较省的。"只要条件允许，就不能亏了孩子，能买的就都给买了。"

对此，国家二级心理咨询师应汶华表示，孩子经历三年甚至四年的苦读终于金榜题名，无论对自己还是家人来说都是一件大喜事。不少家长出于补偿心理，都会尽量满足孩子提出的一些要求，认为开学这方面的消费即使高点也无可厚非。但是也应看到，攀比之风可能会潜移默化地影响孩子的消费观。

还有专家认为，家长要做个好榜样，合理控制经济支出，拒绝孩子提出的过高物质要求。（2014 南昌晚报）

大学生经济上不独立，实际上还是个没有经济来源的学生，更多的还是来自家庭、父母的无私奉献。然而，在现在的大学校园里，一些大学生盲目消费、攀比消费、赶潮消费、媚俗性消费、"面子"消费、超前消费等高消费甚至浪费现象非常普遍。他们追求档次，崇尚名牌；经常光顾高消费文体娱乐场所；配备高档通讯设备；外出上街，常坐出租车；聚会交友，大讲排场；他们比吃、比穿、比用、比手机、比电脑、比父母的官职、地位……这些现象虽然所占比例不大，但其负面影响非常大。

（2）奢侈浪费

当今大学生在日常消费过程中存在着奢侈浪费、过度依赖他人、诚信意识淡薄等现象，其中不乏家庭经济困难的学生。这种现象的出现不仅与他们消费行为的随机性、盲目性有关，而且与家庭、社会环境等外界环境相关。

## 【案例分析】

某人儿子进了大学，第一学期便向家里要了一万多元钱，不是说衣服不能穿了得添，便是说被褥破了得换，光过一次生日便要了二千多元钱。钱倒不在乎，就怕被人骗了。母亲赶到学校一查这才放心，原来儿子从来不洗衣服，衣服被褥脏了便当破烂扔了，至于过生日，是儿子约几个朋友在饭店里大吃了一顿，这样的孩子做父母的可以放心吗？也许这位大学生的家里很有钱，但有钱就可以让儿子懒惰和浪费奢侈吗？在生活水平不断提高的情况下，更不能弱化勤俭意识。

我们认为，对这样的孩子不能放心。勤俭是一种美德，懒惰和奢侈，却是堕落的开始。《左传》中有一句至理名言："俭，德之共也；侈，恶之大也"。唐代大学问家韩愈也说："业精于勤，荒于嬉"。法国作家大仲马直言：节约是穷人的财富，富人的智慧也就是说，勤俭是人生的一大法宝，难怪俄国的苏霍姆林斯基强调：节俭的教育是道德体系中最重要的任务之一。

2．诚信缺失，自律失控

在许多高校，诚信缺失成了一种普遍现象，恶意拖欠助学贷款、学费，用虚假材料骗取助学金、考试作弊、论文抄袭、伪造个人简历、随意毁约等等，这些行为给学生个人、学校乃至社会带来了巨大的负面影响。

（1）考试舞弊

尽管学校制定了严格的监考制度，不仅对考场纪律有严格规定，而且对监考老师的职责也有严格的考核，但学生的作弊还是屡禁不止。据新浪网调查显示，大学生中在考试时偶尔作弊的占40.34%，经常作弊的占21.66%，从来不作弊的只占26.51%。

（2）骗取或恶意拖欠国家助学贷款

助学贷款是国家为了帮助贫困学生顺利完成学业而发放的一种贴息贷款，为不让一个贫困学生因家庭经济困难而辍学采取的一项有力措施，体现了党和政府对贫困学生的殷切关怀。而一些非贫困生用出具虚假的街道或乡（镇）级低保、贫困证明材料等方式骗取贷款，使部分真正家庭经济困难的学生反而由于名额有限而得不到资助。部分大学生毕业后有还贷能力而用各种借口搪塞、敷衍还贷，甚至以隐瞒工作单位、拒绝透露联系方式等办法来逃避还贷。

## 【案例分析】

女青年小嘉5年前本科毕业，可是有房有车的她却恶意拖欠银行的助学贷款不予归还。日前，徐汇法院执行庭采取强制措施，这笔款项终于执行到位。2007年，小嘉毕业于沪上一所高校。上学期间，由于经济的原因申请了助学贷款。可是毕业都5年了，如今有房有车有工作的她却依旧欠着银行近8000元不肯归还，还对银行的催款通知书置若罔闻。银行无奈将其告到法院。诉讼期间，小嘉在法官的见证下曾经与银行达成了和解协议，但是没能自觉履行。进入执行程序后，执行法官依法采取了冻结其银行存款等强制措施，慑于法律的威严，2012年7月，小嘉终于低头还款并写下了悔过书。

据了解，徐汇法院每年都会收到数百起因助学贷款而引发的纠纷，而欠款的学生都会在诚信系统里留下违约记录，会影响到他们以后的房贷、车贷等个人商业贷款和其他融资行为。法官提醒学子，诚信的污点滴上容易，擦去太难。

（3）就业诚信缺失。有些毕业生在简历中伪造等级证书、获奖证书、虚构个人履历。一些学生在个人推荐表上虚构在校期间任职，编造社会实践经历，夸大自己的工作能力和业绩。有些大学生同时与多家用人单位签约，遇到更好的就违约。

## 【案例分析】

毕业生小孟今年10月底顺利签了一家不错的公司，然而11月参加完"东北五校"等大型招聘会后，他收到了几家发展前景更好的公司的录用通知，随后便产生了毁约的想法。"经对比发现，这几家公司的年薪与之前签约的至少相差一万五，而毁约金为六千元，选择后者明显更划算。"当记者问起这笔违约金从何而来时，小孟不假思索地说："违约金当然是由父母出了，而且我跟他们摆明利害关系，他们也都十分认可。"小孟说，整个过程挺烦琐。首先要说服企业同意违约并支付一定数额的违约金，之后会拿到企业发的违约函，这才能回院系里取回交到学校的就业协议书。"毕竟找工作是大事，学了十多年，就是为了能找个称心如意的工作，这就跟结婚似的，千挑万选总得找个能看对眼的。"小孟说，违约"成本"近年水涨船高，以前赔一两千元就能搞定，现在一般在三五千元左右，有的企业会要到一两万元。

遇到这样的大学生，企业怎能不望而生畏？

3. 网络成瘾，学业荒废

## 【案例分析】

某高校的一个大学生，有这样一张作息时间表：13：00，起床，吃中饭；14：00，去网吧玩网络游戏；17：00，晚饭在网吧叫外卖；通宵练级，第二天早上9：00回宿舍休息。这位大学生几乎把所有的空余时间都拿来打游戏，并开始拒绝参加同学聚会和活动。大约两个月之后，他发现自己思维跟不上同学的节奏，脑子里想的都是游戏里发生的事，遇到事情会首先用游戏中的规则来考虑。他开始感到不适应现实生活，陷入了深深的焦虑之中。

网络给大学生们带来方便的同时，对他们的生活也产生了一些负面影响，网络成瘾成为一个突出而复杂的现实社会问题，由于沉迷网络导致学业荒废、精神萎靡、丧失信心、人际关系紧张等，已经引起社会的广泛关注和担忧。

大学生沉迷网络不仅浪费金钱、浪费精力，更需要警惕的是，网络游戏、网络聊天创设的虚拟环境使传统的道德准绳失去了约束，导致各种网络欺骗、破坏与犯罪，使学生深受其害。

4. 权力欲望强烈，官本位思想严重

高校的大学生干部队伍的素质状况总体来说是好的，是富有生机和活力的。大多数大学生干部在学习之余，担任各种社会工作，积极参加高校建设和学生管理，兢兢业业，乐于奉献，义务地为集体、为同学服务，成为学生工作的得力助手，为高校的建设和发展做出了一定的贡献。

不可否认，大多数大学生竞选或担任干部的动机，是基于热爱集体、历练能力、提升综合素质等正向目的的；但也有为数不少，受"官本位文化"的影响，在自我意识里，将大学生干部混同为社会公共权利体系中的掌权者，期望提前体验"当官"的感觉，从精神上满足做"领导"的欲望。因而他们在学生组织选举中公然请客吃饭拉选票，对社会上所谓的拉关系、走后门、找靠山、请客送礼等不正当竞争手段"了然于心"、"驾轻就熟"，甚至还私自挪用办公经费、活动赞助费用乃至"权力寻租"等。

而且许多高校学生组织中的管理体系和制度建设，也深深烙下了官场文化的影子。例如大多数高校学生会、协会、社团等组织通常会设有"主席团""主席""副主席""主席助理""执行主席""部长""副部长""秘书长""主任""书记"等等职位，有时甚至出现了"领导"多于"干事"的状况。拥有这些"官衔"的大学生干部经常忘记学生组织其实并不实质性地具有"权力"或"干部级别"，学生组织的宗旨是为学生服务，因而自我感觉过于良好，太把自己的"官衔"当回事，俨然以"领导干部"的意识和身份自居，对分管范围内的同学以及下级大学生干部常常颐指气使、高高在上。在一些学生组织内部，还"煞有介事"地存在着严格的等级制度和复杂的裙带关系，将官场文化演绎得淋漓尽致。一些学生干部利用手中的"职权"和老师对他们的信任，在推选干部、评优、奖学金等方面搞特殊。个别学生干部"官本位思想"和"官僚作风"严重，服务意识不够。一些学生干部自恃手中的"权力"，高居普通学生之上，而忘记了为同学服务的宗旨，榜样作用严重地受到影响和削弱。

不难想象，如果生活在"象牙塔"里的天之骄子的人生观、价值观、世界观就此形成，道德操守、作风习惯就此养成，他们踏上工作岗位后，还能做到廉洁诚信、奉公守法、爱岗敬业、艰苦奋斗吗？

## 二、高校对大学生廉洁修身教育存在的问题

从文化的高度，对大学生廉洁修身教育进行反思，是高校廉洁文化建设的必然要求，也是高校完成教育人、培养人根本任务的内在要求。对大学生的廉洁修身教育尚切存在一定的问题，面临的挑战和形势比较严峻。这些问题既有源于主

体的，也有源于客体的。源于主体的问题主要是高校管理者对大学生廉洁修身教育重要性的认识还不够，工作过程中还存在着"说着重要、干起来次要、忙起来不要"的思想；源于客体的问题，主要是大学生思想意识上认识不够，廉洁修身的自觉性不强。

1. 对大学生廉洁修身教育重视程度不够高

随着高校廉洁素质培养的推进，高校管理者对大学生廉洁修身教育的重要性和必要性没有足够的认识，始终没有将其作为事关"党和国家事业后继有人"的高度，还存在着片面的认识，主要表现在：有的高校认为廉洁素质培养的重点是社会而非高校，觉得将社会上的廉洁氛围搞好了，就能铲除滋生腐败和不正之风的土壤，并逐渐形成良好的社会风气，沐浴在这种风气中，受过高等教育的大学生就会自觉内化廉洁的品性并持之以恒；有的高校认为廉洁教育的重点是干部而非学生，觉得只有干部手中才握有权力，才有产生腐败的土壤。大学生是"穷学生"，不掌握权力和资源，即使想腐败也无从下手；有的高校认为廉洁文化进校园仅仅是一种时尚，无非是搞搞教育、提提口号、做做样子。

正是由于思想上的不够重视，导致高校大学生廉洁教育缺乏系统有效的组织管理。

2. 大学生廉洁修身的意识淡薄

大学生是高知识群体，他们对社会和高校内部的腐败现象和不正之风非常痛恨，但是，在现实生活中，他们一方面对腐败问题深恶痛绝，一方面对自己身边的不正之风、不良现象见怪不怪。主要表现在：有些大学生信奉"权力至上""金钱万能"的人生哲学；有些大学生的入党动机不纯；有些大学生在就业过程中将"拉关系、走后门"放在第一位，靠"钻营"取胜；有些大学生在考试中作弊，违反校纪校规；有些大学生在学生干部选举过程中拉选票；有些大学生把"当官发财"作为人生幸福的标准；有些大学生法律意识淡薄、法制观念不强；有些大学生把专业学习当成唯一目标，忽视对自己思想政治方面的要求，对腐败现象的认识不够客观、全面和深入，对反腐败能否取得成功存在悲观情绪。这些都反映出大学生廉洁修身的意识淡薄，对廉政知识和修身要求缺乏系统、深入的了解和认知。

### 3. 大学生廉洁修身教育体系不健全

高校大学生廉洁修身教育还停留在仅靠开展一些简单活动对大学生进行廉洁修身教育的阶段，没有形成完整的教育体系。表现在：有的高校开展了一些廉洁修身教育活动，但是教育内容针对性不强，教育的媒介载体缺乏、形式单一，或是还停留在一种临时性的活动，如何长久地将廉洁修身教育制度化，并融入和谐校园的建设中；如何采取形式多样、措施有力、影响深远的教育举措还值得深思与探索；对大学生的廉洁教育大多只放在思想政治理论课堂上，其他专业课、社会实践和第二课堂活动中廉洁教育开展不够，导致形式单一化、片面化，削弱了廉洁修身教育的效果，影响了大学生对廉洁修身教育的认同感。

随着高校廉洁素质培养的不断深入和高校对大学生廉洁修身素质培养的重要性认识逐步提高，我们相信，高校大学生廉洁修身教育的现实基础也会越来越好。

## 第三节　大学生廉洁修身教育的意义

对大学生进行廉洁教育的目的是使学生成为"国民表率、社会栋梁"。意大利在 20 世纪 90 年代，对本国的腐败成因进行调查，发现腐败的根本原因，是普通公民对腐败行为的容忍。大学生将来会成为整个社会的中流砥柱，提高他们的素质，才能做到社会成员自觉抵制腐败并举报腐败，使腐败无处藏身。

## 一、弘扬中华民族传统美德

中华民族是一个具有优秀文化传统的民族，自古以来就有崇尚廉洁的优良传统，对人才的培养和选拔都注重"廉"的标准。《周礼》上说："以听官府之六计，弊群吏之治。一曰廉善，二曰廉能，三曰廉敬，四曰廉正，五曰廉法，六曰廉辨。"意思是考察官吏要以廉为本，从善、能、敬、正、法、辨六方面进行考核。在高等教育中，对大学生进行廉洁教育，增强廉洁意识，培养廉洁操守，对于认识领悟中华民族优秀传统文化，具有十分重要的意义。

## 二、净化社会环境

一个廉洁的社会，是由廉洁的社会成员组成的。高校是社会环境的重要组成部分，大学生是未来廉洁社会的主要建设者，在高校进行廉洁教育，能使社会环境得到净化，意义重大。这样能够在根本上杜绝公职人员贪腐，使反腐工作事半功倍。

## 三、建立防腐败体系

高校对大学生进行廉洁教育，是建立健全教育、制度、监督并重的惩治和预防腐败体系的重要任务。坚持标本兼治、综合治理、惩防并举、注重预防的方针，是中共中央在总结历史经验、科学判断形势的基础上做出的重大战略决策，也顺应了全球反腐战略转变的形式。

典型案例反腐，抓大案要案，虽然能产生一时轰动，但并不能保证社会长久廉洁。治理腐败这种顽疾，如果平时不注重预防，等到疾病发生再进行治疗，则要付出更大的代价。对大学生进行廉洁教育，就是预防腐败的一个重要措施。

教育是从源头上铲除腐败滋生的土壤，是抓好治本的重要措施，也是一项长期的工作，教育的效果往往需要很长的时间才能充分显现。对大学生的廉洁教育是一项基础性工程，目的之一就是让大学生认识到什么是腐败、什么是廉洁，这样才能自觉抵制腐败并检举腐败，打破腐败的恶性循环。

## 四、构建和谐社会

人是和谐社会的主体，社会成员的道德自律、社会群体的和谐相处、社会风尚的良好导向，对于推动社会和谐十分重要。但是，腐败会导致社会不和谐、不安定。腐败行为所引起的后果影响了社会有机体各要素之间的和谐关系，阻碍了社会主义和谐建设。因此，构建和谐社会必须反腐倡廉，扫清阻碍。教育的目的有人性的完善和社会的发展两个方面，这就决定了大学生廉洁教育关系到大学生自身和社会的发展。

人性的完善既包括德、智、体、美的发展，也应包含清正廉洁的做人底线。将大学生的廉洁教育与思想道德教育融为一体，可以树立起积极、健康、向上的理想信念，提高廉洁公正的素质和抵御腐败的能力，既符合个人成才的规律，又可为建构和谐社会提供人才资源。因此，加强大学生廉洁教育，是构建和谐社会的基础性工程。

就大学生的廉洁教育而言，就是要引导学生树立强烈的社会责任意识和廉洁意识。高校在教育观、发展观上应该主动为构建和谐社会服务，要把这种观念渗透到大学生培养、科学研究和社会服务上去，通过廉洁教育培养大学生的责任意识。提高综合素质，使人民观念、公平正义的观念、集体观念牢牢树立起来。

## 五、德育教育的重要内容

目前高校德育教育方面，对大学生的廉洁教育是薄弱环节。在过去的较长时间里，高校对大学生的廉洁教育没有引起足够的重视，学校廉洁教育没有形成机制，廉洁教育的内容没有形成体系，已有的教育内容与实际思想有很大差距。这些情况表明，全面启动积极推广大学生廉洁教育，使廉洁教育成为思想道德教育的一部分，是丰富和完善高校德育内容体系的迫切需要。

大学生正处于世界观、人生观、价值观形成的关键时期，这个时期的教育至关重要。廉洁、正直和诚实是做人的基本准则之一。高校对大学生进行廉洁教育，可以不断强化大学生的廉洁意识，增强大学生在市场经济的复杂环境中明辨是非曲直和自觉抵御不良风气侵蚀的能力。

目前大多数大学生的世界观、人生观和价值观是好的，积极向上的。他们把奉献社会作为衡量人生价值的标准，渴望学到更多本领，对腐败现象痛心疾首，对廉洁品质非常向往。但是，我国的市场经济发展和新旧体制转型，导致一些干部腐化堕落，一些行业刮起不正之风，加上社会上一些庸俗哲学的影响和贪腐文化的引诱，使一些学生难辨是非，趋近功利。高校中出现家长馈赠、宴请教师，关系网盛行，"权钱交易"和"关系哲学"伤害了学生向往廉洁的情感。听之任之，后果将不堪设想。

## 六、高校培养目标实现的需要

人才是一个国家的宝贵资源，高校是培养人才的摇篮，高校的培养目标是培养大批德、智、体、美全面发展的接班人，要有高技能、高知识、高道德。为实现这一目标，既要求他们扎实地学习专业知识，同时也要培养他们的远大理想、坚定信念和正派作风。

在大学校园里，教师和广大教育管理者与学生朝夕相处，言行、态度和思维方式会影响大学生的价值取向。为此，开展廉洁教育就要充分发挥教师、党政干部各自的角色。通过广泛的、经常的廉洁教育和灵活多样的教育方式，逐步形成廉洁教育工作的新局面。

经过调查，中国的从业人员中有"36岁现象"，是指年轻的从业者致力于贪污腐败，赚外快。现今，又有了"26岁现象"，触目惊心地揭露了腐败正日益向青年逼近的可怕现实。腐败的年龄门槛逐渐降低，暴露了教育中存在的纰漏，正因为这些纰漏，腐败才能无情地侵吞刚刚走出校门的年轻人。因此，在高校教育体系中全面启动廉洁教育，使他们提高防腐败的免疫力，是高校培养目标实现的必然要求，是高校的重要使命。

综上所述，通过反腐倡廉的廉洁教育，可以帮助大学生了解中央反腐倡廉的部署、方针、原则，正确认识反腐败形势，树立正确的世界观、人生观和价值观，抵御腐败现象的侵蚀；同时使大学生清醒地认识到，随着市场经济体制的确立和完善，以后的社会将是一个人才与知识竞争激烈的社会，靠拉关系、走后门、找靠山等不正当竞争手段是无法站稳脚跟的。只有观念正了，校园风气才能转好；综合素质提高了，才能成为真正的人才。

## 第四节 加强高校大学生廉洁修身文化建设的途径

中共中央《建立健全教育、制度、监督并重的惩治和预防腐败体系实施纲要》指出："教育行政部门、学校和共青团组织要把廉洁教育作为青少年思想道德教育的重要内容，培养青少年正确的价值观念和高尚的道德情操。"培养高校大学生廉洁修身素质，是落实这一要求的有效途径。高校大学生廉洁修身素质的培养，涉及高校的教育教学及管理的方方面面，是一项艰巨、复杂、长期的系统工程，需要各个方面的共同努力，形成合力。

# 一、从学校的教育教学方面入手

## （一）加强思想品德教育，打牢大学生廉洁修身文化的思想基础

教育部《廉洁教育试点工作的意见》中指出："大学阶段，主要安排学生学习我们党反腐倡廉的理论与实践、社会主义政治文明理论建设、党风廉政建设和反腐败方面的政策法规以及我国古代廉政思想等。"并且要求"大学阶段，主要教育学生自觉遵守法律法规和社会道德规范，切实增强反腐倡廉的自觉性"。思想是行动的先导。培养高校大学生廉洁修身素质必须在廉洁精神建设上下功夫、在廉洁修身教育上下功夫，大力加强大学生的思想品德教育，用廉洁修身思想武装大学生头脑，从而打牢大学生廉洁修身的思想基础。

加强大学生思想品德教育，必须坚持以社会主义核心价值体系为统领，以思想道德教育为主线，以反腐倡廉理论和实践为着力点，将廉洁修身的道德操守内化为大学生的普遍价值取向和行为规范，促使大学生努力做廉洁修身思想的传播者、廉洁行为的践行者和社会风气的净化者。

1. 坚持以社会主义核心价值体系为统领

社会主义核心价值体系集中体现了社会意识形态的本质属性，是社会主义思想道德建设的指导方针，是激励全民族奋发向上的精神力量。

社会主义核心价值体系有其丰富的内涵，即马克思主义指导思想、中国特色社会主义共同理想、以爱国主义为核心的民族精神和以改革、创新为核心的时代精神、社会主义荣辱观。这四个方面的内容，各有其特有的含义和实践要求。

（1）以马克思主义理论为核心的世界观、人生观和价值观教育

要坚持用马克思主义指导思想和中国特色社会主义理论体系武装大学生的头脑，用马克思主义中国化的最新成果武装广大青年学生，使其学会运用马克思主义的立场、观点、方法，分析和解答现实问题，科学把握人类社会发展的基本规律；深入开展党的基本理论、基本路线、基本纲领和基本经验教育，开展中国革

命、建设和改革开放的历史教育，开展中国特色社会主义复兴之路教育，开展科学发展观、构建社会主义和谐社会等重大战略思想教育，使大学生更好地认识和了解中国的国情，认识到国家的前途和命运，认识到自己肩负的责任，始终确立跟党走，走中国特色社会主义道路的信心和决心，坚定中华民族伟大复兴的共同理想和坚定信念，为共产主义事业奋斗终生。

（2）以爱国主义为核心的民族精神教育

爱国主义是自我价值实现的精神原动力。对大学生进行爱国主义精神教育，引导他们把爱国这种高尚的道德情操形成坚定的信念，成为其奋斗不息的精神力量。通过教育，使大学生把自身的前途命运同祖国的兴衰命运捆绑在一起，同祖国同呼吸、共命运，随时随地听从祖国的召唤，到祖国最需要的地方去建功立业，贡献自己的聪明才智。使学生真正做到把对祖国的责任感化为自己毕生奋斗的责任，化为自己永不懈怠的责任，形成强烈的责任感和归属感。

（3）以改革创新为核心的时代精神教育

江泽民同志指出："创新是一个民族的灵魂，是一个国家兴旺发达的不竭动力，也是一个政党永葆生机的源泉。"加强对大学生的创新精神教育，就是要使其始终走在创新的前列，始终站在科技创新的前沿，用创新引领中国特色社会主义现代化建设。进行创新精神教育，就是要教育引导大学生们形成自强不息、艰苦奋斗、锐意进取的优秀品质，敢于不断创新，冲破一切不合时宜的观念、体制，破除教条主义和主观主义的束缚，始终坚持解放思想、实事求是、与时俱进，勇于变革、勇于创新，永不僵化、永不停滞，使自己的思想始终保持在真理的前沿，创造活力竞相迸发，创造源泉充分涌流，用勇于创新的精神力量推动中国特色社会主义事业再创辉煌。

（4）加强社会主义荣辱观教育

胡锦涛总书记关于"八荣八耻"社会主义荣辱观的重要论述，体现了中华民族传统美德与时代精神的有机结合，体现了社会主义基本道德规范和社会风尚的本质要求，体现了社会主义价值观的鲜明导向。加强社会主义荣辱观教育，是大学生廉洁修身素质培养的重要内容。要通过荣辱观教育，引导学生深刻领会"八荣八耻"的精神内涵，牢固树立和弘扬社会主义荣辱观，自觉养成"热爱祖国、服务人民、崇尚科学、辛勤劳动、团结互助、诚实守信、遵纪守法、艰苦奋斗"

的良好品德，确立正确的行为价值取向，进一步增强社会责任感，促进大学生形成良好的道德情操和道德修养，提高明辨荣辱、认清是非、区分美丑的能力，知荣弃耻，褒荣贬耻，扬荣抑耻，努力践行爱国守法、明礼诚信、团结友善、勤俭自强、敬业奉献等基本道德规范，坚决反对和抵制拜金主义、享乐主义和极端个人主义的价值观念。

2. 坚持以思想道德教育为主线

马克思主义认为，道德作为一种社会现象，属于上层建筑的范畴，是一种特殊的社会意识形态。社会主义道德以为人民服务为核心，以集体主义为原则，以爱祖国、爱人民、爱劳动、爱科学、爱社会主义为基本要求，以社会公德、职业道德、家庭美德为着力点。

（1）加强诚实守信教育

公民道德建设以诚实守信为重点。诚实，就是真实无欺，不欺人，也不自欺；守信，就是重诺言、讲信誉、守信用。诚实守信是中华民族的传统美德，被看作"立身之本""举政之本""进德修业之本"。诚信和廉洁是有机的统一，诚信是一个人廉洁立世、廉洁从业、廉洁从政的根本。因此，加强大学生廉洁修身教育的基础在于诚信教育，教育引导大学生立足岗位，诚实劳动，实事求是，杜绝弄虚作假、虚报浮夸的现象；做到为人诚恳，待人诚实，做事实在，说老实话、做老实人，增强诚实守信的自觉性和主动性。

（2）加强社会公德教育

社会公德是全体公民在社会交往和公共生活中应遵循的行为准则，涵盖了人与人、人与社会、人与自然的关系，是公民个人道德修养和社会文明程度的重要表现。社会公德的主要内容是文明礼貌、助人为乐、爱护公物、保护环境、遵纪守法。加强社会公德教育，教育引导大学生自觉加强道德修养，遵守社会公德，养成良好的文明行为习惯，自觉增强法律意识和政治责任意识，倡导健康文明的生活方式，能够正确处理国家、集体、个人之间的利益关系。

（3）加强职业道德教育

职业道德是所有从业人员在职业生活中应遵循的行为准则，涵盖了从业人员与服务对象、职业与职工、职业与职业的关系。职业道德的主要内容是爱岗敬业、诚实守信、办事公道、服务群众、奉献社会。通过加强教育，帮助大学生树立正确的职业价值观，形成敬廉崇洁的价值判断，并将敬廉崇洁的价值观内化为人格的修养和自身的素质，从而能正确对待今后职业的地位和待遇、苦和乐、奉献和索取；做到实事求是，公平公正，办事公道，不挟私欲，做到规则于心，规矩于行，养成按规则办事的良好行为习惯。

（4）加强家庭美德教育

家庭美德是每一个公民在家庭生活中应遵循的行为准则，它的主要内容是尊老爱幼、男女平等、夫妻和睦、勤俭持家、邻里团结。加强大学生家庭美德教育，引导大学生正确对待亲情，不断增强"修身齐家"的社会责任感。当前，尤其是要针对大学生中存在的讲虚荣、摆阔气、穿名牌、互相攀比等现象，进行系统的崇尚节俭、艰苦奋斗、科学理财的教育，使大学生养成艰苦奋斗、勤俭节约的良好作风。

3. 坚持以反腐倡廉理论和实践教育为着力点

中央纪委、中央宣传部等六部门联合下发的《关于加强廉政文化建设的意见》中指出："注重继承和发扬我们党清正廉洁的优良传统，挖掘和利用中国优秀传统文化。"加强大学生廉洁修身教育，也要从我们党的优良传统和中华优秀传统文化中汲取营养，丰富思想道德教育的内容。

（1）加强我党反腐倡廉的理论与实践教育

中国共产党自成立以来，特别是执政五十多年来，高度重视党风廉政建设和反腐败工作，做出了一系列重大决策和部署，积累了宝贵的实践经验。主要包括两个方面：一是以毛泽东、邓小平、江泽民、胡锦涛为核心的四代领导集体和以习近平为总书记的新一届中央领导集体对反腐倡廉理论和实践的重要论述，用科学的理论武装学生的头脑，提高反腐倡廉的思想认识。二是反腐倡廉的形势教育，引导大学生正确地判断和分析反腐倡廉的形势，使大学生意识到社会法律、法规、监督等体制的重要性和个人良好道德品质及行为对社会、自身的积极意义，从而提高廉洁修身意识，筑牢拒腐防变的思想基础。

（2）加强党纪国法的规范教育

美国著名法学家博登·海默说："在法律统治的地方，权力的自由行使受到了规则的阻碍，这些规则使掌权者受到一定行为方式的约束。"首先，向大学生传授必要的基础法律知识，让他们了解和认识有中国特色社会主义的法律体系，掌握我国宪法和基本法律的主要精神和内容，做到懂法；其次，教育大学生在生活中懂得用法律维护自己的合法权利，同时也应当依法承担法律上规定的义务，培养大学生的维权意识和责任意识，做到用法、守法；再者，培养大学生法律价值的认同感和法律信仰，让他们意识到法律在现代社会中的重要性，相信法律是维护社会公平、公正的主要手段，最终完成法律意识的理念升华，增强其遵纪守法的自觉性。

（3）加强中国古代廉洁思想教育

中华民族有着优秀的廉洁文化传统，在中国古代的治国安邦方略中，重视吏治、提倡廉洁和整肃腐败的思想与实践占有特殊重要的位置。我国古代的思想家及一些比较清醒的统治者、官员和民众，身体力行地与腐败现象进行斗争，给我们留下了丰富的精神资源和廉洁文化遗产，对大学生廉洁教育仍有积极的借鉴意义。加强中国古代廉洁思想教育，吸取我国古代传统廉洁思想的精髓，继承优秀的廉洁修身思想文化，将其与大学生现实需要结合起来，用其武装大学生头脑，帮助他们牢固树立"廉洁光荣、腐败可耻"的价值取向，自觉提高修养和践行廉洁自律的行为规范，让廉洁修身成为自己一生的操守。

## （二）把握教育引导重点，着力拓展大学生廉洁修身教育的渠道

高校在加强大学生廉洁修身素质培养的过程中，既要以廉洁精神为统领，也要充分发挥高校廉洁制度、廉洁行为、廉洁环境的作用，把大学生廉洁修身素质培养由"平面"引向"立体"，由"单向"引向"多维"，将大学生廉洁修身融入廉洁思想文化建设的各个方面，力求在有形手段中完成思想意识的无形灌输渗透，提升文化的影响力和渗透力。

1. 发挥课堂教学在开展大学生廉洁修身教育中的主渠道作用

中央纪委、中央宣传部等六部门联合下发的《关于加强廉政文化建设的意见》中指出："充分发挥课堂教学的主渠道作用，在中小学思想品德类课程和高校思想政治课程标准中明确廉洁教育内容，扎实推进廉洁教育进教材、进课堂、进学生头脑。"

（1）注重发挥思想政治理论课的主导作用

高校思想政治理论课是帮助大学生树立正确的世界观、人生观和价值观的重

要途径。事实上，思想政治理论课对大学生政治思想品德的教育与对大学生进行廉洁修身教育是相一致的。通过系统的廉洁修身教育，有利于让学生自觉养成廉洁自律的习惯，以腐为耻，以廉为荣，培养为公意识、诚信意识，克服私心杂念，增强其拒腐防变的免疫力；有利于促使大学生在走上社会前了解国家的反腐形势与决心，提高大学生对反腐倡廉的思想认知；有利于让大学生自觉养成廉洁自律习惯，树立正确的价值取向和人生理念，诚实守信、正直自律。

（2）注重专业课的廉洁教育资源

高校专业教师要充分挖掘所授学科所蕴含的廉洁教育资源、道德资源，将显性课程的知识传授和能力培养与隐性的廉洁教育、道德教育结合起来，将深刻的廉洁修身教育内涵贯穿于科学文化知识教育之中，同时．积极创设一些开放性的廉洁教育教学情境，使学生获得充分、真实的体验，领悟廉洁品质精髓，引导学生在学习中感悟、在感悟中升华，在潜移默化中感知并养成廉洁品质，实现知行统一。

（3）注重实施分层教育

根据大学生不同的学习阶段，分层次进行廉洁修身教育。对低年级大学生，着重加强对他们的诚实守信教育和法规、法律常识教育，以培养他们诚实守信、遵纪守法意识，增强法制观念；对高年级大学生，着重进行职业道德教育和廉洁教育。他们即将步入社会，将要担负起工作重任，在步入社会过程中会遇到内心的冲突而容易导致心态失衡。帮助他们正确对待自己、正确对待他人，正确引导他们把压力变为动力，学会理性分析，舒缓心理问题，以便摆正自己的位置，踏实做事，清白做人，保持自重、自省、自警、自励，促进他们养成初步的廉洁观念。

2．发挥廉洁环境文化在大学生廉洁修身教育中的主阵地作用

良好的文化氛围能提升人们的精神境界，有着催人奋进的激励作用和潜移默化教育人、培养人的作用。

（1）开展丰富多彩文化活动

高校要将廉洁修身教育融入校园文化活动之中，开展贴近生活、贴近实际、贴近学生的多样化文化活动形式。比如，读廉政书，唱廉政歌，听廉政课，讲廉政故事，观看警示教育片，举办廉洁教育书法展、漫画展、图片展，廉洁征文比赛、演讲比赛、知识竞赛，组织学生举办和参加党风廉政教育专题讲座、专题座

谈、模拟法庭、辩论会、擂台赛、赛歌会和戏剧小品表演、创作廉政文艺作品节目等形式，大力讴歌清正廉洁形象，鞭挞腐败丑恶现象，采取大学生喜闻乐见的形式，把思想性与艺术性很好地结合起来，真正做到入耳、入脑、入心，潜移默化地让大学生感受廉洁教育的穿透力，在校园内形成"廉洁光荣，腐败可耻"的浓烈氛围。

（2）加强廉洁环境文化建设

充分利用校园宣传橱窗、校内广播电视、黑板报、校报（刊）等校内宣传舆论阵地，大力宣传廉洁知识。在学校张贴以廉政警句、廉洁格言为内容的标语，宣传古今廉政人物、格言警句、廉政故事；在校报、广播台、电视台、宣传栏开辟廉政教育专栏；利用宣传橱窗举办反腐倡廉图片展、书画展；建设廉政、廉洁长廊；在学校的公共场所如会议室、教学楼廊、学生宿舍楼、食堂、电子显示牌等处设置廉政警句格言；利用优秀网络文化占领学生德育阵地，建立大学生廉洁教育专题网页或网站，组织开展形式多样的网上廉洁教育活动，拓宽廉洁教育渠道，增强廉洁的教育效果，提升廉洁教育的文化品位，有利于用健康向上、清正廉明的文化思想充实大学生的精神世界。

（3）开展廉洁修身主题活动

精心设计和组织内容丰富、形式新颖、吸引力强的廉洁教育活动，传播廉政知识，弘扬修身精神，培养和建设廉洁修身文化。比如：开展党风廉政教育宣传月活动、法制宣传教育月活动、学风建设活动月活动、特色党（团）日活动、主题班会、典型事迹报告会、文艺表演、专题讲座、大学生论坛、案例辨析等形式多样的主题教育活动，增强廉洁教育的感染力和吸引力，使大学生在参与活动中感知、接受廉洁教育，树立廉洁的思想理念，形成崇尚廉洁、向往廉洁、追求廉洁，反对腐败、抵制腐败、厌恶腐败的情感倾向，使"以廉为荣、以贪为耻"的廉洁之风在校园内弘扬。

3. 发挥社会实践在大学生廉洁修身教育中的主环节作用

中央纪委、中央宣传部等六部门联合下发的《关于加强廉政文化建设的意见》中指出："针对青少年的特点，定期开展各类青少年廉洁教育实践活动，深入推进校园廉政文化建设。"加强大学生廉洁修身教育，必须充分发挥廉洁行为文化的作用，让大学生在廉洁实践中陶冶情操、净化心灵、提升境界。

（1）抓好校内实践活动

充分发挥高校党、团组织的政治优势和组织优势，在校园内开展丰富多彩的廉洁修身实践活动。遵循大学生思想道德形成和发展的客观规律，适应大学生的年龄层次、心理特点、知识水平和接受能力，科学安排廉洁教育的内容，寓廉洁教育于丰富多彩的党、团活动之中，让学生在活动中受到教益。比如：组织大学生开展"读书思廉"活动，提升学生廉洁理论素养；利用党日、团日、班会活动组织大学生就一些重大的、典型的正反两方面的案例进行讨论，特别是要联系发生在大学生身边的一些不正之风开展讨论，帮助大学生提高对反腐倡廉重要性的认识，提高辨别是非的能力，增强廉洁修身教育的针对性和实效性。

（2）抓好社会实践活动

大学生廉洁教育要坚持理论联系实际，突出社会实践这一重要环节，引导大学生走出校门，到基层去，到群众中去。坚持廉洁教育实践与专业学习相结合、与服务社会相结合、与勤工助学相结合、与择业就业相结合，通过假期文化科技卫生"三下乡"、志愿服务、社会调查、专业实习、生产劳动等社会实践和公益活动，在实践中净化其心灵、陶冶其情操，使大学生受教育、长才干、明事理、辨是非、晓廉洁、做贡献，增强社会责任感和正义感。

（3）抓好社会资源利用

充分挖掘社会教育资源，开展大学生廉洁教育的社会实践活动。如组织大学生参观工厂、农村，参观革命纪念地，参观警示教育基地，组织大学生参加社会服务、志愿服务、生产劳动、勤工俭学等公益活动，使大学生深入社会、了解社会、服务社会，增强社会责任感；组织大学生走访勤政廉政的模范人物、优秀企业家、优秀领导干部，在调研和寻访中受到教育、感染。同时，学校要注意整合社会资源，探索学校—家庭—社会三方联动的廉洁修身教育新模式，创建学生、学校、家庭、社会四位一体的大学生廉洁修身教育整体联动机制，形成有利于开展大学生廉洁修身教育的良好社会环境。

## （三）注重学风考风建设，增强大学生廉洁修身文化建设针对性

学风考风是校园风气的重要组成部分，是高校大学生廉洁修身素质培养的重要切入点和着力点。检验大学生廉洁修身素质培养的最终标准，就是看学生是否

形成诚实守信、正直自律、勤俭无私的优良品质。

注重学风考风建设，营造良好的学习氛围，进一步拓宽大学生廉洁修身素质培养渠道，可以增强其亲和力、渗透力和感染力。

1. 找准切入点，加强思想教育工作，筑牢思想道德基础

大学生学风考风建设应以思想教育为先导。因为其实质是一种思想风尚建设。其表现为大学生在一定人生观、价值观和一定学习动机的支配下，通过长期实践磨砺而形成的、反映一定社会要求的、具有相对稳定性和持续性的学习、考试的心理倾向、思维方式和行为特征。所以，加强学风考风建设，首先要解决的是思想认识上的问题，以加强思想教育工作为切入点，注重思想引导。

（1）结合思想实际，开展教育活动

高校要加强对大学生世界观、人生观和价值观的引导，帮助学生树立正确的政治方向和远大理想，为学风考风建设打下坚实的思想基础和持久的动力源泉。只有引导他们增强建设祖国、服务人民的使命感、责任感和紧迫感，其优良学风的形成才具有现实的基础；只有帮助学生形成日常学习过程和学术活动中的诚信品德，才能从内心鄙弃学风上的肤浅、浮躁之风；只有帮助学生保持健康的身心，才能自觉地拒绝欺骗、投机行为。根据不同年级学生的特点采取不同形式和内容的教育，要结合学生年龄特点、知识层次、心理承受能力而教育各有侧重；采用形势专题报告、座谈讨论会、主题教育、考研交流会、典型事例宣传等方式。通过各种形式的教育，激发大学生的爱国情怀，使大学生树立奋发学习的远大理想，增强历史使命感和责任感；采取普遍教育和个别教育相结合，正面和反面教育相结合，晓之以理，动之以情，主动与他们交朋友，多谈心，帮助他们解决学习和生活实际困难，突显大学生在学风建设中的主体地位，通过多方面的引导教育，充分发挥学生的主观能动性，以激发大学生内在的求知欲望，增强学习动力，改善学习状况，营建良好的学习氛围，不断提高大学生的思想道德素质和科学文化素质。

（2）激发学习兴趣，强化学习动机

动机和兴趣是学习行为的动力之源，大学生学习状况在很大程度上取决于他们对所学知识的兴趣度，学习兴趣浓烈，就会主动去关注、去行动、去投入。当前，大学生学习状况欠佳的一个重要原因，就是因为他们无法形成，或不知道如

何培养自己的学习兴趣。高校要借助主体的意志和参与学习，在方法上，坚持知行统一，摒弃以往单纯重视说教的做法，积极开展道德实践活动，把道德实践活动融入大学生学习生活之中，帮助和促进大学生加深对所学专业发展前景的认知，不断深化其对专业学科前沿的了解，从内心深处焕发出对科学真理的强烈追求；通过大学生行为准则的修订，引导大学生从身边的事情做起，从具体的事情做起，着力培养良好的道德品质和文明行为，让良好的学风考风入耳、入脑、入心，开花、生根、结果。

2. 找准关节点，建设廉洁制度文化，增强学生搞好学风考风建设的自觉性

制度建设是强化管理的基础。没有教育的管理是盲目的管理，没有管理的教育是无序的教育。要以教育引导管理，以管理强化教育，从严要求。加强管理是建设优良学风考风的保证。

（1）加强制度建设，实行奖优罚劣

高校通过加强奖励、惩罚的制度建设，在学生中形成奖优罚劣的明确导向。"激励是思想政治教育的重要方法之一，其根本目的就是运用多种手段，充分调动人们的积极性和创造性，为社会主义现代化建设事业提供强大的精神动力。"高校要建立大学生学风考风建设的激励机制，加大评优工作的宣传力度，大力奖励品学兼优的学生，树立优秀的学习榜样，影响和带动广大学生端正学习态度，促进优良学风考风的形成；同时，建立淘汰机制，实行优胜劣汰，创设良好的学风考风竞赛氛围，培育大学生的学习竞争意识和开拓创新精神，使大学生具有一定的学习压力和危机感，促其在竞争中养成努力学习、奋发进取、公平公正、正直自律的优良学习和考试习惯。

（2）完善管理机制，强化规范管理

高校要建立健全专职学生教育管理部门的学风考风监督体系，改进学风考风监管运行机制。要以课堂学风监察为主阵地，厉行学风指导管理"进课堂""进社团""进寝室"。建立健全学风建设责任制，健全对学生学习约束管理的制度，建立健全长效的全员学风监管系统，健全大学生的自我管理机制，逐步建立起大学生学习目标自律管理、学习时间支配管理、治学品质学术修养等方面的自律体系；特别是要建立健全学风监督评估机制，注重它的操作性、层次性、循序渐进性，尤其是考风的问题要作为考核的重要内容，考风不正，学风必不正。对考风

要建立严格的约束惩罚制度，杜绝学习不道德行为。加强个体引导要引进约束机制，建立起个人学风状况登记制度，对学生的学业成绩、学习活动、学习成果、学习恶性事件（如考试舞弊、缺课）等进行记载归档，在此基础上，完善大学生素质综合测评实施办法，强化对学生个体的引导力度，从而在制度上保证学生将主要精力用于学习，使学习化为自觉行为并由各个个体行为逐渐形成集体风气，促进优良学风考风的形成。

3. 找准结合点，拓宽方法途径，推进学风考风建设

学风考风建设，不仅要在教育、制度上下功夫，更重要的是要找准加强学风考风建设的有效载体，才能收到事半功倍的效果。

（1）营造文化氛围，构筑建设平台

廉洁文化是良好学风形成的重要载体。通过廉洁环境文化建设和开展学风创建活动可以营造良好的育人氛围，培育大学生强烈的求知欲、良好的学习习惯和人文精神。高校要经常举办一些学术活动和科技竞赛活动。如：举办学术报告和讲座，在师生中广泛进行学术交流，有计划地开展各种科技创新和学习竞赛活动如职业技能大赛、电子设计大赛、数学建模大赛、科技创新大赛等，把学生的成长成才与廉洁文化建设结合起来，增加廉洁文化的知识含量和科技含量，展示学生特长，激发好学的精神；加强廉洁人文景观建设，通过建筑、雕像、园林等实物打造廉洁文化品牌，培养学生的廉洁精神；坚持正确的舆论导向，充分利用校报、校园广播橱窗和校园网站等形式加强廉洁文化的宣传，对学生进行熏陶和教育，使大学生在活动参与中受到潜移默化的影响，思想感情得到熏陶、精神生活得到充实、道德境界得到升华。

（2）搭建网络平台，拓展建设空间

高校要充分利用网络生动直观、交流互动、时空无限、联系便捷等特点，准确及时地了解大学生的思想动态，因势利导地开展工作，从而实现学生管理工作的科技化、信息化和网络化。要加强校园网络建设，使其成为弘扬主旋律、开展思想政治教育和管理服务的重要手段。建设好融思想性、知识性、趣味性、服务性于一体的主题教育网站或网页，积极开展生动活泼的网络思想政治教育活动，形成网上网下思想政治教育的合力；坚持教育管理相结合，实现校园网络道德规范制度化。高校应当在法律规定和一般性道德倡导之外，制订更明确具体的道德

准则来规范和约束大学生的网络行为，把对学生的伦理劝诫和制度约束有机结合起来，使学生利用网络学习科学文化知识，拓宽知识面，同时，抵制不良网络的侵袭，养成良好的网络行为习惯。

（3）加强考试管理，严格考风考纪

严格科学管理是确保良好学风的重要保障。高校要从严治考，重视学生考风考纪管理，围绕学风建设制定一套科学而严格的考试规章制度和约束机制并狠抓执行情况。对于违反考试制度要求的学生要严格按照规定给予批评教育直至纪律处分，以端正学风。在对违纪学生进行处理时要一视同仁，以教育为主，使他们真正认识错误并积极改正才是目的。在学生考试中重视以下几个环节：加大考试纪律宣传，利用各种宣传媒体提高大学生对考试违纪作弊危害性的认识；强化大学生诚信教育；实行监考老师责任制；学校督学组和教学管理部门要进行流动巡考；加强考试环节的管理；加大对作弊学生的处罚力度。此外，高校也可尝试进行无人监考，与学生签订诚信考试承诺书，设置"无人监考考场"等。让大学生知道诚信是做人之根本。大学生要做到讲诚信，首先就要做到拒绝考试作弊，反对考试作弊。着力在大学生中形成一种讲诚信光荣，弄虚作假可耻的文化氛围，弘扬正气，打击歪风。

## 二、廉洁修身，从我做起

对大学生来说，树立廉洁自律观念，就是要以"廉"为荣，以"贪"为耻，把廉洁自律观念内化为信念，从我做起，从现在做起，从小事做起。

### （一）树立廉洁观念

树立正确的廉洁观，其本质在于对人生的社会价值的承认和遵循，是对自己对他人多元价值关系的协调和统合。人的本质是一切社会关系的总和，所以我们的观念里不应只有自己，还应当考虑我们能够创造的社会价值。爱因斯坦说："我从不把安逸和快乐看作是生活目标的本身……我叫它猪栏理想。人只有献身于社会，才能找出那短暂而有风险的生命的意义。一个人的价值，应该看他贡献什么，而不应该看他取得什么。"

因此，要坚持人生自我价值与社会价值的统一，把自我价值融于社会价值之中，在实现社会价值的过程中，实现自我价值。社会对个人的价值评价是以个人对社会的贡献为基本标准的。个人作为主体既有自己的主观评价，又有自我价值实现的追求；同时又是客体，被社会和他人所评价，承担着奉献社会、发展社会的责任。劳动、创造、奉献是树立正确人生价值观的必然要求，是一个人树立正确廉洁观的思想基础。

## 【案例点击】

2013 年 5 月，某市停在街头的 8 辆高档轿车转眼就不见了，民警追查发现，盗贼竟是一名从信息工程学院辍学的黑客郭某，他利用黑客技术破解了电子锁型轿车的行车电脑程序，仅用 3 分钟就可以将车锁打开、发动、开走。郭某盗车的原因是，想要接更大的工程，需要 100 万的启动资金，所以才动起了歪脑筋。

大学生本来是应该利用自己所学的专业知识造福社会的，却在一夜暴富的心理和一时冲动的作用下，成了象牙塔里走出的专业犯罪者。他们不仅让家长蒙羞，更是断送了自己的前程，让人痛心疾首。

### 感动中国的徐本禹

2004 年中央电视台"感动中国"十大人物之一徐本禹，是一位普普通通的大学生。2003 年，徐本禹以 372 分的高分考取了本校农业经济管理专业的硕士研究生。然而，2003 年 4 月 16 日，徐本禹做出了让所有人大吃一惊的决定：放弃攻读研究生的机会，去岩洞小学支教……电话那头，听到这个消息的父亲哭了，父亲用发颤的声音说："全家尊重你的选择，孩子，你去吧，我们没有意见……"

1999 年，徐本禹成为华中农业大学的一名学生。那年秋冬之交时，天气很冷，他还只穿着一件单薄的军训服。一位同学的母亲送了他两件衣服，并对他说："天气冷了，别冻着。在生活方面有什么困难和叔叔阿姨讲。"第一次远离家乡，第一次远离亲人，第一次在外地得到好心人的帮助……或许是这么多的第一次交织在一起，让徐本禹至今不能忘怀，"当时我知道无论说什么都是苍白无力的。我唯一能做的就是把爱心传递下去。别人帮助了我，我一定要帮助别人。"

徐本禹的"还"并不只是还给了曾给予他帮助的人，他将爱心和恩情无限复制，放大，扩散以至无穷，达到了一种无比深沉的博爱境界。正是这种博爱，让他与贵州两所小学的传奇有了可能。

当徐本禹决定放弃学籍去支教的事在华中农大传开后，学校破天荒做出决定，为他保留两年研究生学籍。

"我愿做一滴水，我知道我很微小，当爱的阳光照射到我身上的时候，我愿意无保留地反射给别人。"徐本禹在日记中这样说，他的行动使很多人感动并主动追随。

同样是大学生，徐本禹却能尽自己的全部力量去奉献社会造福社会。不仅体现了一个年轻人的社会责任感，更体现了一个人通过付出而实现的自我价值。当大学生不被金钱诱惑，不为追求利益出卖人格时，才能抵御腐化，才能树立起廉洁的观念。

## 三、锤炼廉洁品质

廉洁的品质包含知、情、意、行多方面的心理内容。所谓"知"，指的是认知、观念。对廉洁的内涵要明确，"不受日廉，不污日洁"。廉洁观念更要及时树立，勇于奉献，实现人生价值。"情"指的是情绪、情感。那些能给人带来积极情绪体验的事情，人们往往愿意去做，而那些产生消极情绪的事情人们往往避之唯恐不及。要使人们乐于清廉，除了要积极宣传，给予廉洁之士应有的尊重，也要严厉惩治腐败，使贪污之人得到应有的处罚。惩恶扬善，才能在社会上传递正能量。"意"指的是意志。意志决定一个人的行为，体现在摒弃干扰，实现目标的行动过程中。一个人只有认识正确，才能产生积极的情绪，积极的情绪能够坚定人的意志，意志能够促进人的行为。可见只有知、情、意的统一才能产生正确的行为。

廉洁品质的知、情、意如果不统一，就会知其不可，还心向往之，最终导致了错误行为的发生。养成正确的廉洁品质，应注意道德情感的培养。孟子提出："恻隐之心，仁之端也；羞恶之心，义之端也；辞让之心，礼之端也；是非之心，智之端也。""四心"生"四德"。结合当前的形势和要求，重点要培养爱心、责任心、羞耻心和是非感。这是一个重要的心理基础，爱心使人乐于奉献，而不是侵占和索取；责任心使人明确自己的义务，知道尊重他人，而不滥用权利；羞耻心和是非感使人建立起良心责罚的内在约束机制。这些情感是养成廉洁品质不可或缺的心理基础。舆论是外在的评判人，良心是内在的裁判官。

## 四、践行廉洁行为

大学生接受过高等教育，很多道理都懂，只是缺乏践行。明知该为而不为，明知不该为而为之，行动不足，自律欠缺。当前，廉洁自律教育乃至整个思想道德教育中普遍存在的问题，就是知行分离。要养成正确的廉洁观，就必须把观念转化为行为，把行为固化为习惯，使习惯升华为信念。习惯需要通过行为不断地重复、积淀，良好品质的形成是一个逐步积累的过程。

新加坡前总理李光耀先生曾意味深长地说过："中国在 21 世纪的发展变化取决于三个条件，一是中国的下一代有没有信仰；二是中国的下一代有没有责任感；三是中国的下一代能否实现廉政。"这从一个侧面阐明了一个深远意义的命题：在大学生中进行廉洁教育，不仅是大学生健康成长的需要，而且是校园廉洁文化建设的需要，更是和谐社会持续发展的需要。大学生树立正确的世界观、人生观、价值观以及正确的事业观、权力观、地位观、利益观、交友观，在大学校园环境中形成"以廉为荣、以贪为耻"的良好风尚和文化氛围，然后不断应用于实践，不仅是大学生个人的希望，也是国家和民族的希望。

总之，大学生应通过不断的践行，形成正确的廉洁品质，逐步实现大学生廉洁教育从受教育者的外部规约向内部规约转化，从他律走向自律，从而实现主体的自我教育。自我教育能力包括自我认识、自我激励和自我控制等能力。充分发展自我教育能力，大学生才能在复杂的环境中抵御各种诱惑，坚持正确的人生方向。

# 第五章　廉以持家

## 第一节　廉洁家风是共产党员的必修课

家风是家庭或家族的传统巩尚，是中华民族的传统美德，也是我们立身做人的行为准则，更是社会和谐的基础。习近平总书记指出，"每一位领导干部都要把家风建设摆在重要位置，廉洁修身、廉洁齐家，在管好自己的同时，严格要求配偶、子女和身边工作人员。"党员干部的家风，不是个人小事、家庭私事，而是作风的重要表现，不仅关系自己的家庭，而且关系党风政风。因此，对于党员干部来说，建设良好家风是一门必修课。

### 一、廉洁家风是党员干部事业有成的基石

清廉家教令人谨慎，促人奋进。很多时候，一些家风家训就是在父亲的叮咛和在母亲的唠叨中潜移默化成儿女做人的原则和行事的准则。晋朝名将陶侃，在做浔阳县吏时，有一次利用职务之便，给陶母送了一坛官家腌制的咸鱼。陶母非但没有收下，反而写信责备他。从此，陶侃慎独慎微，遵规守矩，终成一世清名。同样，毛泽东、刘少奇、习仲勋等老一辈革命家严格家规、清正家风的家教故事，至今被传为美谈。他们要求子女树立平民思想，不许搞特殊化，靠自己去努力、去奋斗。

家庭清廉保其名节，护其前程。妻贤夫祸少，儿孝家平安。为官者教子无方，家中必然出"纨绔子弟"。"纨绔子弟"惹是生非、肆意妄为、挥霍无度，往往"坑爹""毁家"。唐朝名相姚崇个人能力超群，政绩卓著，但两个儿子大肆收

受馈赠。结果，姚崇饱受朝野上下非议，仅当了三年宰相即被罢免。清廉家庭是个人为政处世的"大后方"。家属子女在廉洁守纪问题上不添乱子、不找麻烦、不出难题，就是对党员干部秉公从政的最大工作支持和强大精神支撑；否则，党员干部将面临亲情和法纪的两难选择，也将严重损害党员干部的个人形象和事业前程。

## 二、廉洁家风是党员干部对家人的最好馈赠

廉洁奉公，从严治家，方能兴家避祸。我国历史上许多留下了好名声的家族，都对子孙管教甚严，制定了严苛的家规家训。"江南第一家"郑义门家族的《郑氏规范》，从家庭角度制约为官者"奉公勤政，毋蹈贪黩"。从宋元到明清，三百多年来，郑义门家族约有173人为官，竟没有一人因贪墨而罢官者。以"一门三督抚"而闻名于世的南昌"汪山土库"程氏，其《程氏三世言行录》精髓之一是"廉慎以持，敬业唯勤"。程氏后裔秉承家规家训，立身处世，人才辈出。从晚清到民国百余年来，"汪山土库"走出了7位进士、21位举人、100多位大小官员和社会名流。家旺人人夸，官廉代代传。焦裕禄、郑培民、杨善洲等众多党的好干部恪守"勤政为民、廉德为本"的从政准则，既对党和人民事业高度负责，又管住管严管好了家人。焦裕禄不准孩子"看白戏"，郑培民不让孩子搭便车去学校，杨善洲没有利用职权为家人办"农转非""铁饭碗"。他们的"一身正气""两袖清风"带给儿孙的是"人间正道"。

修身不力，治家不严，终究自毁家败。清廉的壁垒不少是被党员干部的家人攻破。有的党员干部被"枕边风""贪内助"吹昏了头脑。"冰冷的手铐有我的一半，也有我妻子的一半。"这是山东省供销社原主任矫智仁的供述，也是不少落马官员的写照。国家发改委原副主任刘铁男被指控的7起受贿案中，5起涉及其儿子。贪腐官员和家属子女之间"贪婪之心、腐败之念"相互影响，恶性循环，最终步入"夫妻同伸手""寻租父子兵"的"贪腐一家亲"深渊。

世人谁不爱子孙？关爱家庭、疼爱子女本属人之常情。历史上的名士贤达，为子孙制定的家规家训，看似严苛，实则是对后代最好的爱护；然而，贪腐官员无视法纪，利用职务上的便利或影响，为亲属子女敛财聚富，看似也是一种

"爱"，实则是对家族最大的损害。不同的是，前者家风纯正，泽被后世，后者家风腐化，祸及子孙。

### 三、树廉洁家风，党员干部应做遵规守纪的先行者

党员干部首先要增强自身廉洁修养，在工作上和生活中以身作则，通过自己的言传身教给家人树立廉洁守纪的榜样。《中国共产党廉洁自律准则》和《中国共产党纪律处分条例》这两部党内法规明确规定了党员廉洁守纪的底线和标杆。每个党员干部必须把党规党纪刻印在心，在遵规守纪上远离违纪红线。

《中国共产党廉洁自律准则》明确规定，党员领导干部要做到"廉洁齐家，自觉带头树立良好家风"。这是对党员领导干部的纪律刚性约束。党员干部是家庭的顶梁柱，要涵养好家教、树立好家规、经营好家庭。党员干部要清醒地认识到"严是爱，宠是害"，爱得恰当，寓爱于严。严家教，强化对家庭成员的品行教化，教育配偶子女常思贪欲之害、常怀律己之心；立家规，严禁配偶子女利用党员干部的职务和影响谋取利益，保持警惕，防微杜渐；正家风，营造"父母教育子女，丈夫引导妻子，妻子提醒丈夫"的廉洁家庭氛围，挺直脊梁抗住不良风气侵蚀。

## 第二节 家庭道德有助调控廉政建设

探究近年来查处的许多贪官的犯罪案件，可以发现，普遍存在干部性道德败坏、家庭成员共同犯罪的现象，这说明干部及其家属的家庭道德的价值观念和规范体系发生偏差和失范是导致腐败犯罪的重要原因。所以，在当前廉政建设中，除了要努力健全完善制度调控外，还应高度重视发挥家庭道德的调控作用。笔者从干部腐败的家庭方面的诱因出发，剖析干部家庭道德失范与腐败之间的关联，对家庭道德在廉政建设中的调控作用进行较为系统地研究，并对如何发挥这些作用进行探讨。

## 一、家庭道德可以调控廉政建设

家庭道德作为调节家庭关系、规范家庭成员行为的道德准则，历来为国人所重视。我国古代是一个以血缘家庭为本位、以"家国同构"为特征的宗法社会，信奉"身修而后家齐，家齐而后国治"，并形成了家和邻睦、仁爱礼让、勤俭持家的道德原则和父慈子孝、夫义妇顺、兄友弟恭的道德规范。时至当代社会主义市场经济社会，家族意识虽逐渐淡薄，但由于社会压力增大、工作与生活竞争激烈等原因，家庭对其成员的归宿感、影响力却不减反增。这就要求我们在反腐倡廉等社会治理中要高度重视家庭道德的调控作用。

在廉政建设中，家庭道德的原则和规范、价值观念和目标在干部及其家庭、社会等层面上被接受并内化为人们的道德认识、情感、意志和信念，从而在潜移默化中塑造干部的家庭道德自律，并强化道德他律的力量，以适应干部廉洁从政的价值目标。具体来说，家庭道德在廉政建设中的调控功能主要有：

第一，互敬互爱的夫妻关系，有助于干部遵守性道德，避免由生活作风问题而走向权力腐败夫妻关系是现代家庭关系的核心。互敬互爱的夫妻关系，是建立和睦美满家庭的基础。干部如果没有良好的婚姻道德素养，就会不遵守夫妻之间的道德规范，对配偶不忠，容易在性道德上产生偏差。从许多腐败官员的犯罪轨迹可以看到，性道德失范往往是权力腐败的前兆。婚外性行为和包养情妇，在社会上其他行业的人群当中属于道德堕落、生活腐化，是受到社会舆论谴责的个人生活作风问题。而如果党政干部涉足其中，则极易产生巨大的社会危害性。因为干部与其情妇间的关系基本上都是权色交易，干部为了拴住情人，满足个人欲望，仅靠法定工资是不够的，必将不惜滥用公权，以权谋私，贪赃枉法，从而危害社会和国家的利益。如云南省原省长李嘉廷，为"帮助"情人，批示财政部门将300万元国家资金"借"给其情人徐福英所在的海王号娱乐有限公司，帮助其还债，使国家和人民的利益受到重大损失。性道德是干部道德素养的重要体现，切不可视为生活小节。马克思在《1844年经济学哲学手稿》中就曾经指出，"人和人之间的直接的、自然的、必然的关系是男女之间的关系，从这种关系就可以判断人的整个教养程度"。所以干部必须要认识和践履性道德的精神和规范。社会主义性道德认为性关系必须以爱情为基础和动力，并肯定性关系"只有在结婚的床上才是合法的"这一传统道德规定，强调性生活须以合法婚姻为前提。干部只有遵守互敬互爱的夫妻关系准则，与配偶情理协调、相敬如宾、忠贞不渝，提高婚姻质量，保持和发展夫妻间的爱，才能有效防范性道德偏差，避免由生活作风问题而走向权力腐败。

第二，严慈相济的子女观，有助于干部把子女教育成遵纪守法的公民，避免由于溺爱子女而走向权力腐败子女观是家庭道德观的重要部分。舐犊之情，人皆有之。作为干部，对子女要既爱又严，严慈相济。这样做才是合乎现代家庭道德的行为。而在现实生活中，一些干部家庭过于宠爱子女，对子女百依百顺，不仅使子女从小就养成了任性和以自我为中心的自私心理，而且使子女形成了一种家庭优越感。这样，子女长大后就会认为利用父母的权力和影响捞取好处是理所当然的，甚至有的背着父母干坏事，使家长背黑锅。有些干部则对子女利用自己的权力和影响从事经商、中介等活动谋取非法利益视而不见、不闻不问，甚至庇护子女违法犯罪。更有甚者，为了给子女积聚钱财而不惜滥用职权、以身试法，令人痛心的所谓"五十九现象"多是由此而发生。如原公安部副部长李纪周对独生女儿非常溺爱，当得知她在美国生活遇到困难，就"不惜一切，明知不对，接受了赖昌星的 50 万美元的贿赂"。[①] 从而被赖昌星拉下了水。滥用职权为子女谋利的行为既损害了社会公共利益，也害了自己和子女。一旦案发，则几乎全家人都受到法律制裁。干部要注意把对子女的责任与对社会的责任结合起来。"子孙若如我，留钱做什么？贤而多财，则损其志；子孙不如我，留钱做什么？愚而多财，益增其过"。[②] 林则徐的这幅名联令人深省。干部们应该明白，爱子女的最好方式不是为其创造好财富待其享用，而是严格教育好子女。首先要在思想品质上严格要求子女，从小就对他们进行社会主义理想教育和社会公德教育，要教育他们具有社会责任心，遵纪守法，不能有优越感、特殊感，不能享受不应有的政治和物质生活待遇，培养他们树立自强、自立、自重的道德意识，这是干部子女将来成为社会有用之才的根本；其次要教育子女从小努力学习，掌握科学文化知识，长大后成为一个以自食其力为荣的人。这样做，才能使子女成为遵纪守法的公民，

---

① 敏新主编，贪官忏悔录[M]，中共中央党校出版社，2014.

② 干部道德修养读本[M]，党建读物出版社，2002.

干部也能避免由于溺爱子女而走向权力腐败。

第三，人情与原则相统一的亲友观，有助于干部妥善处理好亲友关系，从而做到恪守职责、奉公守法亲戚朋友关系是家庭关系的延伸。干部当然也有亲戚朋友，所以必须要树立互助互爱、平等交往的亲友关系道德准则。现代社会道德尤其是共产党人的原则不允许干部用人民授予的公权为自己的亲朋好友谋取不正当利益，搞"一人得道，鸡犬升天"的。有的干部就是因为没有正确处理与亲戚朋友的关系，以人情代替原则，结果走上了违法犯罪的道路。如 2001 年被判刑的原湖南省交通厅副厅长马其伟以权力帮助其妹大肆捞取钱财，结果两人都被判处无期徒刑，就是典型的一个案例。

坚持原则，奉公守法，这是现代法制社会公职人员的基本道德观念。公共权力只能遵循一定的规则、程序，为社会公众服务，而不能有所倾斜。如果亲友寻求帮助的问题是正当的，在不违反原则的前提下可以帮助解决；如果是不正当、不合法的，就坚决不做，决不能以亲情、友情代替原则、政策。新中国成立之初，毛泽东的儿子毛岸英曾就亲戚请求给予特殊关照而回信说："反动派常骂共产党人没有人情，不讲人情，如果他们所指的是这种帮助亲戚朋友、同乡同事做官发财的人情的话，那么我们共产党正是没有这种'人情'，不讲这种'人情'。共产党有的是另一种人情，那便是对人民的无限热爱，对劳苦大众的无限热爱。对劳苦大众的无限热爱，其中也包括自己的父母子女亲戚在内。当然，对于自己的近亲，对于自己的父、母、子、女、妻、舅、兄、弟、姨、叔，是有一层特别感情的。这种特别感情，共产党不仅不否认，而且加以巩固并努力倡导它走向正确的与人民利益相符合的有利于人民的途径。但如果这种特别感情超出了私人范围，并与人民利益相抵触时，共产党是坚决站在后者方面的，即大义灭亲，亦在所不惜。"[1] 这是共产党人对人情的最好注解，值得当代干部们深刻理解、领会。

第四，艰苦朴素、勤俭节约的持家观，有助于干部及其家庭保持廉洁奉公的良好心态，干部家庭要与社会上其他家庭一样，发扬勤俭持家的中国传统美德，要节约俭朴，反对奢侈浪费。不能不顾家庭收入、不顾整个社会的消费水平，盲目追求高消费。一些干部及其家庭成员不恰当地与社会上少数大款相比较，错误

---

[1] 建立健全教育、制度、监督并重的惩治和预防腐败

地认为自己贡献大收入少，生活水平差，从而产生严重的心理失衡。许多案例都表明，在这种家庭道德氛围中，干部将很难保持廉洁奉公的良好心态。

孔子说："富与贵，是人之所欲也，不以其道得之，不处也。"（出自《论语·里仁》）在现代市场经济社会，干部家庭追求创造财富，也是光明正大的事，但必须通过勤劳的职业劳动，从社会获得相应的报酬。如贪污受贿、非法牟利就是为社会所不容许的，这样的干部忘记了"君子爱财，取之有道""以义制利"的中华民族的传统美德，更背离了共产党人"先忧后乐"的大"道义"。所以，干部家庭必须要形成以俭养德，勤俭持家的道德观念，在日常生活中量入为出，不盲目攀比，节制自己的消费欲望，从而使干部保持廉洁奉公的良好心态。

## 二、家庭道德调控廉政建设的途径

在廉政建设中，家庭道德在廉政建设中的调控作用之发挥，一是通过有组织的、系统的社会家庭道德教育，不仅使干部及其家属一般地懂得善恶、是非、荣辱，而且要使家庭道德的原则和规范深入到他们的内心，转化为个人内在的道德情感和道德意志，从而筑牢廉洁自律的道德防线。二是依靠健全法规制度来保障家庭道德调控作用的发挥。具体来说，有以下四点：

### （一）高度重视对干部及其配偶进行家庭道德的教育

一方面，对干部要在进行马克思主义的世界观、人生观、价值观和正确的权力观、地位观、利益观等教育的基础上，对他们进行家庭道德的教育。要使干部建立高尚纯洁的爱情观，自觉抵制实用主义、享乐主义的爱情观，与配偶互敬互爱，建立合乎道德的婚姻；在子女教育中，干部要言行一致、身端影正，以身示范，严格教育。干部要重视建立讲道德、守法纪的家庭，模范遵守家庭道德规范，如尊重乡亲，邻里团结，扶贫救困，乐于助人，带头维护本居民区的治安秩序和环境卫生等。

另一方面，要重视对干部家属进行家庭道德和廉政道德的教育。要教育干部的配偶不能有优越感、特殊感，要教育她（他）们明白"克俭节用，实弘道之源；崇侈恣情，乃败德之本"（出自《贞观政要》卷四）的道理，勤俭持家，管好子女，做一个贤内助、廉内助，而决不能为增加家庭收入而要求、怂恿、逼迫干部利用职权做有悖党纪国法的事，也不能打着干部的旗号，利用他（她）的身份和影响力发号施令、搞特殊化，更不能背着干部插手公务、谋取私利。"妻贤夫少祸"，配偶应该把对干部的爱护关心与在家庭内做好对干部的权力监督等同起来，努力形成家庭反腐倡廉的道德氛围。

## （二）建立健全培育干部遵守家庭道德的社会教育机制

要使家庭道德教育取得成效，就要建立健全培育干部遵守家庭道德的社会教育机制。要把家庭道德的教育贯穿于领导干部的培养、选拔、管理、使用等各个方面。要在党校、行政学院等干部培训机构的教育中加入家庭道德的内容。在教育中，要"注重研究反腐倡廉教育的规律，使教育内容贴近党员干部的思想和工作实际。既善于依靠各级党组织进行灌输教育，又善于引导广大党员干部进行自我教育；既善于运用'三会一课'等传统教育手段，又善于运用信息技术等现代化手段开展教育"。[1]同时，要大力加强大众传播媒介、学校教育、社区教育等社会教育形式，要积极开展多种形式的家庭助廉教育活动，等等。

## （三）注意形成积极、正确的社会舆论氛围和社会道德评价机制

除了教育干部及其家属要提高家庭道德修养之外，还需要注重形成关于干部家庭道德的良好的社会氛围，引导社会形成以正确的荣誉感与耻辱心为核心的社会赏罚观念和以正确的善恶观念为核心的社会道德评价机制。要通过社会化引导和教育，使广大群众破除"官本位"的封建价值观念，了解群众与干部之间权力委托人与权力代理人的关系；要使社会舆论认为担任党和政府公职的并不是都应该有钱；当干部的理应成为社会道德的表率，理应有更高的道德境界和操守；干部用公权为自己小家庭和亲朋好友谋利是违背家庭道德的精神与原则规范的可耻行为，不值得谅解。

---

① 建立健全教育、制度、监督并重的惩治和预防腐败体系实施纲要 [M]. 北京：中国方正出版社，2005.

### （四）建立健全发挥家庭道德调控作用的制度保障机制

在廉政建设中，道德调控毕竟是一种"软调控"，主要仍是依靠传统习俗、社会舆论、内心信念起作用。因此，还须建立健全干部遵守家庭道德的制度保障与约束机制，才能使家庭道德的调控作用得已强化和有序实施。首先，要大力加强廉政制度建设，并建立结构合理、配置科学、程序严密、制约有效的权力运行机制；要以群众制度化参与为突破口，加强、健全对干部及其家庭的党内监督、群众监督、舆论监督和社区监督，使各项监督落到实处。其次，党政部门在领导干部任职前考察时，不能单看其工作业绩和领导、组织能力，也要注意考察其生活圈、社交圈；要注意其家庭道德的表现，对反映有家庭夫妻不和等现象的应特别注意进行调查。第三，要健全完善领导干部收入申报、家庭财产申报、个人重大事项报告的一系列规章制度，要在条件许可下，扩大申报范围和公示范围，以利于社会广大群众监督。

## 第三节　传统家训中的道德观念及其时代价值

在中国社会，从古至今，家庭一直对社会生活、人的教育和人格养成发挥着重要作用。当代中国社会的精神文明建设非常重视以家风家教为突破口培育社会主义核心价值观，并以此作为加强干部廉政教育的一个重要抓手。2016年12月12日习近平同志在会见第一届全国文明家庭代表时指出："中华民族历来重视家庭……无论时代如何变化，无论经济社会如何发展……家庭的社会功能都不可替代……希望大家注重家庭、注重家教、注重家风。"[①]

中国自古重家风、家教，因为它关系到家庭成员的人格养成、人生幸福，以及家庭和家族的荣辱兴衰。钱穆先生指出，历史上许多名门望族能够绵延百世，其背后依靠的乃是家族文化的力量。"一个大门第，决非全赖于外在之权势与财力，而能保泰持盈达于数百年之久；更非清虚与奢汰，所能使闺门雍睦，子弟循谨，维持此门户于不衰。当时极重家教门风，孝弟妇德，皆从两汉儒学传来。"[②]

---

① 习近平在会见第一届全国文明家庭代表时强调动员社会各界广泛参与家庭文明建设推动形成社会主义家庭文明新风尚［N］.人民日报，2016-12-13（1）
② 钱穆.国史大纲［M］.修订本.北京：商务印书馆，1994：309-310.

习近平指出："家庭是人生的第一个课堂，父母是孩子的第一任老师。家庭教育涉及很多方面，但最重要的是品德教育，是如何做人的教育。要把美好的道德观念从小就传递给孩子，引导他们有做人的气节和骨气，帮助他们形成美好心灵，促使他们健康成长，长大后成为对国家和人民有用的人。"①习近平还强调指出："家风是社会风气的重要组成部分。家庭不只是人们身体的住处，更是人们心灵的归宿。家风好，就能家道兴盛、和顺美满；家风差，难免殃及子孙、贻害社会。"②习近平同志这段话强调家教的核心是道德教育，强调家教对形成人的品质的作用和家风对人生祸福、家道兴衰以及社会风气的影响，发人深省。

家风、家教的载体是家训。历史上的家教、家风在史籍中留下了许多记述，成型、成文的家训也有很多得以流传下来，成为我们可以研究借鉴的宝贵精神财富。家训是某一家庭或家族中父辈对子辈、兄辈对弟辈、夫辈对妻辈所作出的某种训示和教诫。中国传统家训内容丰富，覆盖面广，其核心是道德和人格教育。"廉洁"作为个人品德的重要内容，"廉政"作为某些有机会从政的家庭成员的道德要求，二者在历代家训中都备受重视。

在传统社会，培育官员的廉洁、廉政品德，主要是通过三个渠道来进行的：其一是靠道德修养和自律，其二是靠一套比较完整的监察制度，其三就是靠家训家风的良好熏陶和规范、引导、约束。在全社会普遍关注干部廉政问题的当下，如何在加强制度监督惩处的基础上通过家风的良好熏陶和规范约束来加强干部廉洁奉公教育、培养干部个人道德自律，也为社会所普遍关注。那么，古代家训中围绕做人"廉洁"、做官"廉政"提出了哪些思想？这两种道德的内涵、价值及其观念基础是什么？具体的规范要求有哪些？这些历史训导对于当今时代还有哪些价值和借鉴意义？

---

① 习近平在会见第一届全国文明家庭代表时强调动员社会各界广泛参与家庭文明建设推动形成社会主义家庭文明新风尚［N］.人民日报，2016-12-13（1）.
② 习近平在会见第一届全国文明家庭代表时强调动员社会各界广泛参与家庭文明建设推动形成社会主义家庭文明新风尚［N］.人民日报，2016-12-13（1）.

## 一、家训廉教及其价值基础

"廉洁"一词最早见于《楚辞·招魂》"朕幼清以廉洁兮，身服义而未沫"。王逸注："不受曰廉，不污曰洁。"受，即是贪；不受，即是廉。"廉洁"之所以成为历代家训的重要内容，成为传统家风的重要内涵，就在于廉洁家风具有育人立人、延续家国的重要作用，它是以儒家重义轻利的价值观念作为其价值基础的。

"饮食男女，人之大欲存焉"（《礼记·礼运》），人有正常生活的生理欲望。但若欲望过多，则迷乱心志。老子曰："五色令人目盲；五音令人耳聋；五味令人口爽；驰骋畋猎令人心发狂；难得之货令人行妨。"[1]侈而多欲，贪慕富贵，则居乡必盗、居官必贿。廉洁朴素，则行为端正，立身成人。普通百姓廉洁，可以持身谨慎，不犯偷窃，节约用度，使家境丰裕；官员廉洁，则可以不为外物所扰，直道而行，公正执法，稳定仕途，造福一方。故廉洁决非生活小节，而是事关兴衰祸福的大是大非问题。

管仲说："国有四维……一曰礼，二曰义，三曰廉，四曰耻"，"四维不张，国乃灭亡"。（《管子·牧民》）廉洁朴素对于国家存亡有着重要意义。廉洁朴素，则家国永续；骄奢淫逸，则未富先奢，家国败亡。

奢靡之风蔓延，会使整个社会呈现未富先奢的状态。赫勒敦曾揭示社会发展规律，即"各种文明的兴衰史上都出现过这种引人注目的现象，即在崩溃之前，社会总要经历一个个标志着衰落的特定阶段"；"这些递变的顺序是从朴素到奢侈"。[2]古罗马帝国曾经盛极一时，终由穷奢极欲而迅速败亡，这个教训十分突出地警示我们"成由勤俭败由奢"。

儒家思想一直是传统社会的主流思想。在义利之辨中，儒家总体上重义轻利。孔子说"不义而富且贵，于我如浮云"（《论语·述而》），孟子说"生亦我所欲也，义亦我所欲也。二者不可得兼，舍生而取义者也"（《孟子·告子上》）。受儒家思想影响，传统家训也形成了"重义轻利"的伦理本位。一方面，经济活动

---

① ［魏］王弼.老子道德经注［M］.楼宇烈，校释.北京：中华书局，2011：31
② ［美］丹尼尔·贝尔.资本主义文化矛盾［M］.赵一凡，蒲隆，任晓晋，译.北京：生活·读书·新知三联书店，1989：130.

的目的被看作是达致道德崇高、社会和谐；另一方面，许多家训要求个人为了实现义而放弃利，为了整体利益而牺牲个人利益。战国时期，齐相田稷子的母亲就教育他"非义之事，不计于心；非理之利，不入于家"（《列女传·齐田稷母》）。《颜氏家训·养生》指出："夫生不可不惜，不可苟惜。涉险畏之途，干祸难之事，贪欲以伤生，谗慝而致死，此君子之所惜哉；行诚孝而见贼，履仁义而得罪，丧身以全家，泯躯而济国，君子不咎也。"[①] 这种"不可苟惜"便是儒家"舍生取义"思想的表现。

当代出现的那些贪官之所以失足，最根本原因正是价值观、人生观中缺乏正确的义利观。普通百姓都懂"君子谋财，取之有道"的道理，这些人却见钱眼开，铤而走险，最终酿成人生悲剧。

## 二、传统廉洁家风之规范要求

廉洁、廉政可以说是一种日常生活和政治生活中"临财"的态度和行为方式，传统家训围绕这两者提出的道德规范主要包括如下六个方面：崇俭抑奢，节制欲望；量入为出，不吝不奢；取之有道，以义制利；公私分明，为公去私；反贪反贿，拒腐防变；乐善好施，爱国济民。其中前三条针对所有的人，主要是未入仕的普通人；后三条则是针对入仕的官员的。第一条是普遍的价值观和人生态度，第二和第三条是关于财产消费、财富谋取的道德规范；第四条是官员理财的道德抉择前提，第五条是直接反贪拒腐的禁止性规范，第六条则是对清官好官的道德期待和对其更高人生境界的追求。所有这些，构成了一个完整、系统的廉洁廉政道德规范体系。

### （一）崇俭抑奢，节制欲望

俭与廉都是人们对待财产的道德态度，二者是一种上下位的互相影响的关系。崇俭抑奢是中国传统价值观的核心之一。"俭，德之共也；侈，恶之大也"，"由俭入奢易，由奢入俭难"。（司马光《训俭示康》）俭虽然是人们对待财富的一

---

① ［北齐］颜之推.颜氏家训［M］.檀作文，译注.北京：中华书局，2007.

种态度，但能否做到俭，却对人的道德人格养成有着重要影响。因此，古人认识到"成由勤俭破由奢"（李商隐《咏史》），要"俭以养德"（诸葛亮《诫子书》），一个人只有具备"俭"的品质，才会在人生观、价值观上看重义的价值、轻视利的价值，才会义以为上、重义轻利，从而有助于立身行道、成就事业、人生幸福、一生平安，而不是见利忘义、利令智昏、败坏道德、累及人生。

崇俭抑奢不仅具有道德价值，而且对于官员廉政和保持政治的长治久安具有重要意义。因此，历代政治人物都非常重视崇俭抑奢。唐太宗李世民曾专门著有《帝范·崇俭篇》，篇中说："夫圣代之君，存乎节俭。富贵广大，守之以约；睿智聪明，守之以愚。不以身尊而骄人，不以德厚而矜物。茅茨不剪，采椽不斫，舟车不饰，衣服无文，土阶不崇，大羹不和。非憎荣而恶味，乃处薄而行俭。故风淳俗朴，比屋可封，此节俭之德也。斯二者荣辱之端，奢俭由人，安危在己。五官近闭，则令德远盈；千欲内攻，则凶源外发。是以丹桂抱蠹，终摧曜日之芳；朱火含烟，遂郁凌云之焰。故知骄出于志，不节则志倾；欲生于身，不遏则身丧。故桀纣肆情而祸结，尧舜约己而福延。可不务乎！"[1]他告诉人们，崇俭抑奢关系到荣辱安危、吉凶生死，尧舜与桀纣的正反两方面例子不可不鉴。

普通民众也是崇尚和践行崇俭抑奢、节制欲望的价值观与行为方式的。明末清初朱柏庐家训名篇《朱子家训》告诫子弟："一粥一饭，当思来处不易；半丝半缕，恒念物力维艰。宜未雨而绸缪，勿临渴而掘井。自奉必须俭约，宴客切勿流连。器具质而洁，瓦缶胜金玉；饮食约而精，园蔬愈珍馐。勿营华屋，勿谋良田。三姑六婆，实淫盗之媒；婢美妾娇，非闺房之福。童仆勿用俊美，妻妾切忌艳装。"[2]《朱子家训》中的这些观念，长期以来影响着民众的家风培育和行为实践。

只有树立崇俭抑奢的价值观和行为方式，自觉节制欲望，才会在"临财"时不贪而廉，保持心志高洁而不污人格尊严。

### （二）量入为出，不吝不奢

廉洁家风要求人们遵循量入为出的中庸原则，根据自己的收入情况安排消费，既不奢侈浪费又不小气吝啬。《颜氏家训·治家》说："俭者，省约为礼之谓

---

① 张艳国．家训辑览［M］．武汉：武汉大学出版社，2007.
② 张艳国．家训辑览［M］．武汉：武汉大学出版社，2007.

也；吝者，穷急不恤之谓也。今有施则奢，俭则吝；如能施而不奢，俭而不吝，可矣。"① 清代官员许汝霖曾拟家训《德星堂家订》，详细规定"宴会""衣服""嫁娶""凶丧""安葬""祭祀"诸方面的礼节、标准，严格控制开支。招待客人不准用"燕窝鱼翅之类"，宿客午餐仅以"二簋一汤"相待；家人衣着须朴素；婚丧嫁娶从简。② 明代官员周怡《示儿书》："由俭入奢易，由奢入俭难。饮食衣服，若思得之艰难，不敢轻易费用。酒肉一餐，可办粗饭几日；纱绢一匹，可办粗衣几件。不饥不寒足矣，何必图好吃好着？常将有日思无日，莫待无时思有时，则子子孙孙常享温饱矣！"③

这些家风家训对传统中国人的生活方式产生了很大影响。平日奉己持家之道要强调俭德，它是一种省约为礼之道。如果不能量入为出，而是坐吃山空，不仅不能长久维持家人生活，更是一种"败家子"作风。因此，在日常生活中，一定要量入为出，严格控制开支，尽量节俭，而不要养成挥霍浪费的坏习惯。

这已然成为中国人的生活方式和国民性。可是近些年来，由于我们国家和民众比以往富裕些，而又缺乏俭德教育，故在一定程度上出现了小富大奢甚至未富先奢的情况，全球奢侈品大多被中国人购买，年轻一代动辄买名牌、高消费，公务活动也是奢靡之风盛行，铺张浪费严重。长此以往，不仅浪费经济资源，更重要的是可能会对人们的心灵、价值观、道德观特别是俭德造成极大危害。"由俭入奢易，由奢入俭难"（司马光《训俭示康》）的道理，古人早已深知。因此，要在日常生活中培养人们量入为出的好习惯，培养人们崇俭抑奢的美德。只有在日常生活中不断强化这种量入为出的俭德，才能从根本上保障人"临财"不起贪心、不污节操，保持高洁人格。

当然节俭并不是吝啬，奉己家用自然要节俭，但对待他人和客人时则要大方得体，而不可失之悭吝。这是因为中国文化倡导"互以对方为重"的人际观。这也体现了中国人的好客、待客之道。不过，这也绝不意味着待客时就应该铺张浪费、大肆挥霍。

① ［北齐］颜之推.颜氏家训［M］.檀作文，译注.北京：中华书局，2007.
② 包东波.中国历代名人家训精粹［M］.合肥：安徽文艺出版社，2000（355-359）.
③ 包东波.中国历代名人家训精粹［M］.合肥：安徽文艺出版社，2000（216）.

### （三）取之有道，以义制利

儒家义以为上、重义轻利的价值观长期以来为传统中国民众所信奉和践行。在处理义利关系方面，历代家训教导民众：不要过于看重财利，而要见利思义；如果不以义制利，其利益谋求害莫大焉。明代官员庞尚鹏在《庞氏家训·严约束》中说："田地财物，得之不以义，其子孙必不能享。古人造'钱'字，一金二戈，盖言利少而害多，旁有劫夺之祸。其聚也，未必皆以善得之；故其散也，奔溃四出，亦岂能以善去，殃其身及其子孙。'多藏必厚亡'，老子之名言，信矣。人生福禄自有定分，惟择其理之所当为、力之所能为者，尽其在我，俟命于天。此心知足，虽蔬食菜羹，终身有余乐；苟不知分量，曲意求盈，虽欺天罔人而不顾，有不颠覆者乎？若能勉给岁月，不以饥寒遗子孙，此身之外，皆为长物，何自苦为？"[①]民族英雄林则徐在国家危难时重义轻利，留下了"子孙若如我，留钱做什么？贤而多财，则损其志。子孙不如我，留钱做什么？愚而多财，益增其过"的家训联。

在这种家训家风思想的影响下，古人以淡泊名利为德，以孜孜求利为小人之举。然而当代社会一度片面发展经济，功利主义盛行，极大地调动了一些人追求利益的原欲，一时间似乎奢侈成为时尚和成功的标志而"俭省"成了"穷酸"的代名词，义利也不再是君子小人的分水岭，荣辱美丑观念颠倒，贪污腐败屡禁不止，社会风气也日益奢靡，"上下交征利，而国危矣"（《孟子·梁惠王上》）。当然，如今我们也欣喜地看到，近年来经过大力治理，这种风气已经有了明显改观。

### （四）公私分明，为公去私

如果说以上三条规范是让所有家庭成员树立正确价值观、义利观、理财观的"廉洁"品德，那么，后面这三条则是对有机会从政的家庭成员提出的"廉政"行为规范。

对于能够有机会从政的人来说，处理好公私关系，坚持公私分明、为公去私是保持廉洁、廉政的重要前提。这不仅需要从正面受到良好家风的熏陶和良好家

---

① 张艳国.家训辑览［M］.武汉：武汉大学出版社，2007（94）.

教的影响而从家庭中奠定廉政的道德、人格基础，更需要在执政过程中坚持原则而摆脱家庭裙带关系对清廉为政的负面影响。

廉洁的家风往往会塑造廉洁的家庭成员，清官、好官也善于培育好的家风。清代吴汝纶"谕儿书"写道："作官之钱，皆取之百姓，非好钱也，故好官必不爱钱，吾虽无德，岂愿以此等钱豢养汝曹、私妻子哉！"[①] 相反，家庭成员的错误诱导，则容易使个人走向歧途。元人张养浩指出："居官所以不能清白者，率由家人喜奢好侈使然也。"（《牧民忠告·上任》）全国政协原副主席苏荣因受贿被诉，后来他忏悔说，家就是权钱交易所，他本人就是权钱交易所所长，不仅全家老小参与腐败，也带坏了干部队伍、败坏了社会风气、损坏了政治生态。[②] 国家发改委原副主任、国家能源局原局长刘铁男，贪贿的大部分钱财都是通过其儿子进行的。通观诸多高官落马的案例，可以发现，这些官员都处在由"夫妻档""父子兵"甚至"七大姑""八大姨"组成的共腐关系圈当中。因此，为政清廉者一定要坚持公私分明，不允许家庭成员影响和干扰自己的权力使用，更不能以权谋私。要树立和坚持"权为民所用"而不是为家所用、为亲所用的原则，拒腐防变，立党为公，为公去私。被誉为"包青天"的名臣包拯在其家训中严格规定："后世子孙仕宦有犯赃滥者，不得放归本家；亡殁之后，不得葬于大茔之中。不从吾志，非吾子孙。"[③] 包拯以极其严格的家规明令子孙公私分明、为公去私而不要贪赃枉法。

## （五）反贪反贿，拒腐防变

执政者总是不同程度地掌握着一定的公权力，因此，总会有人寻机进行"权力购买"，向官员行贿，以取得自己的利益。在这种情况下，官员如果不能以廉洁自律，就会陷入罪恶的深渊，就会成为一名贪官，随之会有牢狱之灾甚至杀身之祸。

后晋学者刘昫在《旧唐书·崔玄暐传》中记载了崔母卢氏教诫玄暐的话："吾见姨兄屯田郎中辛玄驭云：'儿子从宦者，有人来云贫乏不能存，此是好消息。若

---

① ［清］吴汝纶.吴汝纶全集（三）［M］.施培毅，徐寿凯，校点.合肥：黄山书社，2002：572.

② 范正伟.政治生态如何"山清水秀"［N］.人民日报，2015-03-10（5）.

③ 杨国宜.包拯集编年校补［M］.合肥：黄山书社，1989：256.

闻资货充足，衣马轻肥，此恶消息。'吾常重此言，以为确论。比见亲表中仕宦者，多将钱物上其父母，父母但知喜悦，竟不问此物从何而来。必是禄俸余资，诚亦善事；如其非理所得，此与盗贼何别？纵无大咎，独不内愧于心？孟母不受鱼鲊之馈，盖为此也。汝今坐食禄俸，荣幸已多，若其不能忠清，何以戴天履地？孔子云：'虽日杀三牲之养，犹为不孝。'又曰：'父母惟其疾之忧。'持宜修身洁己，勿累吾此意也。"①这是说，官员的反贪反贿、拒腐防变，不仅需要官员在从政活动中自律实践，还需要家庭成员在日常生活中加以砥砺、监督。作为官员的父母，听说从政的儿子比较清贫，应该认为这是好消息；若是听到儿子很富很奢，这实际上是坏消息，一定要问清其财物来源是否正当，予以监督，才是正教。如果身居官位的儿子因贪腐而获罪，不仅会祸及其自身，而且会累及父母，这样的话，即便有"三牲之养"，也属大不孝。以上这种思想资源，对于我们这个时代的官员亲属有着非常重要的借鉴作用。不仅父母要常常教导子女清廉为政，而且配偶也应该起到这样的正面引导规劝甚至是监督约束作用。古人有言"妻贤夫祸少"。在现代廉政建设中，不仅要防止"裙带风"的影响，更要防止"枕边风"的消极影响。

尽管官员的拒腐防变仍要以自身的廉洁自律为根本，政府和社会也不可缺少相应的监督机制，但在本文所探讨的家风家训对官员廉政的影响这一视域中，更加强调家庭成员对官员廉德的影响。正如习近平总书记指出的那样："各级领导干部要教育亲属子女树立遵纪守法、艰苦朴素、自食其力的良好观念，明白见利忘义、贪赃枉法都是不道德的事情，要为全社会做表率。"②各级领导干部要带头搞好家风建设，以良好家风促进和保证干部廉洁。

### （六）乐善好施，爱国济民

从中国历史上的实践来看，好官名臣不仅自奉甚俭，廉洁从政，且多乐善好施、爱国济民，这是大批清官、好官、名臣的普遍特点，也可以说是子贡、孔子所讨论的"博施""济众"（《论语·雍也》）之君子、圣贤精神的体现，是清官好

---

① 张艳国.家训辑览［M］.武汉：武汉大学出版社，2007（305）.
② 习近平在会见第一届全国文明家庭代表时强调动员社会各界广泛参与家庭文明建设推动形成社会主义家庭文明新风尚［N］.人民日报，2016-12-13（1）

官的最高境界。如果说第四、第五两条规范是对官员的负面性的约束规范，这一条则是对清官好官的积极向度的期待，是其高尚人格境界的体现。

"先天下之忧而忧，后天下之乐而乐"的北宋名臣范仲淹，是乐善好施、爱国济民的代表。他曾创立"义庄"，为衣食无着的族人提供工作。"天下第一廉吏"于成龙尽管家族历代都是富裕乡绅，但他不图财利，不恋功名，清苦节俭，恪守"誓勿昧天理良心"的为官信条。他"日食粗粝一盂，粥糜一匙，侑以青菜，终年不知肉味"，却热心公益，把节省下来的俸禄都用来做慈善，救济灾荒。中国历史上曾经出现过诸多像包拯、于成龙这样的清官好官，他们以廉洁廉政风范彪炳千秋，为百姓所崇尚传扬。他们自身的道德修养固然值得发扬光大，而其廉洁廉政的家风家教更是值得效法。

## 三、传统廉洁廉政家教的时代价值

在传统中国，人们普遍重视崇俭抑奢的价值观，也普遍形成了崇俭抑奢的社会风气，这是中华民族的优良传统。

一个人不节俭，便使生活窘迫；一个家庭不节俭，便难以应对突发的意外；一个国家不节俭，便不能保持雄厚国力；一个时代不节俭，便会使资源枯竭，祸及子孙。弘扬廉洁家风，可以使人常怀对物质的俭朴态度，养成节俭的生活方式，崇俭抑奢，爱惜物力，量入为出，节约资源。更重要的是，它对培养国民和官员的廉洁廉政美德具有重要作用。

尽管现在人们的生活水平有了极大提高，但勤俭节约的优良传统不能丢。时下，崇俭抑奢的优良传统面临严峻挑战，贪腐者众。党的十八大以来，加大了反腐倡廉工作力度，中央及时公布了八项规定和六条禁令，对于纠正领导干部奢靡之风、端正社会风气发挥了很好的作用。"君子之德风，小人之德草，草上之风，必偃。"（《论语·颜渊》）如此上行下效，促进了近年来社会风气的好转。

中央纪委不仅加强了对干部的监察、监督、惩戒力度，还非常重视对干部的廉洁、廉政教育，其中一个突破口就是以家风家训为资源，注重家风家训、家庭熏陶对干部廉洁廉政品质的影响。2015年2月27日，习近平总书记主持中央深改组第十次会议指出："领导干部的家风，不是个人小事、家庭私事，而是领导干部作风的重要表现。"①2016 年 1 月 12 日，在十八届中央纪委六次全会上，他又进一步强调指出："每一位领导干部都要把家风建设摆在重要位置，廉洁修身、廉洁齐家，在管好自己的同时，严格要求配偶、子女和身边工作人员。"②

中国共产党一贯坚持反腐倡廉的价值观，早在党取得全国政权前夕的七届二中全会上，毛泽东同志就告诫全党："务必使同志们继续地保持谦虚、谨慎、不骄、不躁的作风，务必使同志们继续地保持艰苦奋斗的作风。"③新中国成立初期，天津地委前后两任书记刘青山、张子善虽为战争年代的革命功臣，却因贪污而被处以死刑，这一大案震惊全国。严惩刘青山、张子善，这一果断决定再一次用行动向全社会表明，中国共产党决不会做李自成，决不会放任腐败现象滋长，决不让千千万万先烈用鲜血和生命换来的江山改变颜色。事实证明，这一大案的严肃处理深刻地教育了干部群众，对其后相当长时期的反腐倡廉产生了良好的效果，促进了良好社会风气和政治风气的形成。

中国共产党人始终将廉洁自律和为政清廉作为自己的价值观和优良传统。在党的历史上，老一辈革命家都率先垂范，带头搞好自身修养，并教育好自己的亲属，形成了优良的家风家教。早在 2006 年，新华出版社就出版了一部题为《家风》的书，记载了董必武、陈云、李先念、彭真、万里、李德生、乌兰夫、廖承志等八位老一辈革命家的优良家风。他们严于律己、艰苦朴素、襟怀坦荡、热爱生活、忠实家庭的高风亮节，是我们学习的榜样。他们对待金钱、家庭、子女的态度和他们的治家之道，不仅彰显着中华民族的传统美德，而且也是保持共产党员先进性的生动榜样。他们所开创的良好家风，为我们今天弘扬传统优良家风、加强干部廉政建设提供了生动的教材。

中国共产党人是优秀传统文化的继承者和弘扬者，因此，在党中央和习近平同志提倡以家风家教推动社会精神文明提升、推动干部廉政教育的当下，重温我国传统家风家训中的廉洁、廉政道德要求，具有重要的实践价值。

古人家风家训中那些重视义利之辨的正确人生观和价值观，那些重视廉洁之

①　习近平主持召开中央全面深化改革领导小组第十次会议强调科学统筹突出重点对准焦距让人民对改革有更多获得感［N］.人民日报，2015-02-28（1）.
②　习近平.在第十八届中央纪律检查委员会第六次全体会议上的讲话［N］.人民日报，2016-05-03（2）.
③　毛泽东选集（第 4 卷）［M］.2 版.北京：人民出版社，1991：1438-1439.

德对于人格养成、人生幸福、清廉为政、实现社会善治的重要意义和价值的认识与思想，对于我们有着重要的借鉴作用。古代家风家训中那些具体行为律令，既有价值观上的是非厘清、价值引导，如重义轻利、崇俭抑奢，又有行为规范和生活方式规范，如量入为出、不吝不奢和取之有道，以义制利；既有反面的禁令，如公私分明、为公去私和反贪反贿、拒腐防变，又有积极的倡导，如乐善好施、爱国济民等。这些都可以为我们当下的家风建设和廉洁廉政教育提供宝贵而直接的精神资源和丰厚滋养。

在大力弘扬优秀传统文化、培育和践行社会主义核心价值观的过程中，古代家风家训中的"廉洁""廉政"思想彰显出重要的时代价值，其放射出的思想光芒，必将为当代公民廉洁美德的培育和崇俭抑奢良好社会风气的形成、为促进干部廉政建设发挥其永不衰竭的文化价值和作用。

## 第四节　家训文化与大学生廉洁自律意识的养成

家训文化是中国传统文化的重要组成部分，其合理成分，如勤俭持家、崇俭戒奢、为官勤政清廉等价值理念历久弥新，其培养家族子弟优良道德品质的方式方法，对今天培养大学生廉洁自律品格，促进廉洁社会建设，仍具有十分重要的借鉴意义。

### 一、家训文化的勤廉观

本质上，我国传统家训文化是儒家思想的生活化，勤廉思想在家训文化中居于核心地位。立足"不勤则寡入，不俭则妄费"的经验论，传统家训形成了"勤与俭互生，奢与贪同源"的朴素价值判断，认为"勤"与"俭"有着某种天然的联系，"勤""俭""廉"三者之间，由"勤"到"廉"有单向的递进关系，"勤俭"是"廉洁"的基础。

### （一）"勤"是"为人之道"

传统家训认为，"勤"不仅是指"肢体勤劳"，使人丰衣足食，"轻为非礼之事"①的治家理生之道，更是"为人之道"。"所谓勤者，非徒尽力，实要尽道"，各行各业，"如士者，则须先德行，次文艺。切勿因读书识字，舞弄文法，颠倒是非，造歌谣匿名贴；举监生员，不得出入公门，有玷行止；士宦不得以贿败官，贻辱祖宗；农者，不得窃田水，纵牲畜作践，欺赖佃租；工者，不可作淫巧，售敝伪器什；商者，不得纨绔冶游，酒色浪费"等②，都有必须遵守的道德准则，不能见利忘义，唯利是图。

## （二）"俭"能养德

传统家训强调俭以聚财。所谓"俭者，省约为礼之谓也。"③"夫财犹水也，节俭犹水之蓄也。水之流不蓄，则一泄无余而水立涸矣；财之流不节，则用之无度而财立匮矣。"④故"俭则足用，俭则寡求，俭则可以成家，俭则可以立身，俭则可以传子孙。"⑤"以俭示后，子孙可法，有益于家；以俭率人，敝俗可免，有益于国。"⑥传统家训文化认为节俭可使人免于财用匮乏，利人利家利国。司马光《温公家训》说："'俭，德之共也。'共，同也，言有德者皆由俭来也。夫俭则寡欲。君子寡欲，则不役于物，可以直道而行；小人寡欲，则能谨身节用，远罪丰家。"⑦认为"俭"是美德之源，"俭"能养德。官员"俭"可以廉洁奉公，直道而行；百姓"俭"，可以远罪丰家，治家理生。

## （三）"廉"生于"勤"和"俭"

传统家训强调，"勤"与"俭"是治家理生和家族兴旺发达之道，可为廉洁品行提供了必要的物资生活保障，视勤俭为廉洁之根。"勤与俭治生之道也，不勤则寡入，不俭则妄费。寡入而妄费则财匮，财匮则苟取，愚者为寡鲜廉耻之事，黠者入行险侥幸之途。"⑧不勤不俭，必然导致财物匮乏，从而诱发贪腐等不

① 陈宏谋.五种遗规[M].北京：中国华侨出版社，2012（256）.
② 陈宏谋.五种遗规[M].北京：中国华侨出版社，2012（242）.
③ 庄明辉，章义和.颜氏家训译注[M].上海：上海古籍出版社，2006（34）.
④ 雍正，等.圣谕广训衍说·尚节俭以惜财用[M].刻本.广州：官刻，1908（清光绪戊申）.
⑤ 雍正，等.圣谕广训衍说·尚节俭以惜财用[M].刻本.广州：官刻，1908（清光绪戊申）（190）.
⑥ 陈宏谋.五种遗规[M].北京：中国华侨出版社，2012（243）.
⑦ 司马光.司马文正公集略·卷二十五训俭示康[M].刻本.1525（明嘉靖四年序本）.
⑧ 包东坡.中国历代名人家训精粹[M].合肥：安徽文艺出版社，2000（330-331）.

廉行为，做出"寡鲜廉耻之事"。因此，传统家训极力反对奢侈，强调"奢则用不给，奢则贪求，奢则掩身，奢则破家，奢则不可以训子孙"[①]，把"奢侈"视为"恶之大也"。"侈则多欲，君子多欲，则贪慕富贵，枉道，速祸；小人多欲，则多求，妄用，丧身，败家。是以居官必贿，居乡必盗。故曰：'侈，恶之大也'。"[②]不论达官贵人，还是平民百姓，都会因"奢侈"而"妄用""多求"，从而招致灾祸，最终丧身败家。只有"勤"且"俭"才会"足用""寡求""不役于物"，从而"直道而行"，廉洁奉公。

借鉴家训文化的勤廉思想，铭记"成由勤俭破由奢"的历史教训，从国家与社会长治久安的高度来培养大学生勤俭廉洁价值观是家训文化给我们的重要启示，也是当下社会各界有待进一步凝聚的共识。

## 二、家训文化的勤廉教育内容

在家训文化中，上起帝王将相，下至平民百姓，都视奢侈淫逸为不祥之举，把勤廉看作家族兴盛之道，把培养子弟勤廉品德作为教育的重要内容。

### （一）勤俭是持家之本

在传统家训中，勤俭持家观念得到社会的普遍认可，形成了牢固的"天下事成于困约，而败于奢靡"的价值判断。唐太宗在《帝范》中告诫太子，"奢俭由人，安危在己"。宋人王旦说："我家盛名清德，当务俭系，保守门风，不得事于奢侈。"[③]明姚舜牧说："居家切要，在勤俭二字。"曾国藩终生以勤俭自律，并以此严格要求子弟。他写信说："诸弟在家教子侄，总须有勤敬二字。无论治世乱世，凡一家之中能勤能敬，未有不兴；不勤不敬，未有不败者。"[④]"望弟于俭字加一番功夫，用一番苦心，不特家常用度宜俭，即修造公费，周济人情，亦须有一俭字。"[⑤]咸丰六年九月二十九日，他教导儿子纪鸿："尔年尚幼，切不可贪爱奢华，不可

① 陈宏谋.五种遗规[M].北京：中国华侨出版社，2012（190）.
② 司马光.司马文正公集略·卷二十五训俭示康[M].刻本.1525（明嘉靖四年序本）.
③ 喻岳衡.历代名人家训[M].长沙：岳麓书社，2001（115）.
④ 曾国藩.曾国藩全集·家书一[M].长沙：岳麓书社，1984（264）.
⑤ 曾国藩.曾国藩全集·家书二[M].长沙：岳麓书社，1984（1058）.

惯习懒惰，无论大家小家、士农工商，勤苦俭约，未有不兴，骄奢倦怠，未有不败。"①清人陈其元说自己任官 30 余年，"每见俭朴者，子弟类能自立，奢汰者子孙无不贫穷。"②社会现实反复印证勤俭持家的正确性：勤俭是保持家族不隳的关键。

勤俭持家的原则是"量入为出"。司马光《居家杂仪》说，居家须"量入以为出，称家之有无，以给上下衣食及吉凶之费"③。家庭日常衣食不可浪费，婚丧嫁娶，往来吊贺要量力而行。清蒋伊《蒋氏家训》要求子孙"不得从事奢侈，暴殄天物，厨灶之下，不得狼藉米粒。下身里衣，不得用绫纱"④。婚嫁不可因"好门面"而"卖田嫁女，厚赂聘媳，铺张引发，开厨设供。倡优杂还，击鲜散帛，乱用绫纱。"⑤丧葬"当随家丰俭"，不可"为浮言所动，多至妄用，以此未孝。"⑥把奢侈"妄用"视为不孝之举。总之，居家生活要"裁省冗费，禁止奢华，常须存赢余，以备不虞"⑦，做到量入为出，有备无患。

通往勤俭持家的可靠途径是"规划用度"。农业社会一般家庭收入主要是田地出产的谷物，对谷物的计划性消费就成为实现勤俭持家的可靠途径。宋陆梭山《居家正本制用篇》规定，"田畴所收，除租税外，及种盖粪治之外，所有若干，以十分均之。留三分为水旱不测之备，一分为祭祀之用，六分为十二月之用。取一月合用之数，约分为三十分，日用其一，可余而不可尽用"。每天日用谷物限定在计划的定量之内，可稍存节余，不可亏空。因为一旦亏空，就难有弥补之日，会有"破家之渐"。只有"搏节用度，以存盈余"⑧，才可立家久远。

## （二）清正廉洁做官

传统家训教育子弟为官要清正廉洁，不可贪赃枉法，有污家门。宋贾昌朝总结说："仕宦之法，清廉为最。"⑨范仲淹告诫侄子"做官莫营私利""凡见利处，便

①　曾国藩.曾国藩全集·家书一[M].长沙：岳麓书社，1984（324）.
②　陈其元撰，杨璐校.庸闲斋笔记[M].北京：中华书局，1989：51.
③　陈宏谋.五种遗规[M].北京：中国华侨出版社，2012（177）.
④　蒋伊.蒋氏家训[M]// 王云五.孝友堂家训及其他五种.上海：商务印书馆，1939：13-25（1）.
⑤　陈宏谋.五种遗规[M].北京：中国华侨出版社，2012（243）.
⑥　陈宏谋.五种遗规[M].北京：中国华侨出版社，2012（191）.
⑦　陈宏谋.五种遗规[M].北京：中国华侨出版社，2012（177）.
⑧　陈宏谋.五种遗规[M].北京：中国华侨出版社，2012（188-189）.
⑨　包东坡.中国历代名人家训精粹[M].合肥：安徽文艺出版社，2000（116）.

须思患"①。《包孝肃公家训》规定:"后世子孙仕宦,有犯赃者,不得放归本家,死不得葬大茔之中。不从吾志,非吾子若孙也。"②宋《袁氏世范》说,"子弟有愚缪贪污者,自不可使之仕宦",从根本上杜绝了子孙成为贪墨之吏的可能。元《郑氏规范》要求出仕为官的子孙勤政爱民,廉洁奉公。子孙"既仕,须奉公勤政,毋蹈贪黩以添家法"。"抚恤下民,实如慈母之保赤子,有申理者,哀矜恳恻,务得其情,毋行苛虐,又不可一毫妄取于民。"③林则徐严遵家训,分毫不敢妄取。他在钦差广州禁烟时写信给夫人:"粤中饮食与闽相仿佛,尚堪适口。唯开支甚巨,恒虑入不敷出。而又自矢清廉,决不敢于俸禄而外妄取民间或下僚分毫。务使上可以答君恩,下可见祖父。吾林氏素代清白,此种污手之钱,决不要一文也。"④曾国藩"服官二十余年,不敢稍染官宦习气,饮食起居,尚守寒素家风"⑤。他在咸丰六年十一月二十九日告诉弟弟,"凡带勇之人,皆不免稍肥私囊。余不能禁人之不苟取,但求我自身不苟取,以此风示僚属"⑥。在"营官无人不发财"⑦的湘军中,身为统帅的曾国藩做到了勤政廉洁,分毫不敢苟取。

不为子孙聚财。传统家训重视德育,要求子孙淡化名利财富。陆游祖上"出入朝廷四十年,终身未尝为越产",不治田产家业,故《放翁家训》说:"若夫挠节以求贵,市道以营利,吾家之所深耻,子孙戒之。"司马光说:"今之为后世谋者,不过广营生计以遗之。田畴连阡陌,邸肆跨坊曲,粟麦盈困仓,金帛充箧笥,慊慊然求之犹未足,施施然自以为子子孙孙累世用之莫能尽也。然不知以义方训其子,以礼法齐其家。自于数十年中勤身苦体以聚之,而子孙于时岁之间奢靡游荡以散之。""向之所以利后世者,适足以长子孙之恶而为身祸也。"况且,"子孙果贤耶,岂蔬粝布褐不能自营,至死于道路乎?若其不贤耶,虽积金满堂,又奚益哉?故多藏以遗子孙,吾见其愚之甚也。"⑧传统家训认为,节俭积财以遗子孙不智,遗之以财,不若遗之以德。强调"圣人遗子孙以德以礼,贤人遗子孙

① 范仲淹.范文正公尺牍:上[M]//范文正公集·六[M].四部丛刊本,1929.
② 脱脱,等.宋史·包拯传[M].北京:中华书局,1977:1038.
③ 郑太和.郑氏规范[M]//王云五.郑氏规范及其他二种.上海:商务印书馆,1939:1-23(10).
④ 林则徐.林则徐家书[M].上海:中央书店,1935:12.
⑤ 曾国藩.曾国藩全集·家书一[M].长沙:岳麓书社,1984(324).
⑥ 曾国藩.曾国藩全集·家书一[M].长沙:岳麓书社,1984(336).
⑦ 曾国藩.曾国藩全集·家书一[M].长沙:岳麓书社,1984(298).
⑧ 喻岳衡.历代名人家训[M].长沙:岳麓书社,2001(133-134).

以廉以俭。"曾国藩说："予自三十岁以来，即以做官发财为可耻，以官囊积金遗子孙为可羞可恨""立定此志，决不肯以做官发财，决不肯留银钱与后人"①。

### （三）"慎独"以自律

传统家训重视子弟自律修养，认为"得一贤弟子，胜得数贵人"。所谓"贤"人，即读书明礼的人，"为端人，为正士，在家则家重，在国则国重"②。正如陆游在《示元礼》中所说，"但使乡闾称善士，布衣未必愧公卿"。传统家训注重通过"慎独"来培养子弟自律品德，以期成为"贤"人。"慎独"一词出自《礼记·中庸》："君子戒慎乎其所不睹，恐惧乎其所不闻。莫见乎隐，莫显乎微，故君子慎其独也。""慎独者，慎其闲居之所为。"③即"君子慎其独也者，以其隐微之处，恐其罪恶彰显。故君子之人恒慎其独居，言虽曰独居，能谨慎守道也"④。在儒家看来，细微、私密处更能体现一个人的道德修养和真正品质。涵养"慎独"功夫，"正其心，诚其意"，强化个人自律，做到表里如一，不存欺天欺心之念，是加强道德修养，培养个人高尚品德的关键路径。明杨继盛要求子女"或独坐时，或深夜时，念头一起，则自思曰：这是好念？是恶念？若是好念，便扩充起来，必见之行；若是恶念，便禁止勿思。方行一事则思之，以为此事合天理，不合天理？若是不合天理，便止而勿行。若是合天理，便行，不可为分毫违心害理之事"⑤。所谓天理，就是儒家提倡的忠孝仁义、勤廉爱民等核心价值观念，以之衡量个人言行，做到时刻自律自省。曾国藩说："自修之道，莫难于养心。心既知有善有恶，而不能实用其力以为善去恶，则谓之自欺。方寸之自欺与否，盖他人所不及知，而己独知之……故能慎独，则内省不疚，可以对天地质鬼神，断无行有不慊于心则馁之时。人无一内愧之事，则天君泰然。此心常快足宽平，是人生第一自强之道，第一寻乐之方，守身之先务也。"⑥他把"慎独"看作个人自强、追求快乐、守身立家的不二法门。

---

① 曾国藩.曾国藩全集·家书一[M].长沙：岳麓书社，1984（183）.
② 孙奇逢.孝友堂家训[M]//王云五.孝友堂家训及其他五种.上海：商务印书馆，1939：13-25（1）.
③ 郑玄注.礼记·中庸[M].刻本.宋淳熙四年抚州公使库本.
④ 孔颖达.礼记正义[M]//十三经注疏.影印本.北京：中华书局，1993：397.
⑤ 杨继盛.杨忠愍公遗笔[M]//王云五.杨忠愍公遗笔及其他五种.上海：商务印书馆，1939：1-8（2）.
⑥ 曾国藩.曾国藩全集·家书二[M].长沙：岳麓书社，1984（1393）.

### 三、借鉴家训文化的训育之道培养大学生廉洁自律意识

传统家训教育子弟时，自觉遵循道德培育规律，以事说理，以史证理，言之有物，注重细行，不作空洞说教，坚持"同言而信，信其所亲；同命而行，行其所服"①的道德教育方法论，于生活的细微处言传身教，耳提面命，在潜移默化中养成中华传统美德，其成功经验对于今天培养大学生的廉洁自律品格仍不失积极的借鉴意义。

#### （一）注重教育者的示范引导作用

传统家训培养家族子弟的道德品格，注重通过家族长者言传身教的正面引导，谨遵"以身教者行，以言教者讼"的信条，注意把握时机，以身示范，适时引导劝诫。范仲淹教育做官的侄子"小心不得欺事"，"汝看老叔，自来如何，还曾营私否。自家好，家门各为好事以光祖宗"②。欧阳修诫告子侄"于官下宜守廉"。他在《与十二侄》信中明确反对侄子"买官下物"："吾在官所，除饮食物外，不曾买一物，汝可安此为戒也。"③为避免儿子有纨绔之气，左宗棠告诫儿子说，我家积代寒素，时常"砚田终岁营儿餔，糠屑轻时当餐飧"，自己身为督抚，"非宴客不用海菜，穷冬犹衣缊袍，冀与士卒同此苦趣"。"古人训子弟以咬得菜根，百事可作，若吾家则更宜有进于此者。菜根视糠屑，则已为可口矣。尔曹念之，忍效纨绔所为乎！"④曾国藩劝诫子弟勤俭持家："吾忝为将相，而所有衣服，不值三百金，愿尔等常守此简朴之风。"⑤

#### （二）注意通过日常小事培育品行

清郑板桥五十二岁得子，其教子之道是"长其忠厚之情，驱其残忍之性"，要儿子做一个忠厚明理的好人。他在《潍县署中与舍弟第二书》中要求弟弟同等

① 庄明辉，章义和.颜氏家训译注[M].上海：上海古籍出版社，2006（1）.
② 范仲淹.范文正公尺牍：上[M]//范文正公集·六[M].四部丛刊本，1929.
③ 喻岳衡.历代名人家训[M].长沙：岳麓书社，2001（125）.
④ 包东坡.中国历代名人家训精粹[M].合肥：安徽文艺出版社，2000（420）.
⑤ 曾国藩.曾国藩全集·家书二[M].长沙：岳麓书社，1984（837）.

爱惜仆人的孩子："家人儿女，总是天地间一般人，当一般爱惜，不可使吾儿凌虐他。凡鱼飱果饼，宜均分散给，大家欢喜跳跃。"若儿子入塾读书，凡"纸笔墨砚，吾家所有，宜不时散给同学。每见贫家之子，寡妇之儿，求十数钱，买川连纸，钉仿字薄，而十日不得者，当察其故，而无意中与之。至阴雨而不能即归，褶留饭，薄暮以旧鞋与穿而去。彼父母之爱子，虽无佳好衣服，必制新鞋袜，来上学堂，一遭泥泞，復制为难矣！"①郑板桥既是教育儿子，更是提醒弟弟，要低调做人，善心做事，关爱他人。钦差广州的林则徐叮嘱夫人："务嘱次儿须千万谨慎，切勿恃有乃父之势，与官府妄相来往，更不可干预地方事务。"②曾国藩也注重通过小事教育子弟勤俭持家。咸丰四年四月，他对弟弟说："吾家子侄半耕半读，以守先人之志，慎无存半点官气。不许坐轿，不许唤人取水添茶等事。其拾柴收粪等事，须一一为之；插田莳禾等事，亦时时学之。"③咸丰四年八月，他又要求"子侄除读书外，教之扫屋，抹桌凳、收粪、锄草，是极好事，切不可以为有损架子而不为也"④。

咸丰六年十月，他要求儿子曾纪鸿"早晨要早起，莫坠高曾祖考以来相传之家风"。他还要求家中女眷亲身纺绩、制作小菜。同治二年十二月，曾国藩在"安庆寓中……共办棉花车七架，纺声甚热闹。"幕僚欧阳兆熊说："文正夫人在安庆署中，每夜姑妇俩纺棉纱，以四两为率"⑤。同治五年，曾国藩已是权重一时的重臣，仍不忘要家中妇女制作"小菜，如腐乳、酱油、酱菜、好醋、倒笋之类"。这种通过日常小事来培养道德情操的方式，比单纯的讲道理无疑会产生更好的效果。

### （三）利用故事、典故灌输价值观

传统家训培养子弟道德品格，理论上注重以事证理，以事说理，喻理于事，用浅显、明了的语言和古今事例典故来注解儒家价值观，使受教育者在咀嚼典故事例中，自我教育，于潜移默化中养成传统美德。颜之推用两个事例教导子孙诚

---

① 王锡荣.郑板桥集详注[M].吉林：吉林文史出版社，1986（364）.

② 林则徐.林则徐家书[M].上海：中央书店，1935：12.

③ 曾国藩.曾国藩全集·家书一[M].长沙：岳麓书社，1984（251）.

④ 曾国藩.曾国藩全集·家书一[M].长沙：岳麓书社，1984（275-276）.

⑤ 欧阳兆熊，金安清.水窗春呓[M].北京：中华书局，1984：16.

实做人：一是春秋时，郑国伯石三谦卿位和西汉王莽辞让大司马官位的虚伪。"当于尔时，自以为巧密，后人书之，留传万代，可为骨寒毛竖也"；二是其当代某贵人，以孝行为时人所重，居孝期间，其"哀毁逾制，亦足以高于人矣"。但他还嫌不够，居然"以巴豆涂脸，遂使成疮，表哭泣之过"。过分的表演终使人们对他的孝行"皆为不信"，真是"一伪丧百诚"[1]，巧妙地强调了"巧伪不如拙诚"的做人诚信原则。司马光以名臣寇准为例说明奢侈败家："近世寇莱公，豪奢冠一时，然以功业大，人莫之非。子孙习其家风，今多穷困。"[2]《庭帏杂录》以李氏为例培养子孙宽恕品格：自家的桃枝伸进邻居沈家的院墙，因世仇辄为其折断。对此，李氏的回答是"吾家之桃岂可僭彼家之地"。对沈家枣树越进自家院墙，则告诫家人童仆："邻家之枣，慎勿扑取一枚"。枣熟后，又"请沈女使至家，面摘之，以盒送还"。李氏的诸多宽容之举，终使"沈遂忘仇，感义至今，两家姻戚往还"[3]。这种于真实故事、典故中灌输价值观的方法显然更容易为受教育者接受和吸纳。

### （四）注重教育引导与惩戒处罚相结合

对屡教不改，不尊家训者，传统家训在坚持教育引导的同时，也会采取强制性的处罚措施，包括训诫、羞辱、罚款、族出、送官严究、"鸣官处死"或私自处死等多样的处罚手段，做到礼法并重，以法治家。

《郑氏规范》规定，"吾家既以孝义表门，所习所行无非积善之事，子孙皆当体此，不得妄肆威福，图胁人财，侵凌人产，以为祖宗植德之累，违者以不孝论。"秦汉以降，不孝"十恶"重罪之一。清《蒋氏家训》规定，不遵家训者，先由其父兄晓谕劝诫，"谕之不从，则公集家庙责之。责之犹不改，甘为不肖，则告庙摈之，终身不齿。"对扰害乡里者，"轻则家法责治，重则送官究惩。"对贪赃枉法，有辱家族声誉者，则处以重罚。"子孙出仕，有以赃墨闻者，生则于谱图上削去其名，死则不许入祠堂（如果被诬指者，则不拘于此）。"[4]惩戒处罚和

[1] 庄明辉，章义和.颜氏家训译注[M].上海：上海古籍出版社，2006.
[2] 司马光.司马文正公集略·卷二十五训俭示康[M].刻本.1525（明嘉靖四年序本）.
[3] 袁衷，等.庭帏杂录：卷上[M]//王云五.郑氏规范及其他二种.上海：商务印书馆，1939：1-19（7）.
[4] 蒋伊.蒋氏家训[M]//王云五.孝友堂家训及其他五种.上海：商务印书馆，1939：13-25（1）.

教育引导的目的都是为了更好地培养子弟的良好品德。传统家训惩戒处罚的强制性规定，弥补了国家律令的不足，起到了惩恶扬善，培养子弟品德，维护家族兴盛和社会稳定的积极作用。

对大学生廉洁自律意识的培养，在坚持改进策略，激发兴趣，积极引导的同时，也要借鉴家训文化，强调规章制度的强制作用，只有做到教育引导与强制约束的有机统一，才能更有效地培养大学生的廉洁自律意识，养成勤俭廉洁美德。

# 第六章　廉洁从业

古人云:"正心,修身,齐家,治国,平天下。"廉洁修身乃齐家之始,治国之源,清正廉明,是中华民族的传统美德,也是做人的基本准则。但在现实生活中,腐败与权力如影随形,无孔不入,腐败如瘟疫般在各个行业渗透。近些年来,腐败现象具有扩散和泛化的趋势,不仅一些传统的权力部门成为高危行业,一些"冷行业"中也传出腐败丑闻。廉洁修身、防范腐败风险日益成为热门话题。

大部分的腐败行为与职业有关,廉洁从业是规划职业人生的基础,清正廉明才能为自己赢得一个创造未来的机会。大学生是未来的职业人,是引领行业发展的主要人群,而大学生缺乏社会经验,犹如初生牛犊,容易受到歪风邪气的沾染,需要在成长的关键期修身养性,在步入职场后才能明辨是非,身正心明,在职业生涯中创造辉煌。

## 第一节　廉洁从业人人有责

各行各业都需要廉洁,医生不廉洁危害人的健康,教师不廉洁毁掉下一代,官员不廉洁影响社会进步,律师不廉洁破坏社会公平正义,商人不廉洁搞垮经济发展,警察不廉洁无法保证居民安全。廉洁是做人之本,也是职业人最基本的道德准则,缺乏廉洁的国家是一个没有希望的国家,缺乏廉洁的个人是一个没有未来的人。各行各业的人们都应该将廉洁作为自己安身立命之本,廉洁从业,人人有责。

## 一、政府的权力与职责

广义的政府是指国家的立法机关、行政机关和司法机关等公共机关的总和，代表着社会公共权力。政府可以被看成是一种制定和实施公共决策、实现有序统治的机构，它泛指各类国家公共权力机关，包括一切依法享有制订法律、执行和贯彻法律，以及解释和应用法律的公共权力机构，即通常所谓的立法机构、行政机构和司法机构。从这个意义上说，"政府就是国家的权威性的表现形式"。

政府掌握的公共权力，是人民基于信任、依赖将自己拥有的部分权力让渡给政府的。政府是人民利益的守护者、调节者、服务者。但是，由于受到中华民族几千年"官本位"思想的干扰，社会不正之风的熏染，利益的诱导，制度的漏洞等因素的侵袭，腐败现象频频发生。权力在廉者眼中是千金重任，在贪者眼中是黄金万两。权可以带来"利"，政府部门作为权力的执掌者成为腐败的高危行业。

四川眉山县某乡民政干事以"帮了忙"为由，两次伸手向某五保户索取500元的"辛苦费"，这位民政干事日前被当地纪检监察部门予以行政降级处分，并在全县予以通报。（2008年3月24日《华西都市报》）为困难群体办理五保，本是民政公职人员分内之事。如果正常行政也要收取"辛苦费"，那么就是把"必然行政"演变成"有偿行政"，以谋取个人私利的卑劣之举。向五保户索取"辛苦费"，并非偶然之举，而是长期"以公谋私"不良行政习惯使然。试想当行政服务蜕化成一种私利获取手段时，让政府失公信力不说，更会祸害民生。

近年来，政府的腐败出现了新的特征，主要表现在：

### （一）"集体共犯"式腐败

"集体共犯"的特点在于，在反腐败机构或民众揭开一个腐败案件的丑恶盖子时，发现的往往不是一个，而是一串腐败分子，众多人员集体性地参与腐败。

在四川虹桥林世元案，一座桥的垮塌牵涉5名县级领导，一座桥毁掉了一届领导班子。再如，山东泰山的胡建学案也是多人共同犯案的典型。

### （二）"公款接待"式腐败

公款接待中的违纪违法现象，其实是一种边缘化的腐败。一些腐败分子打着接待的幌子，吃喝游乐，败坏了党和政府的形象，扰乱了经济秩序，寒了纳税人的心。据悉，全国每年公款吃喝一项就达 2000 多亿元，这确实是一项不小的开支。由于公款接待中存在着巨大的黑洞，一些党性不坚定、思想不纯洁的干部为谋取个人私利，利用职务上的便利，借公务接待而损公肥私，中饱私囊，甚至见利忘义，走上了违法犯罪的道路，这样的事例并不少见。

## 【案例分析】

### 湖南省纪委通报一起违规公款吃喝问题典型案例

2017-06-22　　　来源：湖南日报　　　作者：张斌　　　编辑：徐丹

近期，长沙市、浏阳市严肃查处了长沙市维稳办调度协调处副处长蒋文生、浏阳市维稳办副主任蒋雪峰等人违规公款吃喝典型问题。6 月 21 日，省纪委对有关情况进行了通报。

一顿饭换来 4 个处分

2016 年 12 月 6 日，蒋文生因私到浏阳市，当日晚餐在浏阳城区某餐馆宴请其朋友，并邀请蒋雪峰参加。用餐过程中，蒋雪峰安排浏阳市复退战士工作领导小组办公室抽调人员胡范舟给在场人员每人发放软芙蓉王香烟一包，并结算含香烟款的餐费共计 1790 元。事后，蒋雪峰、胡范舟将当日餐费以处置群体上访工作用餐为由在单位报销。

最终，蒋文生违规接受下属单位公款宴请，受到党内严重警告处分，并被免去长沙市维稳办调度协调处副处长职务；蒋雪峰、胡范舟违规使用公款支付应由个人承担的宴请费用，蒋雪峰还存在与社会人员交往中言行失当、有违社会公德问题，受到党内严重警告处分，并被免去浏阳市维稳办副主任职务，调离岗位；胡范舟受到行政警告处分；浏阳市维稳办主任孙仕定在发票审核中把关不严，受到诫勉谈话处理。

通报指出，蒋雪峰、蒋文生等人置中央和省委三令五申于不顾，心存侥幸、我行我素，顶风违纪，以处置群众上访为名，行公款吃喝之实，触碰纪律红线，性质严重，影响很坏。对该案的严肃查处，彰显了从严从紧抓纪律、驰而不息纠"四风"，推动全面从严治党向基层延伸的鲜明态度和坚定决心；体现了贯彻落实监督执纪"四种形态"，动辄则咎，释放越往后执纪越严的强烈信号。全省广大党员干部特别是领导干部要从中深刻汲取教训，切实引以为戒。

牢记公权姓"公"不姓"私"

"必须严守纪律底线。必须严明规章制度。"省纪委在通报中强调，党的各项纪律规矩是"带电的高压线"，党员领导干部违法往往从破纪开始。领导干部要牢固树立纪律意识、规矩意识，把纪律、规矩刻印在心，养成纪律自觉，不触"红线"，不踩"底线"，明规矩、知敬畏、存戒惧，做到心有所畏、言有所戒、行有所止，牢牢守住做人做事、为官从政的边界底线，永葆共产党人拒腐蚀、永不沾的政治本色。党员领导干部特别是一把手要从自身做起，既要带头遵守、严格执行规章制度，又要敢于担当、敢于负责，对涉及公务接待、公款消费的，更要严格执行标准、严格审核把关，坚决杜绝嘴上说说、纸上写写、墙上挂挂，真正把规矩立起来、严起来，让制度的力量充分释放。

"必须严格公私界限。必须严肃执纪问责。"通报强调，每一个党员特别是党员领导干部，一定要严格执行廉洁自律准则，坚持公私分明、先公后私、克己奉公。要始终牢记公权姓"公"不姓"私"，党性原则不可丢，严格公私界限，严守公私底线，一心为公、谨慎用权，不为私欲所动、不为私情所困、不为私利所惑，做公私分明、大公无私、公而忘私的表率。各级党组织要坚决落实全面从严治党政治责任，把纠"四风"、树新风往深里抓、实里做，不断擦亮作风建设的名片。要坚持严管就是厚爱，对党员干部严格要求、严格教育、严格管理、严格监督。要挺纪在前，抓早抓小，发现问题及时咬耳扯袖、红脸出汗，谈话提醒、督促改正。各级纪检监察机关要咬住"四风"问题不放松、不歇气，加大监督检查力度，对在执纪审查中发现的"四风"问题线索，深挖细查、决不放过，发现一起，查处一起，一律通报曝光。

## （三）腐败手段更加隐蔽

"道高一尺，魔高一丈"，随着国家打击腐败现象力度的增强，各种贪污腐败现象也在不断升级，花样翻新，其隐蔽性越来越强。传统的"吃、拿、卡、要"

的方式渐渐减少，新的方式开始增多，例如设立公司以非领导名义参加分红，通过第三方转移财物，官员出书强行销售等行为避免直接送钱或贵重物品。当前我国腐败现象的新特征还包括高管化、巨额化、期权化、国际化等。

总理语录：

我们的每一分钱都来自人民，必须对人民负责！

人民的关切就是政府的责任，让人民放心，让人民满意。

我国是人民民主专政的社会主义国家，本质是人民当家做主，国家的主人是人民，政府的权力是人民赋予的。政府以为人民服务为宗旨，以对人民负责为原则。政府的职能包括政治、经济、文化、社会公共服务四大职能。

政治职能，亦称统治职能，政治职能是指政府为维护国家统治阶级的利益，对外保护国家安全，对内维持社会秩序的职能。当前政府的主要职能是，进行民主政治建设，建设一个公平正义、和平稳定、安定团结、民主法制的社会。

经济职能是指政府为国家经济的发展，对社会经济生活进行管理的职能。

随着我国计划经济体制向社会主义市场经济体制的转变，我国政府要发挥经济调节、市场监管等职能，建立一个繁荣秩序的市场经济体制。

文化职能是指政府为满足人民日益增长的文化生活的需要，依法对文化事业所实施的管理。它是加强社会主义精神文明，促进经济与社会协调发展的重要保证。我国政府要大力发展科学文化事业，弘扬先进文化，摒除低俗"黄赌毒"文化，为社会的发展创造一个良好的环境。

社会公共服务职能，即国家提供公共服务，完善社会管理的职能。这类事务一般具有社会公共性，无法完全由市场解决，应当由政府从全社会的角度加以引导、调节和管理。目前，政府的社会职能主要有：①调节社会分配和组织社会保障的职能；②保护生态环境和自然资源的职能；③促进社会化服务体系建立的职能；④提高人口质量，实行计划生育的职能。

政府是社会发展的规划者，引导着人民进行经济、社会等领域的建设，政府是否清正廉明决定着我们的事业是否能够健康地进行下去，政府理应成为清正廉明的表率。

## 【案例点击】

### 清正廉洁的楷模汪洋湖

#### 清贫的汪洋湖

汪洋湖的确清贫。一套老式的三室一厅的住房里，摆放着两张木板床、一套旧沙发、两个书柜，还有一张三合板的折叠饭桌，最抢眼的是客厅里一台25英寸的电视机，那还是他的大女儿给买的。

1994年，汪洋湖从吉林市往长春市搬家，去的是一台半截子车，司机直嘀咕，这得拉多少趟？结果半截子车还没装满，拉回的全部家当是一个书柜、两个木箱、两口水缸。1999年省里给汪洋湖分了一套新房，几万元就能买下，可是他却没有要，"因为买那套房子得花4万元，家里存折上的钱连国库券都算上也不够。借钱买吧，那得还到几时啊？"在长春市一个拿不出4万块钱买房的人家，算什么生活水平？当地人说："困难户。"

清贫，不是共产党所追求的目标，但是，对于一个手中握有权力的共产党人来说，这份清贫，却让人们更透彻地看到了他的心底。

汪洋湖24岁就已经是公社党委书记，29岁开始任县级领导，他先后担任过永吉县委副书记，磐石、舒兰县委书记，吉林市委常委、秘书长，浑江市委副书记，省水利厅副厅长、厅长。

按照时下一些人的眼光，他有着很多"发财"的条件与机会，但是，他对此视而不见，始终坚守一个共产党人的"道"，把手中的权力看作是为人民谋利益的工具，而不是用来为个人谋取私利的商品。他说："当官捞好处，那不是共产党的章法，是共产党的干部，就得按党的规矩来！"

汪洋湖是从基层干过来的，他十分了解社会，知道自己的位子有多大的"含金量"。然而，在他的天平上，就是一座金山也撼不动一个真正共产党人的灵魂。他在水利厅进行了一项被誉为"阳光行动"的改革：凡水利工程建设项目，全部实行招投标制。他与厅领导班子成员"约法三章"：不取非分之钱，不上人情工程，不搞暗箱操作。他本人带头践约，从未指定过一个承包商，从未写过一次条子，也从未暗示过任何人。

"一把手"的榜样力量是无穷的，水利厅系统的干部个个向汪洋湖看齐。1999年，国家和省有关部门对吉林省水利建设资金使用管理情况进行多次检查，没有发现严重违规问题，工程质量合格率达到100%，优品率达到81.5%。

汪洋湖的"死"原则

俗话说："官儿不打送礼的。"然而，几十年来，汪洋湖的一条"死"原则恰恰就是：不收礼。

那年他在黄狼沟村蹲完点，农民一直念着他的好，有一年他们听说汪书记父亲病重，便派人给他家送去了一篮子鸡蛋，一袋子大米。他收下了乡亲们的厚意，随后把按价折成的钱和粮票托人如数送回。

他到水利厅后，有一次生病在家打吊针，有人得到消息到他家去探望，临走悄悄放下一包蘑菇和五条香烟。三女婿发现后，忙给岳父说，汪洋湖急得边拔针头边要往外追，手背都瘀血了。女婿赶紧把他按到床上，拎起东西一直追出老远，还给了来人。

1997年他当厅长后，专门给厅里的司机开了一个会，立下一条"规矩"：不准帮领导代收礼品。他每次带车下基层回来前，都要先检查一遍车厢，有东西送回，没东西才走。有一次他到基层去，回来时走出老远才发现车里有一包补品，他立即让司机调转车头，把东西放回住处的房间，然后给县水利局的同志打电话，让把东西拿回。

为了杜绝送礼风，每年春节前，汪洋湖都在厅里再三强调，不要到领导家拜年，有时间去看看困难职工和离退休老干部。有一年春节，一位处长拎着东西去他家，他硬是没让进门。那位处长事后对家人说："我脸上没面子，心里服啊！"

有人曾说汪洋湖："你一次礼不收，有点太不近人情。"

汪洋湖说："堤溃蚁穴，这个口子开不得。有第一次，就会有第二次、第三次……就会越收越多，时间长了，就陷进去了。一些领导干部最后掉到钱堆里不能自拔，不都是从第一次开始的吗？意志力不强，投降了。所以在这个问题上一定要一刀切死。有情不在礼，我欣赏'君子之交淡如水'。"

## 二、企业的经营和社会责任

近年来，随着食品安全问题的频频出现，引发了人们对企业的信任危机，中国企业经营中的不诚信、不廉洁现象冲击着人们的眼球，拷问着企业的道德良知。企业在国家与社会发展中起着举足轻重的作用，廉洁经营，勇于承担社会责任是中国企业实现持续发展的重要因素。

### （一）企业的社会责任

企业是从事生产、流通、服务等经济活动，以生产或服务满足社会需要，实行自主经营、独立核算、依法设立的一种盈利性的经济组织。企业的经营是以盈利为主要目的的，但是作为社会生产的一部分，企业的生存与发展还面临着社会责任的问题。企业社会责任的理念出现于十九世纪的西方社会。20 世纪 30 年代，贝利与多德两位经济学家进行了一场大规模的论战，论战的核心是"企业是否应当承担社会责任"，最后多德的理论成功地战胜了贝利的理论，即企业应该承担社会责任，自此，企业社会伦理开始登上历史舞台，并发挥作用。

企业社会责任理论在社会的发展中不断完善，20 世纪 80 至 90 年代，企业社会责任理论认为，企业不仅要对盈利负责，而且还要对与之相关的群体的利益负责。管理学上的利益相关者理论出现，利益相关者是指，任何能够影响企业目标实现的集团和个人或者企业目标所影响的集团和个人。他们既包括股东、债权人、雇员、消费者、供应商，也包括政府部门、本地居民、当地社区、媒体、环境保护主义者的压力集团，甚至还包括自然环境等与企业经营活动有直接或间接关系的客体。20 世纪 90 年代至今，社会责任理论被进一步发展为"和谐"的社会责任理念，即企业应该自觉承担经济、法律、伦理、环境、公益等责任，企业不仅要对股东、利益相关者负责，同时还要对环境和社会公众负责，并促进社会各方面的和谐发展。

### （二）企业承担社会责任的意义

企业作为社会经济的主体，承担社会责任，可以促进自身的持续发展。一个企业，如果仅仅将视线聚焦于自身的经营和利益回报，这种狭隘的视野将阻碍企业的长远发展。企业经营当然要取得利润，但只有阳光的、经得起道德检验的利润，才能给我们的企业带来光辉，赢得人们对企业的敬重。最近十余年来，随着经济全球化的发展，许多公司已经自觉承担起了社会责任。而越来越多的证据也表明，企业在社会责任方面的积极参与，不仅会增加整个社会的福利，而且可以提升企业可持续发展的能力。企业的积极参与有助于员工树立正确的人生观、价值观和责任意识，有助于增强团队的协作能力，同时，企业履行社会责任所表现出的人文关怀和服务又会无形地渗透到企业经营的每一个环节，成为企业道德建设的重要组成部分，让员工身处于一个富有爱心和责任感的环境里，会增加他们的归属感、自豪感和荣誉感，会增强企业的凝聚力。

随着企业日益成为社会经济的市场主体，企业在社会发展进程中，已经成为举足轻重的基本力量。据统计，1995 年，全世界 100 大经济体中就有 51 个是跨国公司，剩下的 49 个才是国家的经济体。在企业的作用日益重要的情况下，企业行为的影响已经超过了企业本身。从要求企业诚信经营、尊重员工、保护环境，到反血汗工厂运动的兴起和 SA8000 的推行，企业的发展战略已经和全社会乃至全球的福利联系在一起了。照顾更广泛的利益相关者的利益，已经成为企业在生产经营中的必然要求。

## 【案例点击】

### 2017食品安全事件案例

食品安全事件数量与分布

大数据挖掘工具的监测数据显示，2017 年 1-3 月，我国大陆发生了 3944 起食品安全事件，平均全国每天发生约 43.8 起食品安全事件，相较于 2015 年 1-3 月的 6055 起食品安全事件，呈大幅下降趋势。食品安全事件数量下降较明显的省区多为发达地区，如北京、山东、广东、上海等省区，河南、河北、江西等 2015 年 1-3 月食品安全事件相对多发的省区食品安全事件也下降明显。与上年同期相比，2017 年 12017 食品安全事件案例 1-3 月食品安全事件数量上升的省区为海南、山西、吉林、安徽。

### 食品安全事件的种类与数量

2017 年 1-3 月我国发生的食品安全事件所涉及的食品种类排名见图,排名前五位的食品种类分别为酒类（473 起,11.99%）、肉与肉制品（452 起,11.46%）、蔬菜与蔬菜制品（321 起,8.14%）、水产与水产制品（317 起,8.04%）、水果与水果制品（311 起,7.89%）;排名最后五位的食品种类分别为蛋与蛋制品（7 起,0.18%）、冷冻饮品（8 起,0.20%）、可可及焙烤咖啡产品（10 起,0.25%）、食糖（24 起,0.61%）、罐头（35 起,0.89%）。

与 2015 年 1-3 月相比较,食品安全事件数量占比上升最多的是酒类,增加 2.43 个百分点,其次为水果及水果制品,增加 1.99 个百分点;食品安全事件数量占比降低最多的是粮食加工品,降低 1.89 个百分点,其次为乳制品,降低 1.40 个百分点。

### 食品安全供应链环节的分布

食品供应链体系可以分为生产源头、加工与制造、运输与流通、销售与消费等主要环节。采用大数据挖掘工具获得的 2017 年 1-3 月发生的食品安全事件在供应链各个主要环节的监测数据如上表。表中显示,食品安全事件主要集中发生在加工与制造环节,约占总量比例的 64.89%,其次分别是销售与消费、生产源头、运输与流通环节,事件发生的数量占总量的比例分别为 24.88%、6.12%、4.11%。

与 2015 年 1-3 月的食品安全事件相比较,占比上浮波动最大的为餐饮消费环节,占比上升 2.29 个百分点,其次为生产环节,占比上升 1.16 个百分点,再次为批发环节,占比上升 1.06 个百分点。占比下浮波动最大的为加工环节,占比下降 2.35 个百分点,其次为包装环节,占比下降 0.96 个百分点。

### 食品安全风险因子分布

食品安全事件中风险因子主要是指包括微生物种类或数量指标不合格、农兽药残留、重金属超标、物理性异物等具有自然特征的食品安全风险因子,以及违规使用（含非法或超量使用）食品添加剂、非法添加违禁物、生产经营假冒伪劣食品等具有人为特征的食品安全风险因子。在 2017 年 1-3 月发生的食品安全事件中,由于违规使用食品添加剂、生产或经营假冒伪劣产品与使用过期原料或出售过期产品等人为特征因素造成的食品安全事件占事件总数的比例为 72.99%。相对而言，自然特征的食品安全风险因子导致产生的食品安全事件相对较少，占事件总数的比例为27.01%。如图3所示，在具有人为特征的食品安全风险因子中违规使用添加剂导致的食品安全事件数量较多，占到事件总数的29.57%，其他依次为造假或欺诈（15.54%）、使用过期原料或出售过期食品（14.68%）、无证无照生产或经营食品（10.24%）、非法添加违禁物（2.78%）等。在具有自然特征的食品安全风险因子中，农药兽药残留超标产生的食品安全事件最多，占到事件总数的9.75%，其余依次为含有致病微生物或菌落总数超标（9.35%）、重金属超标（5.19%）、物理性异物（2.72%）等。

由此可见，2017年1—3月我国发生的食品安全事件虽然有技术不足、环境污染等方面的原因，但更多的原因仍然是由于生产经营主体不当行为、不执行或不严格执行已有的食品技术规范与标准体系等违规违法行为等具有人为特征的人源性因素造成的。根据最近10年来我国发生的食品安全事件的历史数据推测，人源性风险占主体的这一基本特征将在未来一个很长的发展阶段继续存在，难以在短时期内发生根本性改变，由此决定了我国食品安全风险防控的长期性与艰巨性。

## （三）企业社会责任的要求

企业应承担的社会责任，主要包括商业道德、环境保护、公益事业等几个方面。

### 1. 商业道德

商业道德一般是指商业行为及其从业人员在市场交换中所应遵循的伦理原则和道德规范，它是一种由善良的商业习俗演变成的人们应该遵守的商业行为规范，但它不是法律规范。人不可以无德，企业同样也是如此，遵守商业道德是企业长远发展的保证。中国古代就有经商要合义取利、价实量足等要求。在社会主义条件下，商业道德的基本内容是：为人民服务，对人民负责；文明经商，礼貌待客；遵纪守法，货真价实；买卖公平，诚实无欺等。

### 2. 保护环境

近年来，我国的环保状况不容乐观，企业成为环境污染的主要源头。我国工业企业污染约占总污染的70%，其中工业企业污染中的50%是因为企业管理不善造成的。部分发达国家以保护环境和人类健康为由，设置绿色关税、绿色反倾销、环境贸易制裁等绿色壁垒，对我国的产品进行打压。企业缺乏环保意识使得产品在国际贸易中屡屡碰壁，"每年造成的损失相当于年出口总额的20%左右"[①]，其影响不容忽视。环境污染不仅制约着企业的发展，对人们的健康也造成了影响，"癌症村""白血病村"越来越多，病症多发地带往往与企业的污染相关，保护环境是企业义不容辞的责任。

3. 公益事业

"在巨富中死去是一种耻辱"，这是美国钢铁大王、慈善家卡耐基临终前的名言。企业的发展离不开社会，社会为企业发展提供了条件，企业在获得收益的同时要及时回馈社会。企业公益活动表面上看是企业直接经济利益的减少，事实上，成功的公益活动更大程度上是对产品和品牌知信度、美誉度的升华与塑造，是企业树立良好形象的重要途径。"经世济民，以人为本，义利兼顾"的经营之道，可使企业获得经济效益与社会效益的双丰收。

## 【案例点击】

### 阿里投入100亿元成立脱贫基金，马云要像做上市公司一样做公益

2012年，阿里巴巴集团宣布，其联合旗下子公司成立的"阿里巴巴公益基金会"已通过国家民政部批准审核，基金会初始基金为5000万元，由民政部直接主管。基金会在日常管理和运作中开创出"阿里特色"，董事局主席马云出任基金会一号志愿者，而基金会"做什么怎么做"则由阿里员工做主。

（2012年新华日报）

而在日前，马云召集全部36位合伙人在媒体面前开了一次会，仅有在美国出差的蔡崇信、张勇以及在英国出差的张建锋没有参加。上一次阿里合伙人如此齐全的公开亮相还是2014年阿里上市的时候。

在会上，马云宣布，阿里巴巴成立脱贫基金，5年内投入100亿元参与脱贫攻坚。

在阿里上市之前，马云就定下用千分之三的营业额来做公益。此次成立的脱贫基金部分来自于千分之三的营业额，绝大部分来自于阿里巴巴员工、阿里巴巴

合伙人，不接受外部所有的资金捐助，只接受外部企业家和企业的时间。在马云看来，贡献的所有时间比钱更为宝贵。

阿里的影响力越来越大，利润越来越高，但马云担心员工越来越傲慢、越来越自我、越来越觉得自己了不起，而不是觉得我们这些东西是来自于中国社会的发展、互联网的发展。

他更担心阿里的第一代管理层退休甚至去世之后，阿里被当成一个赚钱的工具，后人忘掉当年为什么成立这家公司。

"必须让这个公司有一个持久的、坚强的战略性产品和战略性服务。"马云说，持久性的产品和服务是公益。

### 马云给自己和合伙人定下了公益 KPI

为了做好脱贫基金，马云拿出了做上市公司的态度：落实到人、落实到组织、落实到每一个 KPI，还要半年公布一次扶贫财报。

马云担任脱贫基金会主席，蔡崇信、彭蕾、张勇、井贤栋担任副主席。从马云到阿里基层员工，每个人都要承担公益的 KPI。

马云给自己定的 KPI 是坚持乡村教师、乡村校长、乡村师范生的工作，每年腊月初八，都要在海南三亚进行乡村教师颁奖典礼。

蔡崇信负责贫困大学生的赞助和支持，以及远程教育基础设施的投资。

彭蕾负责女性创业者的脱贫。

逍遥子要让贫困地区农民没有卖不出去的好农产品。

井贤栋负责环境治理和脱贫结合——蚂蚁森林已经有 1000 多万棵树，16 万亩的沙漠治理，接下来要做到 100 万亩。

阿里云要负责创业脱贫，菜鸟要负责色物流与脱贫结合起来，还没有盈利的阿里影业要用脱贫基金每年要拍至少 10 部公益片，唤醒人心。

基层员工可以根据自己的兴趣，跨公司选择公益项目，每个人三小时。

从亮相的合伙人规模上看，能与阿里脱贫基金级别相当的只有阿里上市。在执行上，阿里不仅定期对外发报告公布项目进展，还邀请 30 位媒体人监督。

马云希望，自己和阿里的创始人能站好最后的岗，把阿里有爱心、关心别人的文化传递下去，不仅关心中国，还要关心世界。

让贫困地区能够自己造血

100亿很多，但在脱贫上，并不能解决什么问题，马云的希望是用100亿加上每个人的行动，让贫困地区找到脱贫的方法。

阿里巴巴的扶贫观不是仅仅捐钱捐物。马云表示，扶贫、脱贫、致富是三个不同的阶段，"扶贫是授人以鱼，脱贫是授人以渔，致富则是造鱼塘，为脱贫创造条件。如何把捐的钱变成财富，并且让人们能够持久地赚到财富，这是巨大的挑战，更是企业界难得的机遇。"

过去，阿里在"授人以渔"上做了一些尝试：

2005年，阿里曾帮助一位身患癌症，生活陷入困境的女教师"魔豆宝宝"开淘宝店，此次事件之后阿里成立了帮助困难母亲创业的"魔豆宝宝爱心工程"。今年，彭蕾联合其他11位阿里女性合伙人成立了"湖畔魔豆公益基金会"，一起去帮助困境中的儿童和妇女。

农村淘宝通过供应链改造，帮助浙江省对口援助的新疆阿克苏地区，将其特产18度甜苹果卖出大山，创造了12小时卖出170万斤的记录。

在脱贫上，阿里提出了乡村振兴计划，要提升整个乡村的教育、医疗环境以及商业基础设施。

马云希望，让土地增值，让更多的年轻人回到农村，做新型农民，让创业农民、产业农民才是真正的未来新农村的缔造者。"家庭联产责任承包制解决了土地上种东西，这些东西归谁的问题。而大数据、互联网、云计算要解决土地上的东西到底卖给谁的问题，以及怎么卖更有效率的问题。"

他要把绿水青山变成金山银山。

阿里的公益成绩单

脱贫基金将阿里的公益行动组织化，在此之前阿里已在公益上做了多种形式的尝试。

捐赠。2014年，马云联合蔡崇信宣布，捐出他们在阿里巴巴集团拥有的2%期权，成立公益信托基金，致力于在环境保护、医疗健康、教育发展、公益生态四个领域开展工作，按目前股价，捐赠超过50亿美元。今年9月，马云和蔡崇信再次宣布要出售股票，用于公益慈善项目。

教育。2015年9月，马云公益基金会启动乡村教师计划，每年出资1000万奖励 100 位优秀一线乡村教师。同时，马云公益基金会打造了教育网络平台，通过开放平台的形式让老师获得更多优质的教学理念 / 方法 / 实践，让学生获得更广泛的优质教育资源。

环保。2013 年 5 月，马云出任 TNC（美国大自然保护协会）中国理事会主席。2015 年，马云、马化腾联合多位企业家成立桃花源生态保护基金，致力于治理土地和水污染。2017 年，阿里巴巴集团在环境领域共计投入 2.2 亿元，其中基金会资助 1.43 亿元，资助环保类项目 127 个。

同时，阿里利用自身平台优势带动用户、卖家一同参与公益。阿里公布的数据显示，2017 财年超过 3 亿用户、178 万卖家通过阿里巴巴和蚂蚁金服平台参与公益行动，四分之一的中国人通过阿里巴巴和蚂蚁金服平台参与公益行动。2017 财年，阿里巴巴平台和蚂蚁金服平台共推动社会公众 47 亿人次参与公益。

蚂蚁森林的梭梭树

带动全民参与公益的一个成功案例是蚂蚁森林。蚂蚁森林通过小游戏的形式让用户参与公益，截至 2017 年 8 月底，蚂蚁森林用户已超 2.3 亿，累计减排 122 万吨，累计种植真树 1025 万棵。

在阿里内部，还有团圆打拐、自然之歌、互联网安全志愿者联盟、钱盾防骗等 40 多个公益团体。比如团圆打拐项目，截至 2016 年底，平台共发布信息 648 条，找回儿童 611 名，找回率达 94.2%。

马云说，阿里参与公益，如果没有参与桃花源，没有参加大自然保护协会，没有做乡村教师，没有做魔豆妈妈，没有参加每人公益三小时，阿里巴巴今天不具备这样的眼光，不具备这样的格局，不具备这样的水平。

# 三、公益部门的社会角色

随着社会的发展，职业不廉洁行为已经不仅仅局限于腰缠万贯的商业巨贾、权力在握的高官达人，一些担负着公益性质的行业也出现了职业道德缺失的现象，廉洁也是各种公益部门的职业操守。

### （一）公益部门之教育业

中国几千年的文化传统中，尊师重教一直是精髓之一。世人为何尊师？教师不仅仅是传道授业之人，他们也是社会伦理道德的守护者。"师德""师品""师之道"，只有这样才能深得人们的敬重与爱戴。

教师，原本是清正廉洁的榜样，而如今，随着教育产业化的发展，部分教师也开始投身于追逐金钱与名利的大潮中，"人类灵魂的工程师"在人们心中的形象开始扭曲。补课，曾经是模范教师敬业爱岗的典型，如今却成为部分教师谋利的手段，该在课堂上讲授的知识老师避而不谈，想学请拿钱补课，教师成为了小老板。学术造假早已不是什么新鲜事，为了申请到国家资金，为了能顺利评上职称，有些教师开始编织谎言。

教师是这个社会道德的传播者，教师道德的沦丧将是国家的悲哀，承担着传承文明、教育栋梁重任的教师必须恪守职业道德，做廉洁从业的楷模。

### （二）公益部门之医疗业

"救死扶伤""再生父母""医德高尚"等赞颂医生的词汇在中国的词语中比比皆是。这些词都是人们对医生德行的赞美，医生是个高尚的职业，他为人们守护健康，把一个又一个病人从死神手中解救出来，千万个家庭因此重获幸福，小小的手术刀背后是人们的期待与感激。现如今，医患关系的紧张凸现了医德的下降。"天价医药费"一出，惊世骇俗，白衣天使演变成吸血鬼。

### （三）公益部门之新闻业

新闻记者担负着及时客观报道事实的责任，不仅如此，更重要的是弘扬正义、谴责丑恶，揭露黑暗，这才是新闻业存在的真正价值。新闻界前辈穆青同志曾经对年轻的记者说过这么一段话："培养一名记者，首先要培养记者的素质，培养他坚定的共产主义信念、坚定的党性、坚强的意志、坚韧的性格，记者首先是一个政治工作者，党的工作者……记者要关心大局，要时时刻刻把党的事业、国家的前途、人民的疾苦放在心上。"新闻媒体是正义的先锋，是政府的喉舌，是反映百姓生活的镜子，面对镜头，新闻人的言语决定了新闻的倾向性。

新闻人若不廉洁，便可颠倒是非，愚弄大众，淹没真相。如震惊中外的"三鹿奶粉"事件，就在三鹿奶粉出事前的一个月，中央电视台《每周质量报告》中还报道："三鹿奶粉经过1100道检测关，所有不合格的奶粉，都喂了猪。"再如2008年的山西霍宝干河煤矿事故，上演了一出真假记者排队领取"封口费"的丑闻。新闻出版总署曾通报河北蔚县矿难，收受"封口费"共有8家新闻媒体10名工作人员被查处。"有偿新闻"与"有偿不闻"是新闻职业的毒瘤，在新闻职业道德中，是最不易解决，但又必须解决的极为重要的问题。

## 【案例点击】

### 先做人，再做文

1993年南非摄影家凯文·卡特拍到了一幅令全球瞩目的照片《饥饿的女孩》：画面上是一个苏丹女童，即将饿毙跪倒在地，而秃鹫正在女孩身后不远处，虎视眈眈，等候猎食女孩的令人揪心的情景，具有强大的视觉冲击力。这幅照片第二年获得了普利策新闻奖。3个月后，卡特因无法承担社会舆论的指责而自杀，年仅33岁。事实上，卡特在拍摄时心里便处于矛盾冲突的痛苦中，他说："当我把镜头对准这一切的时候，我心里在说'上帝啊！'可我必须先工作。如果不能照常工作的话，我就不该来这里。"他在那里等了20分钟，希望秃鹫能展开翅膀。

最后拍完照片后，他赶走了秃鹫，但还是引来众人的指责和唾骂。

2005年5月，一场暴风雨袭击厦门，路上水坑让不少骑车人栽了跟头。《东南快报》记者柳涛，在雨中"守株待兔"一个小时拍摄照片，记录下一位骑车人在暴风雨中摔倒进水坑的全过程，视觉冲击力很强。记者尽职地完成了任务，照片刊发后水坑第二天就被填平，新闻价值得到了很好的体现。但是这件事却被指责是"缺少公德心"，引起了一场有关记者传达新闻的责任与公德心之间应如何平衡的讨论。试问，难道不拍到人仰马翻的照片，记者就无法完成传达新闻的义务吗？显然不是。真正难以取舍的实际上是"独家新闻""获奖照片"等记者私利与公共利益两者之间的取舍。

几年前，河南一女记者在现场采访一起少女溺水事件时，看到女孩生命垂危，家属着急，她没有急着采访新闻事件，而是立即俯下身子对当事人进行人工呼吸，因未能最终救活落水女孩，女记者泪流满面。这位女记者在事后接受采访时说："选择先救人只是一种本能，在当时的紧急情况下，只感到一个生命比一条新闻报道更重要，做一名优秀的记者，首先要做一个好人。"看来，不管做什么职业，人性都是最起码的依托。记者更应该把人性责任放在第一位。记者笔下"有财产千万、有人命关天、有是非曲直、有毁誉忠奸"。如此重任在身，编辑记者应该好好把握手中的笔和镜头，做一个品格高尚的人。范长江在《通讯与论文》一书中写道："有了健全的人格，才可以配做新闻记者。"字如其人，文品如人品。要想成为合格的新闻工作者，就必须树立正确的人生观、价值观，时不时地要用"先做人，还是先做记者"这句话来拷问自己。

（选自：贾晓鹰《如何提高编辑记者队伍廉洁自律意识》）

## 第二节　廉洁从业风险分析

### 一、廉洁从业风险

风险防范是有目的、有意识地通过组织、控制和检察等活动来防止风险损失的发生，削减损失发生的影响程度，以获取最大利益。廉洁从业风险防范，是指将风险管理理论和质量管理理论应用于行业反腐败体系，通过对从业者在履行岗位职责、行使职权中面临的以及潜在的廉洁从业风险进行识别、评估、采取针对性的防范措施，防止职务腐败现象的发生。廉洁从业风险防范，是企事业单位开展反腐倡廉建设的新趋势、新途径。在政府及企事业单位的工作运行中，要针对岗位人员的工作性质查找风险点，健全制度、采取前期预防、中期监控、后期处置的严密防范机制，最大限度地预防和减少腐败现象的发生。

根据腐败问题产生的诱因，可将廉洁从业风险分为思想道德风险、制度机制风险、岗位职责风险和关键领域风险。

#### （一）思想道德风险

廉洁从业，首先要把好思想观，思想上的松懈往往会麻痹从业者走上邪路。

思想道德风险，主要存在以下几个方面，政治理论学习不够，只注重业务知识学习而轻视政治理论学习，产生理想信念不够坚定、政治素质下降的倾向；在工作中，不能将个人命运与单位的荣辱联系起来，注重个人利益，忽视单位整体利益；放松廉洁自律要求，存在麻痹大意心理，在对待"小是非、小问题、小恩惠"上态度不够坚决，存在"吃小酒、打小牌"等不良嗜好；社会关系复杂、公私不分，在日常工作中，受到亲朋好友的影响；对待社会不良风气，不能坚决抵制，顺从行业"潜规则"，在"吃喝送请"中丧失原则。贪图享受、以权谋私、不思进取、玩忽职守、滥用职权、特权思想、散漫作风等思想观不过硬，就会给"权利寻租"留下隐患，甚至走上违法乱纪、腐化堕落之路。

### （二）制度机制风险

制度机制风险，主要由制度的制定、执行、修改和完善不到位所引发，表现为制度不健全，工作岗位职权不明确、监督不到位，为权力的阳光运行留下阴影；一些制度内容与单位发展不相适应，缺乏及时、必要的补充、修订和完善；一些制度只有原则性要求，缺乏实际操作性，监督制约作用不强；有些制度尽管很健全，但在制度的落实和执行力上存在明显不足。

### （三）岗位职责风险

"岗位职责风险指由于岗位职责的特殊性及存在思想道德、外部环境和制度机制等方面的实际风险，可能造成在岗人员不正确履行行政职责或不作为，构成失职渎职、以权谋私等严重后果的廉政风险。"主要表现为利用岗位的便利条件，接受一些单位和个人的贿赂和好处；不认真履行岗位职责，领导与决策不按照制度和规定办事，丧失原则性和警惕性，给单位利益带来损失。岗位职责风险，要求在风险岗位上的工作人员对照本岗位工作职责、内容、标准、方法，从权力、环节、执行过程等方面查找风险点。

古人说"山不在高，有仙则名"，看看如今的"小官员大腐败案"，可谓"官不在大，有权则灵"。近年来，一些小科员、小出纳员、小信贷员等"芝麻官"，却屡屡爆出金额动辄成百上千的"惊天大案"。"小"有"小"的欺骗性，"小"有"小"的隐蔽性，"小官员"虽不担任领导职务，但岗位地位特殊，不少人利用手中权力"靠山吃山、靠水吃水","小官员"不容小觑,腐败起来也是能捅出天大的窟窿。2007 年至 2009 年 9 月,江苏省睢宁县检察院共查处科级以下的"小官员"贪贿犯罪案 24 件。涉案人员"级别不高、权力不小",大多位居管人、管财、管物的关键岗位,犯罪危害后果严重,令人震惊。在查处的"小官员"中,有行政执法人员、国企管理干部,也有"关键岗位"的小科员、掌管财物的"实权派"。行业不同,职责各异,实施贪贿犯罪手段"各显神通"。

### (四)关键领域风险

关键领域是指人事管理、财务管理、物资采购、工程项目管理等掌握"人、才、物、权"的重要领域。对于腐败,德国著名历史学家弗里德里希一针见血地评说:"腐败是附着在权力上的咒语,哪里有权力,哪里就有腐败存在。"关键岗位往往是与权力相联系,这些岗位更容易滋生腐败。在重要领域,更要加强监控、改进技术手段、完善规章制度,防止腐败的发生。

## 二、廉洁从业风险的形成规律

廉洁从业是每一个从业者的基本职业要求,研究从业者的不廉洁现象可以发现,无论哪名从业者,其成长历程大多是从最初的基层普通岗位,到重要、敏感岗位,最后再到领导岗位的历程,廉洁从业风险与其政务的变更呈正相关,风险的形成主要表现在孕育期、成长期、成熟期这三个阶段。

### (一)孕育期

孕育期,即员工刚入企业在普通岗位时期,此阶段从业腐败风险相对较小,腐败意识不强。但此阶段是一个人树立正确的价值观、思想理念和道德意识的关键时期,思想容易受影响,容易受腐败现象的侵蚀,诱惑抵御能力不强的青年员工往往会产生腐败违纪从业的思想苗头。

近些年一些已查处的腐败案例不断呈现出被审查对象年轻化、知识化特点,令人揪心。曾经有一种说法认为,官场是个大染缸,年轻人一开始纵然满怀理想抱负,年深日久终究会被磨平棱角、与之同流合污。这种论调在现在的反腐败斗争新态势下早已丧失了立论的基础。但是，年轻干部的成长究竟需要一个怎样的外部环境，同样值得我们深思。

一张白纸，既能画出明亮也能描绘黑暗。对于尚无底色的年轻人，外界的色彩很容易就能够投射到他们的身上。一些地区和单位的系统性、塌方式腐败，就体现出了这样的规律：一个地方的政治生态扭曲，必然导致劣币驱逐良币，不法分子长袖善舞、正直之人难以出头，年轻人只要心志稍有不坚就容易堕入魔道。

青年员工腐败风险主要有以下几个共性特点：

一是"隐"。青年员工的腐败风险点比较隐蔽，他们大多立足普通岗位，接触到的事情也大都是最基层最一线的，他们手中有"权力"但是不突出，他们手中有"钱力"但是不明显，即使存在不规范行为，也比较难以察觉，或因事情较小，数额不大，或因大多数人意识不到其潜在的风险而容易被忽视。

二是"广"。虽然青年员工岗位普通，手中权力并不大，却涵盖经济、工程、人力等各个领域，虽然这些岗位廉政风险程度各不相同，但点多面广，日积月累，给企业带来的损失却是不可估量的。

三是"易"。一方面年轻人社会阅历不多，金钱欲望高，上进心态强，在面对压力、面对诱惑时的自控能力较弱；另一方面年轻员工工作经验不丰富，业务不娴熟防范意识不够高，往往在意识"不想为"的情况下行为"已为之"。如在签订合同中因专职专业不强、风险意识不高而使企业造成成千上万的损失的案例不乏其人。

今天还在高校学府里的学子，将来踏上岗位后就是社会风气的引领者。求学阶段的亲眼所见、亲耳所听、亲身体验、亲自感受，最能定格青年干部的思想意识和言行品格。培育良好从政心态，要从净化求学环境始，将廉洁自律的基因嵌在每一个青年学子的心中，才能书写好青年干部的"前传"。

## 【案例点击】

### 很智能：90后修改电脑软件侵吞水费

1993年9月8日出生的姜帅看上去还是一个学生模样，如今却因为侵吞24万余元水费而身陷囹圄。

2012 年，姜帅学校毕业后到龙游县自来水公司营业厅工作。没过多久，爱交友又喜欢在朋友面前装阔的他常常感觉每个月几千元的工资不够花，就瞄上了单位里的自来水费。姜帅开始对营业厅水费管理软件擅自进行非法操作，将该软件数据库中用户的用水量从大额修改为小额，并从用户交易流水记录中删除大额数据交易记录，然后重新开具虚假的小额缴费凭证，用这种方式将两者之间的水费差额予以侵吞。从 2012 年 8 月到 2013 年 8 月的一年时间里，姜帅通过该种方式修改数据 13 次，侵吞水费款近 2 万元。

2012 年 12 月到 2013 年 7 月，姜帅又对营业厅水费管理软件擅自进行非法操作，将该软件数据库中用户的缴费记录删除，后通过修改数据功能重新为用户虚假缴费，以此方式直接截留水费款。通过该种方式删除数据 109 次，将 7 万余元水费款落入个人腰包。姜帅将侵吞的水费用来请客吃饭、与朋友出入高档消费场所及购买个人奢侈品等，挥霍一空，还欠了不少债。

也许觉得通过小修小改侵吞水费来钱太慢，去年 7 月 26 日开始，姜帅干脆擅自将每日收取的用户水费款予以直接侵吞，20 天内一共将 13 万余元水费转到自己的卡上。

去年 8 月 16 日，因担心罪行暴露，姜帅携带营业厅另一收费员让他代存的 2 万元水费款潜逃外地。几天后，姜帅投案自首。

近日，经龙游县检察院立案侦查并提起公诉，法院一审判处姜帅有期徒刑六年。

记者在采访中了解到，不少走上犯罪道路的年轻干部由于学历高、智商高、懂电脑，犯罪手法也更趋智能化。"追求享受、追求奢侈品成为一些年轻干部贪腐的一大动因，为了达到目的，他们学习模仿着以往的贪腐案例，同时，钻研相关技术手段，创新作案手段。尤其在一些贪污、挪用大案中，表现最为明显。通过修改电脑软件和程序，将公款化为私有，然后用于挥霍，甚至到境外狂赌。"曾长期从事反贪工作的张友宝说。

青年员工由于刚刚走上工作岗位，往往表现出积极向上的工作作风，使单位忽视了对这部分人的反腐教育。针对青年员工，防腐教育一定要坚持"早教育"的原则。单位要及时关注青年员工的生活需求和思想动态，帮他们解决思想上的困惑，生活中的困难，使他们养成廉洁的习惯，将腐败苗头及时扼杀。

（2014 年检察日报）

### （二）成长期

人到中年，从业者往往从普通岗位过渡到重要岗位，手中掌握了一部分权力，拥有了一定的社会资源，这时若是放松了警惕，腐败因素则会乘虚而入。

中年群体，生活压力相对较大，他们面临着赡养老人、抚养孩子、买房购车等现实问题。而 70 后的消费观念虽没有 80 后、90 后超前，但是他们在家庭储蓄、吃苦耐劳等方面仍然有所欠缺，在经济上处于劣势。同时，在人才选拔中，许多单位在选拔人员时，将"德、勤、绩、能"放在一边，人情选才、学历选才成为主要标准，为 70 后的正常晋升造成了障碍，这也为"35 岁现象"埋下了伏笔。从业者在思想上和生活上若都存在"病症"，长期"带病工作"必然会招致"腐败毒瘤"的滋生。针对 70 后从业者，除了加强思想上的教育外，完善制度、加强监督成为防止中年人犯罪的有利方法。

## 【延伸阅读】

2010 年，英国《经济学人》杂志用一个形象的比喻为亚洲地区的中年人起了个名字，叫"三明治一代"，他们的共同特点是：年龄在 30 ~ 45 岁、"上有老下有小"、工作家庭都是"顶梁柱"、花费越来越多、积蓄越来越少、身体越来越差、压力越来越大。在中国，"活得累"是"三明治一代"的普遍感受。本报调查显示，只有 2.52% 的中年人认为自己"不累"，高达 97.48% 的人觉得自己"很累""有点累""比较累"。其中，30-49 岁的人明显比其他年龄段的中年人更容易觉得累。

### （三）成熟期

廉洁从业风险的成熟期，即从业者到了领导岗位或敏感岗位，手中掌握的权力越来越多，能够触及到单位的核心利益，获取便利的渠道也越来越多，社会关系渐进复杂，这个阶段，廉洁从业的风险比较大，一旦腐败，数额比较巨大，危害比较明显。从刚开始的小贪小贿到有恃无恐大贪大贿，从开始的违规违章上升到最后的违纪甚至违法。廉洁从业风险的成熟期，从年龄层次上来看，通常是 35-59 岁的年龄段，从职务上看，通常为"一把手"或关键领域。"一把手"在人事任免权上的"一言九鼎"，给腐败留下了巨大的操作空间。

# 第三节　大学生如何做好廉洁从业

## 一、从小事做起，防微杜渐

廉洁，作为我们的一种生活和工作习惯，并不是与生俱来的，是靠我们在从业过程中从一点一滴小事中积累起来的。养成廉洁的习惯并不是一日之功，而是需要自身不断地努力。一种好习惯的培养，都是从生活中的小事开始的。

### （一）生活无小事

古语有"善不积不足以成名，恶不积不足以丧身"。在从业过程中，要想在思想境界中达到"至善"的程度，就必须从身边一点一滴的小事做起。有人可能会认为，一些小事情，干吗那么斤斤计较呢？总觉得这些鸡毛蒜皮的小事无伤大雅。但是常言说得好："一屋不扫，何以扫天下"，从小小的细节，就可以看出一个大的世界。不积跬步无以至千里；不积小流无以成江海。所有的小事都是大事的开端，开源节流，可以是财富的开端；随手捡废纸，也可以是爱国的体现。记得 1994 年第十二届亚运会在日本广岛结束的时候，六万人的会场竟然没有一张废纸。全世界报纸都登文惊叹："可敬、可怕的日本民族！"就是因为没有一张废纸，就使全世界为之惊讶。再转过头看看我们国家每年十月一日升旗仪式结束后天安门广场的场景，当人们散去，是满地的废纸烟头！所以我们自己比较一下，就可以看出其中的差别，我们也不想让别人说我们中国人的素质差，但是我们是否从自己身边的小事做到爱国了呢？爱国无小事。

再比如美国太空 3 号在发射后出现问题，快到月球的时候，却不能登上去，只能无奈地返回来，为什么？只是因为一节 30 块钱的小电池坏了，他们这个酝酿已久的航天计划就这样被破坏了，几亿元就损失了！万事都是从小事开始做起，只有那些看见小事的人，将来才会看到大事，如果一个只能看到大事的人，他就有可能会因为忽略小事而破坏了大事，是不会成功的。

# 【案例点击】

## 苏格拉底的故事

开学第一天，大哲学家苏格拉底对学生们说："今天，我们只做一件最简单也是最容易做的事儿：每个人把胳膊尽量都往前甩，然后再尽量往后甩。"说着，苏格拉底示范了一遍，"从今天开始，每天做 300 下，大家能做到吗？"学生们都笑了，这么简单的事情，有什么做不到的？过了一个月，苏格拉底问学生们："每天甩手 300 下，哪些同学坚持了？"有 90% 的同学骄傲地举起了手。又过了一个月，苏格拉底再问，这回，坚持下来的同学只剩下了八成。一年过后，苏格拉底再一次问大家："请大家告诉我，最简单的甩手运动，还有哪几位同学坚持了？"这时候，整个教室里，只有一个人举起了手。这个学生就是后来成为古希腊另一位大哲学家的柏拉图。

所有的成功者，都与我们做着同样简单的事，唯一的区别就是，他们认为那不是简单的小事。在这个故事里苏格拉底作为教师，想考验一下同学们对小事的重视程度，很多学生不认为"甩手"是件大事，只有柏拉图坚持下来。柏拉图并没有无视"甩手"这件小事，所以后来才能成为伟大的哲学家，这也证明了小事的重要性和必要性。我们在从业过程中，一定要加强个人修养，坚持从小事做起，并在持之以恒的积累中，能够有所成就，否则就会败于小事。

## 周恩来总理吃饭，个人掏腰包

1958 年 7 月，周恩来总理到广东省新会县视察，风尘仆仆，日夜操劳，确实辛苦。时任该县县委书记的党向民同志看到眼里，急在心里，感到实在过意不去，就在周总理离开新会的前夕，悄悄地安排为总理设宴送行。宴会地点，就安排在县委院内的一间小屋里；厨师，就是县委伙房的炊事员，而且没什么美酒佳肴，只是些瓜菜而已。尽管这样，在吃喝将近结束时，周总理语重心长地说："党向民同志，你一月有多少收入，我清清楚楚。这样一顿饭，你请不起，还是让我出钱，算我请客吧！"周总理随即示意他的秘书，把 300 元人民币交给了县委的司务长。

很多人也许会认为，吃饭多小的事儿，值得这么在意吗？但是我们都知道，艰苦奋斗是我党的优良传统，我们国家的总理都如此看重这些小事，更何况我们呢？他们用自己的实际行动教育和感动着基层的领导同志们。总理以身作则，率先垂范，是我们学习的榜样，让我们深深地知道在廉洁作风方面无小事。

很多人觉得廉洁离自己很远，是别人的事，但我们仔细想一下，其实廉洁就在身边。比如有人在制作表格过程中，由于粗心就浪费了很多不应该浪费的纸张。一般人会觉得只是几张纸并不在意。事实上这种被忽略的小事，就是一种不廉洁的行为。廉洁并不只是领导的事，普通员工哪怕一张纸、一支笔的浪费，都是不廉洁的。从小事做起，从细节做起，这是一位新员工廉洁从业的开始。

### （二）廉洁从业从不贪小便宜开始

我们经常听说这样一句话"贪小便宜吃大亏"，我们现实生活中的很多贪污腐败分子都是由贪小便宜开始的。也许每个人潜意识里都有贪小便宜的欲望，这就要求我们在生活和工作中一定要控制好内心的欲望。俗话说"吃人嘴短，拿人手软"，不要因为贪小便宜而毁掉自己。要懂得利令智昏的道理，要学会放弃。

有些人总觉得随便吃一顿、喝一顿、拿一点都没有关系，不会影响自己所坚守的廉洁信念。但是我们知道一个真正志存高远的人，是绝不会贪图小财小利的。贪图小财小利的人，他们忘记了自己最初的梦想，最后必然不会有所成就。要保持廉洁，要管住自己的嘴、自己的手，千万不能从这些小节中放松警惕，迷失了自己。

### 郑培民：慎微的典范

郑培民，湖南省委副书记，他虽是一个高官，但更像一个平民。工作调动、女儿结婚、父母辞世，他都悄悄地进行，不搞吃请；亲朋好友送来的礼物，一概如数照付钱；在中央党校学习期间八元几角的差旅费活期利息，他也如数上交。为官数十载，他从来没有用权力谋过半点私利。为官数十载，他没有一件放不到桌面上的东西。

从这个故事中，我们看到郑培民身上的小事小节，让我们看到真正廉洁的人是不贪小便宜的。孔子曾经说过"君子怀刑，小人怀惠"，就是说那些君子们心目中始终有一份规矩，不能跨越；而小人心里呢，满脑子想的都是那些小恩小惠、小便宜，不能像君子一样志向高远。小贪心往往是大腐败的开始，我们在从业中，一定要约束自己的行为，克制自己内心的小贪心，严格要求自己，从小事做起。

### （三）勿以恶小而为之，要防微杜渐

古人云："勿以善小而不为，勿以恶小而为之。"这句话的意思就是说在做人的过程中，即使是很小的恶行也不能做，即使是很小的善行我们也应该去做。同样的道理，在腐败问题上，再小也是腐败；在廉洁方面，再小也是一种品德。所以我们一定要防微杜渐，时时警惕任何的腐败问题，即使它再小，因为一不小心，我们就有可能让小腐败拉下水。

在工作中，有人就过多地关注车子、房子、票子，变得越来越贪得无厌，把物质利益和物质需求当作自己生命的最高追求，早已忘掉了自己曾经的梦想。这样的人，最后终究会一步一步地走上自毁的道路，跌入罪恶的深渊。从小贪到大贪，是一个不断腐败的过程，只有在源头上控制自己，防微杜渐，才能保证廉洁。

哲学中经常提到一个道理："任何事物的发展都是一个从少到多、从量变到质变的过程，不断地量变最终形成了质变。"所以我们不要忽视最开始小小的量变，正是量变的积累才有了质的飞跃。同样的道理，"冰冻三尺非一日之寒，水滴石穿非一日之功"。在从业过程中，我们一定要从小处入手，克制小贪心，防范小贪污。如果从一开始，在小事上我们就放纵自己，那以后胆子就会越来越大，就会一步一步地滑进犯罪的深渊。

保持廉洁，一定要慎微。慎微，就是让我们特别警惕"温水效应"。这是我们所熟知的一个实验：科学家先把一只青蛙放入沸水中，青蛙受到强烈的刺激，拼命地跳跃，终于挽救了自己；然而，当把这只青蛙放入凉水中，慢慢地将凉水加热，便出现了另一番景象。青蛙开始在水中悠闲地游来游去，可是，当它感到水温太高想要跳出来时，已经筋疲力尽，早已没有了跳出来的力量。同样的道理，现在很多人为了达到自己的目的，采用的就是这种"温水效应"，即放长

线钓大鱼。平日里小钱小物接二连三地送去，更是找各种借口送礼，比如逢年过节、婚丧嫁娶、生病住院、乔迁新居、孩子升学和生日。如果一个人在小事上不能把握住自己，爱贪小便宜，做不到慎微自守，防微杜渐，到最后只能是自我毁灭。

我一直讲"从善如登，从恶如崩"，思想的口子一旦打开，那就可能一泻千里。干部不论大小，都要努力做到慎独慎初慎微，"不以恶小而为之"。兰考历史上出了一个有名的清官张伯行。他历任福建巡抚、江苏巡抚、礼部尚书，为谢绝各方馈赠，专门写了一篇《却赠檄文》，其中说道："一丝一粒，我之名节；一厘一毫，民之脂膏。宽一分，民受赐不止一分；取一文，我为人不值一文。谁云交际之常，廉耻实伤；倘非不义之财，此物何来？"我看，这也可以作为一面镜子。

——习近平《在河南省兰考县委常委扩大会议上的讲话》

## 二、从自身做起，廉洁修身

古人云"修身齐家治国平天下"，这自古以来就是中国所提倡的传统的道德观，要求我们干任何事情之前必须先学会修身。"自天子以至于庶人，壹是皆以修身为本"，也是要求在我们从业过程中，不管是什么行业，我们处于什么样的岗位，都应该具备防腐倡廉的责任和义务。如何才能更好地履行廉洁责任和义务呢？这就需要我们从自身做起，要经常自我反思、自我修身，不断地提高自身能力。只有从修身自律开始，才能更好地齐家治国平天下。

### （一）爱惜名节，淡泊名利

孟子说过："人有不为也，而后可以有为。"我们要特别地重视和珍惜自己的名节，知道自己能做什么，不能做什么。我们要把自己的名节看得比泰山还重，把我们内心的贪欲看得比鸿毛还轻。爱惜和重视名节，是中华民族的优良传统。不管在什么时代，名节始终是老祖宗的瑰宝，我们必须辩证地继承和发扬，这是一个时代的烙印。

我们要爱惜自己的名节，看重自己的名节，身有正气，才能坦坦荡荡做人，光明磊落做事。珍惜名节的人，是一个正直之人。我们要重建自己的名节观，即使不能像古人那样做到三省其身，至少也要在各自的岗位上保持廉洁。

于谦的《无题》

名节重泰山，利欲轻鸿毛。

所以古志士，终身甘缊袍。

胡椒八百斗，千载遗腥臊。

一钱付江水，死后有余褒。

苟图身富贵，腹剥民脂膏。

国法纵未及，公论安所逃。

回顾历史，也有很多把自己的名节看得比生命还重要的仁人志士。比如悬鱼太守羊续、拒鱼宰相公仪休，都是我们学习的榜样和楷模。他们用行动维护着自己的人格和尊严，告诉我们什么是名节，什么是清廉。所以在面对各种诱惑的时候，要时刻告诫自己，珍惜自己的名节。孟子云："君子之守，修其身而天下平。"名誉是用道德与修养炼成的，要知道缺少道德的名誉是保持不住的。

### （二）廉洁自律，从自身做起

廉洁自律，就是让我们在从业过程中一定要自我约束，自我控制，绝对不能放纵自己的行为和欲望。廉洁从业，从我做起，才能不断地促使自己健康成长，才能真正净化当前的社会环境，使社会更加公平、公正。

马克思主义哲学提到"内因是事物发展的根本原因，外因是事物发展的必然条件"，对于廉洁从业也是一样的道理，我们都得先从内心入手约束自己，那样才能取得事半功倍的效果。在社会处于转型期的今天，我们在工作中会遇到很多诱惑，必须坚决抵挡住诱惑的侵蚀，在内心为自己竖起一道坚固的防火墙。如果我们放松警惕，放纵自己，又怎能实现廉洁奉公？

## 廉洁自律的"寇青天"

寇准,字平仲,华州下部(今陕西渭南)人,是北宋时著名的政治家。寇准生于显赫的官宦世家、书香门第,自幼接受良好的熏陶、教育,从小就非常聪明,七岁时随父亲登华山就留下了"只有天在上,更无山与齐。举头红日近,俯首白云低"的诗句。

寇准的母亲常常一边纺纱一边教寇准读书,督导寇准苦学成材。由于他天赋极好,又刻苦攻读,19岁的寇准进京应试,一举得中进士。喜讯传到寇准母亲这里,可她正身患重病,临终时,寇准母亲将亲手画的一幅《寒窗课子图》交给仆人刘妈说:"寇准日后必定做官,如果他有错处,你就把这幅画给他!"

寇准一路仕途顺利,做官一直做到了宰相。有一次,他为了庆贺自己的生日,请来了两台戏班子,准备大宴群僚。刘妈见时机已到,就将这幅《寒窗课子图》交给了寇准。寇准边看图边读上面母亲的题诗:"孤灯课读苦含辛,望儿修身为万民。勤俭家风慈母训,他年富贵莫忘贫。"不觉泪如泉涌。于是,寇准立即撤去了寿宴,辞掉了寿礼。从此,寇准铭记母亲教诲,一心为民,勤于政事。

又有一年,寇准从京都回到渭南故乡探亲,四乡八邻闻风后相迎至十里开外,大路两边全摆满了猪羊酒肉礼物,寇准下马步行一一答谢父老乡亲,但对礼物一概坚辞不受。等他进了老家时,却发现厅堂之中早已设下寿幛,寿匾之下,寿桃寿面寿点一应俱有。这时,他才想起自己正是五十寿辰之日,他再三邀请父老乡亲一起开宴欢饮。酒过三巡,有一老汉捧上精美的礼盒,请寇相过目,在众人催促下,寇准开盒观看,原来盒中摆着五十只晶莹剔透,恍若水晶一样的点心。点心上面有一张红纸,写着一首诗:公有水晶目,又有水晶心,能辨忠与奸,洁白不染尘。下面的落款是:渭南众乡亲。

寇准不能辜负家乡父老的盛情了,礼物只好收下。但这件事却使他时时提醒自己:不管日后自己当官还是不当官,都得永葆清正廉洁。

寇准一生中大起大落数次,所到之处百姓均以"寇青天"尊称。也许,许多人不知他内心还有一个小秘密,那就是寇府家厨一直遵循大人的嘱咐,不时用心制作渭南老乡曾献给宰相的水晶点心,供全家食用。一为关其口福,更主要的还是使他时时牢记"廉洁"二字。

我们在现实生活和工作中，也应该像寇准一样，时时刻刻告诫自己，经常反思修身，为自己的内心做出引导，时时牢记"廉洁"二字。廉洁自律，关键还在于自己，在于自觉性。成功的路，就像我们登梯子，要一步步地走，并不是一蹴而就的，在不断的失败中才能找出通向成功的路，而自律就是帮助我们找到成功钥匙的重要因素。

严于律己，是中华民族的传统美德。曾子说过"吾日三省吾身"，每天都要静下心来多次自觉地检查自己，看看自己一天犯了什么错误。刘基也说过"待人以宽，律己以勤"。对待自己要严格要求，时常提醒自己，反思自己，克制自己。一个不懂得律己的人，就不可能为单位、为社会、为国家做出突出的贡献。我们要时刻谨记"律己足以服人"，只有严于律己，才能在工作中兢兢业业，保持廉洁，这是我们成就事业的重要前提，也是我们修身处世的基本要求。

### （三）廉洁自律，重在修身

为了更好地做到廉洁自律，我们必须加强自身修养。自身修养包括很多，在廉洁从业过程中，我们重点要加强职业道德修养、文化修养以及党性修养。

第一，加强职业道德修养。不管是干哪一行哪一业的，都有各自的职业道德底线和职业准则。职业道德底线和职业准则，也就是我们现在经常说到的职业道德。职业道德，是从业中的每一个人必须自觉、自愿遵守的行为规范，在一定程度上可以很好地约束从业者的行为。一个坚守职业道德、清正廉洁的人，才能真正地做好自己的本职工作；相反，如果一个人不能很好地遵守职业道德，那他也就失去了立足的根本。

第二，加强文化修养。常言道："活到老，学到老。"虽然我们大学毕业之后进入社会，没有了学业上的压力，但是我们应该把勤奋学习作为一种觉悟、一种责任、一种追求、一种境界。在工作中，我们也要涉猎各种知识，拓展知识面，拓宽视野，这样才能成为知识的富有者。如果我们不加强学习，只能被社会无情地淘汰。只有不断地学习才能更好地适应工作，才能解决工作中出现的新问题。

在文化修养方面，尤其要注重廉洁文化修养，把廉洁文化修养作为一种道德精神来信仰和追求，真正做到不义之事不为，不正之风不染。

第三，加强党性修养。很多党员同志，在工作之后，手中权力越来越大，更需加强党性修养。要真正地明白中国共产党的宗旨是全心全意为人民服务，始终牢记立党为公，执政为民，把人民群众的根本利益作为一切工作的出发点和落脚点，树立正确的世界观、人生观和价值观。通过党性锻炼，才能磨炼自己，使自己在面对诱惑的时候，能够保持廉洁的意识。

2014 年 11 月 15 日，中央政治局常委、中纪委书记王岐山低调造访安徽桐城"六尺巷"，在一定程度上释放着这样的信号，即做官先做人，做人先修身。张英身为宰相，却不恃权压邻，律己从严。这也警示我们，一定要知古鉴今，学习张英的这种精神境界，为政以德，更好地提高党性修养。

## 六尺巷的故事

清朝时，在安徽桐城有个著名的家族，父子两代为相，权势显赫，这就是张家张英、张廷玉父子。清康熙年间，张英在朝廷当文华殿大学士、礼部尚书。老家桐城的老宅与吴家为邻，两家府邸之间有个空地，供双方来往交通使用。后来邻居吴家建房，要占用这个通道，张家不同意，双方将官司打到县衙门。县官考虑纠纷双方都是官位显赫、名门望族，不敢轻易了断。

在这期间，张家人写了一封信，给在北京当大官的张英，要求张英出面，干涉此事。张英收到信件后，认为应该谦让邻里，给家里回信中写了四句话：千里来书只为墙，让他三尺又何妨？万里长城今犹在，不见当年秦始皇。家人阅罢，明白其中意思，主动让出三尺空地。吴家见状，深受感动，也主动让出三尺房基地，这样就形成了一个六尺的巷子。两家礼让之举和张家不仗势压人的做法传为美谈。

## （四）廉洁修身，从小做起

廉洁是一朵红梅，迎霜傲雪，为世间飘香流芳。廉洁是一株青松，四季变换，立天地百折不挠。廉洁是一块白玉，千锤百炼仍留下清白人间。廉洁很重要，指引着我们不断地前行。讲廉洁，就要从小做起。我们每个人身上的很多习惯都是从小养成的，有些习惯常常会伴随我们一生。很多人在成长的过程中，重视良好习惯的培养，而有些人可能就忽视了这些。一个孩子如果从小接受良好的家庭、学校以及社会教育，自然就能培养出良好的品德；同样的道理，如果一个孩子从小就受到溺爱，忽视德行的培养，小时候就存在很多不廉洁的行为，比如和同学比吃比穿、将自己喜欢的东西占为己有，这对孩子未来的成长是不利的。

我们也应该让廉洁之风吹进校园，从小培养学生的廉洁意识。

### （五）自律修身，贵在持久

每个人的职业生涯都有好几十年，在这好几十年的从业过程中，洁身自好，保证自身廉洁，也是一个很高的要求。我们都希望在我们的职业生涯中，能够做到善始善终，这就考验我们在廉洁问题上能否做到持之以恒。廉洁品质的培育并不是一天就可以形成的，而是一个日积月累的过程。

任何岗位都需要廉洁，都不能忽视廉洁，海瑞在他的岗位上真正做到了独善其身，做到了廉洁的持之以恒，所以海瑞一生都保持着清明廉洁的本色。我们说一时的兢兢业业、清正廉明容易，难的是一生都能以兢兢业业的态度对待工作，以清正廉明的精神使用权力。唐太宗说过："以铜为鉴，可以正衣冠，以人为鉴，可以明得失；以史为鉴，可以知兴替。"我们都应该以这些一辈子坚守廉洁的人为榜样，学习他们的持之以恒的廉洁精神。

唐朝著名的宰相魏征在《谏太宗十思疏》中说道："有善始者实繁，能克终者盖寡"，他劝晚年略有骄奢之心的唐太宗一定要居安思危，慎终如始。

我们在初入岗位时也许是勤勤恳恳、任劳任怨的。但是随着工作年数的增长，面对种种诱惑的时候，我们一定要坚定持之以恒的廉洁信念和善始善终的自律能力。否则我们就会丧失廉洁的免疫力，逐渐走上贪污腐败的歧途，并最终滑向堕落的深渊。所以如何在廉洁的道路上走得更好更长远，这是值得我们深思的问题。我们要为廉洁奋斗一辈子，坚守一辈子。

## 三、从守法做起，远离陷阱

### （一）无规矩不成方圆

古语说过：无规矩不成方圆。这句古语出自《孟子·离娄上》："不以规矩，不能成方圆。"原意是说如果没有规和矩，就无法制作出方形和圆形的物品，后来引申为行为举止的标准和规则。就是在教育人们，做人要遵纪守法，做什么事儿都得有规矩、有原则，必须恪守社会道德的底线。

规矩是人类生存和发展的前提，也是保证社会和谐的工具。试想如果没有规矩，社会以及个人又将如何进步和发展。我们在从业过程中，也必须遵循规矩，有时候单靠我们自身的觉悟约束是不牢靠、不长久的，只有好的规矩，才能真正地把好廉洁关。一个人不管处于何种环境，都必须恪守廉洁这个原则和规矩，否则一生难有大的作为。

## 周亚夫执纪如山

周亚夫是汉朝功勋卓著的将军，以英勇善战、严守军纪著称。有一次，汉文帝要亲自犒劳军队，先到达驻扎在灞上和棘门的军营，一行人就直接骑马进入了营寨，将军和他的部下骑马前来迎送。

接着文帝到达细柳的军营，那里驻扎着周亚夫的军队。只见细柳营的将士们都身披铠甲，手执锋利的武器，拿着张满的弓弩。文帝的先驱队伍到了，想直接进去，营门口的卫兵不让。先驱说："天子马上就要到了！"把守营门的军门都尉说："将军有令：'军队里只听将军的号令，不听其他指令。'"过了一会儿，文帝也到了，仍然不能进入军营。于是文帝便派使者持符节诏告将军："我想进入军营慰劳军队。"周亚夫这才传达命令说："打开军营大门！"守卫军营大门的军官对文帝一行驾车骑马的人说："将军有规定：在军营内不许策马奔驰。"于是文帝等人就拉着缰绳缓缓前行。一进军营，周亚夫手执兵器对文帝拱手作揖说："穿着盔甲的武士不能够下拜，请允许我以军礼参见陛下。"文帝被他感动，表情变得庄重，手扶车前的横木，称谢说："皇帝敬劳将军！"完成仪式后才离去。

出了营门，群臣都表示惊讶。文帝说："唉！这才是真正的将军！前面所经过的灞上和棘门的军队，就像儿戏一般，那些将军很容易用偷袭的办法将他们俘虏；至于周亚夫，谁能够冒犯他呢？"说罢，文帝仍然不停地称赞周亚夫，并传令重赏。周亚夫将军强调的就是军纪，军队中也有自己的规矩，即使是万人之上的皇帝也必须遵守这里的规矩。一个城市，如果没有交通规则，每个人都按自己喜欢的方式在马路上行走，整条马路通行就会受阻，整个城市就会乱套。如果大家在马路上都能遵守交通规则，就不会有这么多"中国式过马路"。规则就是人们在社会生活中为了维护人们的权利和社会的稳定而确定的准则，它规定着人们什么该做，什么不该做，什么绝对不能做。一旦触犯了规则，必然要受到规则的惩罚。

党纪面前人人平等，党内没有特权党员。不管他（她）是谁，身担何职，只要触犯了法律，置党的纪律于不顾，必然会受到法律的制裁，这是亘古不变的道理。清除害群之马，既打苍蝇又打老虎。十八大后，党对于违法乱纪的官员进行了坚决打击，使广大基层民众欢欣鼓舞，坚决拥护和支持党的决定。因为这些人没有真正地践行"全心全意为人民服务"的宗旨，违反党纪国法，背离了党的本质，必然会受到法律的惩罚。

### （二）强化守法意识，远离陷阱

在人们从业的过程中，导致贪污腐败现象出现的原因有很多，但是归结起来主要是物质上的诱惑、对欲望的过分追求。古人云："罪莫大于可欲，祸莫大于不知足，咎莫大于欲得。故知足之足，常足。"意思是说：罪恶没有大过放纵欲望的了，祸患没有大过不知满足的了，过失没有大过贪得无厌的了。所以知道满足的人，觉得满足的人永远是快乐的。

### 生金蛋的鹅

古时候，有一个农夫，终日以种田为生，那里的土地十分贫瘠，因此家里生活十分拮据。一天，他在去干活的路上发现河边有一只受伤的鹅，这只鹅孤单地躺在河边的淤泥里面，农夫非常可怜它，所以把它抱回了家中，替这只鹅治病。

农夫本来家里很穷，买不起一只鹅。现在突然来了这只鹅，农夫全家都非常高兴，都特别的喜欢它。农夫给它喂食，给它敷药，亲自给大鹅打扫鹅窝，这只鹅嘎嘎叫着，好像在感谢农夫。第二天，农夫早早地起床，又去照看那只鹅。可是他偶然发现鹅窝里有个什么东西发出耀眼的金光，走到鹅旁边意外地发现了一枚金蛋。

农夫惊讶得目瞪口呆，过了好一会儿才缓过神儿来，他喜出望外地大喊："老婆，快来看啊，鹅下金蛋了……"夫妻二人乐坏了。

　　从此他寸步不离地守在鹅的旁边，每天就等着拿鹅下的一枚金蛋。后来，农夫的金蛋越来越多。他把金蛋变卖了，成了村里的富翁。农夫神气极了，每天吃香喝辣的，什么活也不干了。可是，财富使农夫变得越发贪婪和急躁。鹅每天产下的一枚金蛋已经无法满足他无度的欲望了。他整天都在想：怎样才能得到更多的金蛋呢？对！我要好好喂养它。于是农夫给鹅洗澡，给它好食物吃。农夫每天无微不至地照顾它。可是，这只鹅每天仍然只产下一枚金蛋。一天农夫终于等不及了，他暴跳如雷发泄一会儿后，猛敲脑门继续想办法。他冥思苦想，终于想出了一个锦囊妙计：

　　我把鹅宰了，它肚子里的蛋不就都能拿出来了吗？想到这里，农夫心中一阵狂喜。说干就干，农夫果真把鹅给宰了。他这个高兴啊，心中暗想：这下好了，我一下子会拥有好多金蛋了，哈哈！农夫迫不及待地打开鹅的肚子。出乎意料的是，农夫在鹅的肚子里没有找到任何金蛋。他顿时傻了眼，哭丧着脸自言自语地说："这可怪了，怎么回事？完了！完了！鹅都已经被我杀死了，它再也生不出金蛋了。我再也得不到蛋了。"他捶胸顿足，可悔之晚矣。

　　这个故事告诉我们，如果人不懂得知足，那就会失去所拥有的东西。正如印度诗人泰戈尔所说"顶不住眼前的诱惑，便失掉了未来的幸福"。可以看出来，金钱、物质、美色、权力等各种诱惑，都只是迷人的陷阱。对这些诱惑要看得透，放得下。不该做的不做，不该看的不看，不该拿的不拿，时时刻刻提醒自己，这样才能避免一失足成千古恨的悲剧的发生。

　　每一个岗位都有自己特有的职责和义务，这些都是我们义不容辞的任务，是我们必须要完成的目标。我们在自己的岗位上，要时时刻刻要求我们自己，以法律为准绳，遵纪守法，安分守己。一定要守住自己的廉洁底线，不要让任何人有机可乘，如果一味地贪婪腐败，只会走向毁灭。我们要时时谨记，任何时候任何人都不能碰腐败那条"高压线"，只有这样，才能远离陷阱，保证我们自身的清廉。

　　党的十八届四中全会的主题，强调的是"依法治国"，依法治国是党领导人民治理国家的基本方略。依法治国的基本要求是"有法可依、有法必依、执法必严、违法必究"。遵纪守法，是每个公民的基本素质和义务，也是维护社会安定有序的必要条件。国无法不治，民无法不立。如果没有法律的约束，我国经济建设、政治建设、文化建设、社会建设以及生态文明建设也就无从实现。

有些人在贪欲的驱使下，觉得违法乱纪可以满足自己的私欲，所以不惜以身试法，铤而走险钻法律的空子，但法网恢恢，疏而不漏，他们最终都难逃法律的制裁。如果他们当初恪守廉洁的底线，多一点遵纪守法的行为，少一点违法乱纪的侥幸心理，也不会走上法律的对立面。一个对法律敬畏的人，即使没人监督，自己也会做到遵纪守法；即使发现法律存在不完善的地方，也不会利用法律的不足做出违法乱纪的行为。经过三十多年的改革开放，我们的法制建设也在不断地完善，我们要进一步提高法制观念，真正做到廉洁从业，远离陷阱。

### （三）法网恢恢，疏而不漏

常言道："法网恢恢，疏而不漏。"我们决不让腐败分子有藏身之处，存侥幸之心，得不法之财。对贪污腐败分子，我们采取内外相结合的方式，予以遏制和惩处。从内部来说，中国共产党在党内设立了中央纪律检查委员会，统筹负责党的纪律检查工作，对我国预防与惩治贪污腐败行为发挥了重大作用。新一届中纪委书记王岐山被称为是一位"铁腕级人物"，人们称赞他"贪官宁遇阎王莫遇老王"，充分体现了党中央反腐的决心。王岐山提到目前我国反腐是两条战线：在治标的战线上，有老虎打老虎，有苍蝇打苍蝇；在治本的战线上，继续推进反腐败制度性建设。除了法律制度之外，巡视制度也成为反腐先头兵，成为预防腐败的利器，对查处各类腐败案件功不可没。随着巡视制度的全覆盖，巡视工作的"千里眼"让老虎和苍蝇无处遁形。

从外部来说，我们还要加强新闻舆论监督，舆论监督包括网络反腐、微博反腐等一系列形式。因为人民群众是腐败的最大受害者，群众人数多、力量大，贪官瞒得了上级但是瞒不过群众雪亮的眼睛。2012 年网络反腐集中于"性丑闻"和"露巨富"，前者是指重庆北碚区委书记雷政富，后者是指陕西安监局局长杨达才。由此可以看出从不雅视频书记到"表哥"杨达才，网络反腐发挥了重大作用。由于贪污腐败是法律严厉打击的对象，我国法律因此鼓励传媒客观真实地报道相关贪污腐败的行为。

# "表哥"杨达才

"事故现场官员满面笑容,情绪稳定。"2012年8月26日16时35分,在翻看"8-26"陕西延安特大交通事故的现场图片时被一名官员的笑容激怒后,一位网友发出了上述微博,并附上了相关截图。该微博被广泛转发后,36人死亡的惨剧与冷血官员的微笑形成鲜明对比。

人肉搜索的大幕随即开启。当日19时53分,网友"百姓大于天"在其微博爆料称,涉事官员为时任陕西省安监局局长杨达才。22时29分,网友"卫庄"在其微博发布了一张杨达才佩戴手表的照片,并称"网友怀疑是价值3.8万多欧元的欧米茄"。

23时57分,渤海论坛的新浪官方微博发布了杨达才在不同场合佩戴有5块不同款式手表的照片,称这是"陕西省安监局局长杨达才的爱好"。8月27日18时12分,第五大道奢侈品网首席运营官孙多菲在其微博中称:"我已向表行业内专家请教:第一张:6.5万元左右的蚝式恒动系列劳力士;第二张:3.4万元至3.5万元之间的欧米茄;第三张:江诗丹顿18K玫瑰金表壳,而且是机械的,市场估价在20万元至40万元;第四张:欧米茄,价格也就3万多元到4万元;第五张:雷达全陶瓷,市值估计3万元。"这条微博被转发14531次,引发评论5350条。杨达才因此也被网民戏称为"表哥"。

此后,这些鉴表图片迅速成为网民热议的话题。不少网民认为,一个安监局长以其正常的工资收入,不可能有这么多的名贵手表,进而猜测其本人有贪污腐败的重大嫌疑。有评论称:"一个官员过分追求奢侈的生活,戴名牌手表,这样的官员自身清白让人怀疑。"

2012年9月杨达才因存在严重违纪问题,被撤销陕西省第十二届纪委委员、省安监局党组书记、局长职务;2013年2月,被开除党籍。2013年9月5日,西安市中级人民法院一审宣判:杨达才犯受贿罪,判处有期徒刑10年,并处没收财产5万元,犯巨额财产来源不明罪,判处有期徒刑6年,决定执行有期徒刑14年。受贿赃款和来源不明赃款依法没收上缴国库。

在此同时,还有一部分贪污腐败人员总是抱有一种侥幸和投机心理,认为在国内贪污,之后就带着妻子儿女潜逃到国外。到了国外就可以享乐消费,从此逍遥一生。事实上逃到国外，并不是他们想象的那么简单，党的十八大以来，我国加紧了对逃往境外的犯罪分子的追查。截止到 2017 年 12 月 6 日，外逃加拿大 4 年的"百名红通人员"李文革回国投案，至此，全国"百名红通人员"已到案 51 人，数量超过半数。

李文革投案后 3 天便是 12 月 9 日——第 14 个国际反腐败日。中央纪委监察部网站发布的最新数据显示，截至 2017 年 10 月底，中国共从 90 多个国家和地区追回外逃人员 3587 人，其中国家工作人员 701 人，追赃 95.41 亿元。这是有力的震慑。

别再梦想"捞饱就跑，跑了就了"，天涯海角，也难逃法网恢恢！贪污贿赂，是人类社会的公认毒瘤。海外追逃，伸张的是公理正义，维护的是法律尊严。

## 嫌犯不逍遥天天怕被抓

很多人都以为，这些外逃经济嫌犯有的转移了大量财产，有的带着大量现金去国外，一定过得很舒服，但实际上并非如此，"以为有了钱就可以到国外逍遥，其实完全不是，就像惊弓之鸟"。这些人可能物质条件上还算可以，但心理压力很大，在国外同样害怕被抓。

在被追逃回国的这些嫌犯中，真正能过得好的没有几个。他们远离故土，水土不服。虽然这些嫌犯有钱，但他们租了房子，白天不敢出门，有钱不敢花，只是趁着天黑到附近的超市买点吃的，抽根烟都怕被别人看见。

行动组成员石玫很早就参与押解女嫌犯回国的工作。2010 年她去马来西亚押解一名女嫌犯回国，女嫌犯看见她，拉着手哭，"终于把你们盼来了"。这名女嫌犯也是有钱不敢花，天天吃大白菜。

一名从越南被押解回国的女嫌犯当初是为了躲避前男友的纠缠，从两人开的股份制公司里携款逃到越南。大学毕业的她很快找到了工作，在一家韩国企业里负责中国区域方面的事务，有了新的伴侣，生了孩子，看起来很幸福。但她被抓时如释重负地说，四年没回国，很想念父母，要让孩子接受中国教育，让父母好好看看孩子。

逃往泰国清迈的张某、何某夫妇俩，随身携带了大量现金，但并不敢轻易出门消费，只能放在租住的公寓里。

这是一种警告，不管你是"老虎"还是"苍蝇"，都不要带着侥幸的心理，拿自己的前途开玩笑。因为，不管出于什么目的腐败堕落，势必都将受到严惩。

贪污腐败就像雾霾，不断污染着我们的空气，让我们身心受创，要清除"贪污腐败的雾霾"不是一朝一夕的事情，需要我们共同努力，要坚持"自强不吸"，只有这样我们才能守得云开见月明。

从古至今，反腐倡廉都是历代执政者必须要做的事，我们也看到了党的十八大以来我们国家反腐的力度。很多高官即使退休，也会因为贪腐受到追究，这都折射出我国反腐斗争前所未有的决心和力度。所以我们要谨记：有法必依，有污必治。法网恢恢，疏而不漏，真理永远站在正义的一边。

## 四、从家做起助廉抵腐

家，是中国社会的细胞，社会是由一个个家庭组成的。家庭在反腐斗争中扮演着重要角色，如果一个家庭风气不正，就有可能成为从业人员人生职业的悬崖。廉洁必须从家做起，从家庭一点一滴的小事做起，俗话说"家有贤妻，夫无横祸""贪官因妻贪，清官因妻贤"。不管是领导干部，还是普通从业者，任何一个人在事业上的成功，都离不开家人的支持和理解。家庭这个后方幸福了、和谐了，我们才会有更多的精力投入到工作中。所以在从业过程中，除了廉洁修身之外，同样还需要廉洁的家风。

### （一）廉洁从业，是对家人最大的爱

人生最珍贵的不是金钱、名誉、权力，而是家人的爱。家庭是宁静的港湾，只要我们生活在人世间，就离不开家庭的呵护和亲情的滋润。亲情在每个人的生活中占据着重要的不可替代的位置，包括父母情、兄妹情、夫妻情以及子女情。人的一生接触最多的莫过于亲人，亲人给予了我们很多爱，家人的爱是最值得珍惜的。在廉洁从业过程中，我们必须养成廉洁的好习惯，这是对家人最好的爱。

人活着要有一个良好的心态，钱固然是生活必需的东西，但也是一个害人的东西，要看淡金钱，我们要有一个正确的金钱观。很多人本来拥有一个非常幸福的家庭，因为贪污腐败，不仅葬送了自己的前程，也毁了家庭，伤害了亲人。有

很多贪污腐败分子在东窗事发之后，在法庭进行审理过程中都会痛哭流涕，说道"对不起父母、对不起爱人、对不起子女"。但此时一切都晚了，即使他们在贪污腐败时想的是让家人能够更加幸福、过更好地生活，也只能说他们采取了错误的方式。事实上，这种想法不仅不能让自己的家人幸福，反而深深地伤害了他们。也有一些腐败分子在到达一定位置之后，心中只有钱和权，丧失了人性和亲情，不听家人的劝告，只能在腐败的泥潭中越陷越深。贪污腐败也许只在一念之间，但家人未来所要面对的却是荣辱两个世界。

廉洁是一种美德，腐败是一种恶行，廉洁可以使一家人团团圆圆，腐败则会给家庭带来无尽的伤痛。贪污腐败会弄丢自己、弄丢父母、弄丢伴侣、弄丢子女。如果一个人没有禁得住欲望的诱惑走向腐败，会给家里的亲人带来极大的压力，让亲人承受方方面面的羞耻和后果，也许他们在世人面前再也抬不起头来，他们无法再面对接下来的人生。所以不要让这种阴影笼罩着家人，不要让家人为你惋惜、为你哀痛。面对这无法承载的亲情，我们必须清廉自守，爱惜自己。

## 从家信看毛主席"落在实处的清廉作风"

毛泽东严格坚持原则，从不滥用职权，以权谋私，插手家属的工作安排。对要求进京谋职的亲友，他立足劝阻，本着德才兼备原则，建议地方适当安排。如对已牺牲的夫人杨开慧之兄杨开智的工作问题，他1949年10月9日亲笔给中共湖南省委第一副书记王首道等起草了电报，嘱以："杨开智等不要来京，在湘按其能力分配适当工作，任何无理要求不应允许。"同时他通过王首道转一电报给杨开智本人，希望他"在湘听候中共湖南省委分配合乎你能力的工作，不要有任何奢望，不要来京。湖南省委派你什么工作就做什么工作，一切按正常规矩办理，不要使政府为难。"1950年，湖南省委根据杨开智的专业特长，安排他在农业厅从事农业方面的工作。毛泽东得讯后又捎信热情鼓励："望积极努力，表现成绩。"

毛泽东不仅婉拒亲友进京谋职的要求，而且严格教育亲属不搞特殊。1950年4月19日，他给杨开慧舅父向明卿复信中说："令侄向钧同志是共产党员，1927年曾任衡山县委书记，是个忠实能干的同志，1927年国民党叛变被捕，光荣殉难。以上这些，先生可以报告湖南省委。"他强调"惟抚恤一事，须统一行之，不能只照顾少数，如省委未能即办，先生亦宜予以体谅。"同年5月27日，他在给当时任湖南省湘乡县县长的刘亚南的信中指出："文家（我的舅父）生活困难要求救济一节，只能从减租和土地中照一般农民那样去解决，不能给予特殊救济，以免引起人民不满。"针对亲属中有的来京看望他回乡后，骄傲起来，不大服从地方政府领导，他于1954年4月29日，给石城乡党支部、乡政府写了一封信。信中说：对其亲戚应"完全和众人一样，不能有任何特殊。如有落后行为，应受批评，不应因为他们是我的亲戚就不批评他们的缺点错误。"

"一人不廉，全家不圆"，每一个家庭一旦和贪污腐败联系起来，那这个家庭就失去了幸福和安宁，再也回不到曾经的完整。我们要抵制腐败，这是为了捍卫家庭、保护亲情、维护幸福，是每一个家庭义不容辞的责任。为了父母、为了子女、为了家庭，廉洁两个字价值千金，不能让人间悲剧一次次上演。在从业中，远离腐败，才是正路。廉洁自律的人，才是真正的爱家之人。

### （二）家人助廉，营造廉洁氛围

家庭既可以是助推腐败的温床，也可以是抵制腐败的坚强柱石。家人助廉，生活可能普通而平淡，但是却可以让我们内心温馨和安宁。俗话说："妻贤夫祸少，子孝父心宽。"家庭是我们这个社会中最基本的单位，是保障每个人能安心工作的根据地。一个人做到廉洁从业，不仅需要廉洁自律，也需要良好的家庭环境。家庭在廉洁从业中起着潜移默化的作用，影响着每个人的廉洁观。为了保证自身廉洁，每个人在工作、生活中，要严格约束自己的子女、亲属，在家庭中培育良好的廉洁风气。

父母助廉。父母都是望子成龙，望女成凤。父母是孩子最早、最重要的启蒙老师，父母的言行无时无刻不影响着子女的行为，父母也是子女最好的榜样，对子女有着潜移默化的影响。因此在子女从业中，父母要做到自身廉洁，并且要时时刻刻提醒子女廉洁，担负起监督子女清廉的责任。在自己的日常生活中，父母一定要低调做人和做事，千万不能仰仗子女的名声，要理解子女，把廉洁当成他们对父母最大的孝顺。一旦发现子女出现廉洁方面的错误，不应该包庇，要及时纠正他们的错误行为，做到父母助廉。

《陶母戒子》中提到："汝为吏，以官物见饷，非惟不益，乃增吾忧也。"这句话说的是东晋的陶侃，在青年时期作过监察鱼梁事务的小官，曾派人送一陶罐腌鱼给母亲。他母亲把原罐封好交给送来的人退还，同时附了一封信责备陶侃，说："你作小官，拿公家的东西来塞给我，不但对我毫无裨处，反倒使我担心，给我增添了忧虑。"陶侃读毕妈妈来信，羞愧悔恨交加。自此以后，严母训导铭记在心，其后为官40年，审慎履职，持之以恒。陶母教育儿子要做一个正直、清廉的人，不应该贪图公家的便宜，要公私分明。

伴侣助廉。伴侣应该在生活和工作中扮演"贤内助"的角色，如果真的是爱对方，就一定要监督他、提醒他。我们经常说"枕边风"，大量事实证明，枕边风有两种：一种是廉洁之风，劝导和监督自己的伴侣清正廉洁；另一种是贪污腐败之风，指伴侣不但不规劝反而怂恿甚至帮助腐败。在家庭生活中，配偶要积极地营造健康的家庭氛围，少一些生活的抱怨，多一些理解，以此来促进家庭成员的清正廉洁。我们可以看到在一些重大的贪污腐败案件中，很多贪官背后都活跃着一批"贪内助"。这些"贪内助"在他们走向深渊的过程中起着推波助澜的作用，真是"家有贪妻，祸从天降"。大多数贪官背后都有一个贪婪的妻子，形成了现在所谓的"夫受贿必涉妻的现象。"

子女助廉。近年来"官二代""富二代"坑爹事件越来越多，一些子女仰仗父母的名声和财富，过着骄奢淫逸的生活。多少人贪污受贿并不是为了自己，而是为了给自己的子女留下充足的财产。但对于子女来说，父母留给我们的万贯家财，不如留给我们一身本事和良好的品行。陶行知说过："千教万教，教人求真；千学万学，学做真人。"父母应该培养孩子正确的世界观、人生观和价值观。在正确的廉洁观的影响下，子女也会养成廉洁的习惯，父母会成为子女廉洁自律的一面镜子。作为子女，要养成良好的消费习惯，不和他人攀比，不搞特殊，不贪图金钱和名利，一切都要靠自己的努力，只为父母争光，不为父母抹黑。子女在家庭中的角色是重要的，同样一句话，外人说的效果与子女说的效果可能就会不一样，我们应该向天真无邪的孩子学习，净化家风。

### "爸爸我爱你，你别做贪官"

安徽凤阳小岗村的党委书记沈浩，被人们亲切地称为永远的"第一书记"。是因为他心中永远装着百姓，一心一意为人民群众谋发展、办实事；亲近老百姓，到困难群众家里嘘寒问暖。他做的都是一个村干部应该做的事。但他在这个岗位上做到了不平凡，做到了人民群众要为他修建雕塑，让他永远留在小岗村。他清正廉洁，成为先进典型。他所以能够如此，既因党组织的教育，也与亲人的帮助有关。特别值得一提的是沈浩的女儿。沈浩去小岗村工作时，他10岁的女儿送给他一张照片，背后写的临别赠言是："爸爸我爱你，你别做贪官。"女儿为什么要这样写，我们不得而知。估计，这是他们家里时常谈论的话题。沈浩一直把这张照片摆在办公桌上，一年到头看着它。它和她带给沈浩的是温馨，是激励，是责任。

国廉则安，家廉则宁。家庭的作用是巨大的，在这里我们可以获得归属感、支持感和信任感，可以与家人分享快乐，分担痛苦。每个人都有自己的亲人，家庭是一个人世界观、人生观和价值观形成的重要场所，家庭成员要想方设法地助廉，在防腐方面充分发挥自己的作用，决不能扮演帮腐的角色。家庭中的每一位成员都应该树立正确的廉洁观，不断地加强思想道德教育，自觉地同腐败行为做斗争。

### （三）让廉洁之风入驻每个家庭

中国共产党确立了立党为公、执政为民的信念，老一辈无产阶级革命家还树立了不享受任何特权的清廉之风。刘少奇同志曾经专门召开家庭会议，规定家人不准借他的名义去办事。老一辈革命家是我们学习的榜样，我们也应该让这种廉洁之风进驻每个家庭，在家中要弘扬"克勤于邦，克俭于家"的传统美德，为我国的廉政建设奠定稳固的基础，保证家庭的幸福和事业的顺利。

为了进一步加大对家庭成员的教育和宣传力度，让家庭成员们能够自觉地加强学习，提高自身素质，当好拒腐防变的捍卫者，我们可以通过多种方式让廉洁之风入驻各个家庭。比如廉洁短信、广场电影、"廉内助"教育、"家庭助廉"知识问答比赛、廉洁文艺会演以及座谈会，让每个家庭成员明白腐败对国家、社会、家庭和个人所产生的严重危害，宣传家庭助廉的重要意义，以此树立良好的家风。

## 廉洁之风的宣传形式

廉洁短信:"有事请到办公室谈……我爸说这是不正之风……祝妇女节快乐!"在3月8日妇女节这天,四川宜宾县500余名副科级以上领导干部及家属手机上都收到了这样一条漫画彩信。"每逢节假日,我手机上都会收到县纪委发来的廉政短信,提醒我要当好家庭的监督员。廉政短信已成为我的定时闹钟了。"该县一位局长家属如是说。自廉政短信平台开通以来,该县已发出廉政短信112条,受教育干部及家属达30000余人次。

助廉知识问答:家庭成员能够定期举办一次"家庭助廉"的知识问答比赛,成员之间及时沟通、交流思想,进一步宣传普及廉政知识,为家庭助廉工作的开展创造良好氛围。

廉洁文艺会演:可以开展以反腐倡廉为主题的戏曲、小品、演讲、诗歌朗诵、歌曲、书画大赛及文艺会演等群众参与率高、声势较大的、群众喜闻乐见的宣传教育活动,营造廉荣贪耻的良好氛围。2014年12月19日,四川龙马潭区小街子小学的小学生们自编自演了"献给父母的廉政歌"等节目,感染了该区身为国家公务员的数十名家长代表。活动中,家长还与孩子们"拉钩"承诺廉洁从政,拒腐防变,一百年不许变。

廉洁座谈会:2013年8月1日,绥宁县县纪委、县监察局联合县妇联组织县政府各局及部分重点单位党政"一把手"的配偶召开"廉嫂话廉洁,齐心促和谐"家庭助廉座谈会。当天,32名"一把手"的配偶参观了县看守所在押犯人的生活环境,现场感受失去自由的滋味;听取了近年来全县职务犯罪典型案件的讲解,在心灵上产生强烈的震撼;观看了廉政教育警示片"马德落马警示录",对马德利用职务便利伙同爱人田雅芝共同收受贿赂最终走上犯罪道路的惨痛教训留下了深刻印象。在座谈会上,"一把手"配偶们踊跃发言,畅谈感受,纷纷表示将牢固树立正确的价值观、权力观,知足常乐,见贤思齐"把后门",帮助配偶"把前门"。通过召开座谈会,使配偶们进一步增强了支持爱人廉洁从政的意识。

一个家庭的幸福,靠的是家庭成员一起的努力,拥有万贯家财和至高无上的权力不一定就意味着幸福。贪污腐败毁掉的是这个家庭的幸福,只有保证廉洁,才能使家庭永久的幸福。如何才能守住这份幸福，这就需要每个家庭培养良好的家风，各成员要时刻督促家人自省、自重、自查，做到一身正气，两袖清风。

《大学》中说："古之欲明明德于天下者，先治其国；欲治其国者，先齐其家。"只有树立清正廉洁的家风，才能打造坚实的廉洁墙。

中央电视台曾经播放过一个公益广告："人生如舞台，庄严体面地退场和光亮隆重地出场，显得同样的精彩。只要清白做人，干净做事，幸福和平安将永伴一生。"我们每个人都信心满满地出场，也希望在从业过程中能够永葆廉洁，使我们能庄严体面地退场，给职业生涯画上一个完美的句号。这一切需要我们内外兼修，内在来说要提高自身修养，外在要接受家庭、社会以及国家等各方面的监督。廉洁从业，从我做起、从小事做起、从守法做起、从家做起，只有这样，才能真正拥有长久的职业和永恒的幸福。

# 参考文献

[1] 宋希仁. 做一个廉洁自律的人：中华廉洁自律名言点评. 北京：中国方正出版社，2013.

[2] 黄凤芝. 陶行知廉洁文化教育读本. 北京：中国方正出版社，2011.

[3] 杭州上城区教育局. 敬廉崇洁启蒙教育. 北京：中国方正出版社，2011.

[4] 海容. 政治的尊严，北京：中国监察出版社，2007.

[5] 向亚云，万金芳. 怎样创建廉洁家庭——现代家庭助廉教育读本，北京：中国言实出版社，2011.

[6] 中央文献研究室，论群众路线——重要论述摘编. 北京：中央文献出版社、党建读物出版社，2013.

[7] 黄苇町，王长江，从苏共垮台看腐败，理论前沿，1999（13）.

[8] 李庄，袁昭，聚焦中南海——党和国家发展大局至关重要若干问题解析，北京：人民出版社，2011.

[9] 八个怎么办？政策解读、典型案例及深度思考，北京：中国言实出版社，2011.

[10] 郎遥远. 中国涅槃，上海：上海三联书店，2014.

[11] 赵清城. 新时期党的基层组织工作实务（纪检工作）. 北京：中共党史出版社，2005.

[12] 习近平，刘云山，张高丽. 党的十八届三中全会《决定》学习辅导百问. 北京：学习出版社，党建读物出版，2013.

[13] 赵成森，朱丽均，周宜今，纪检监察工作实务全书. 北京：兵器工业出版社，2001.

[14] 中共中央宣传部，习近平总书记系列重要讲话读本．北京：学习出版社、人民出版社，2014．

[15] 加强校园廉政文化建设［EB/OL］．［2017 － 09 － 6］．http：//wenku．baidu．com/view/4959923d0912a21614792944．html．

[16] 斯阳，王华俊，韦敏，李琳．高校廉政文化建设的现状、不足及对策［J］．廉政文化研究，2012（1）：53—57．

[17] [瑞典]英·卡尔松，[奎亚那]什·兰法尔．赵仲强，李正凌译．天涯若比邻———全球治理委员会的报告[M]．北京：中国对外翻译出版公司，1995：2．

[18] The Commissionon Global Governance．Our Global Neighborhood[M]．Oxford:Oxford University Press，1995:105．

[19] [美]詹姆斯·罗西瑙．刘小林，张胜军译．没有政府的治理[M]．南昌：江西人民出版社，2001．

[20] 俞可平．全球化：全球治理[M]．北京：社会科学文献出版社，2003．

[21] 俞可平．全球治理引论[J]．马克思主义与现实，2002（1）：23．

[22] 联合国反腐败公约序言[M]．北京：社会科学文献出版社，2003．

[23] 胡鞍钢．腐败与发展[J]．决策与信息，2004（1）

[24] 意大利反腐败法[M]．黄风，译．北京：中国方正出版社，2013．

[25] 梁木生．论交易型腐败的理性预防[J]．理论与改革，2002（5）．

[26] 陈艳莹，等．中介机构、寻租网络与交易型腐败：中国省份面板数据的实证研究[J]．南开经济研究，2010（2）．

[27] 肖滨，黄迎虹．发展中国家反腐败制度建设的政治动力机制———基于印度制定“官员腐败调查法”的分析[J]．中国社会科学，2015（3）．

[28] 晏子．晏子春秋[M]．北京：中华书局，2008．

[29] 庄子．庄子[M]．北京：北京时代华文书局，2014．

[30] 庄子．庄子[M]．北京：北京时代华文书局，2014．

[31] 王仲田．现代化中权力的腐败与廉政建设[J]．社会主义研究，1994（2）．

[32] 毛泽东．毛泽东选集．第三卷[M]．北京：人民出版社，1967．

[33] 邓小平. 邓小平文选第二卷 [M]. 北京：人民出版社，1994.

[34] 习近平. 党的群众路线教育实践活动工作会议召开习近平发表重要讲话.

[35] 中共中央文献研究室. 习近平关于党风廉政建设和反腐败斗争论述摘编 [M]. 北京：中央文献出版社、中国方正出版社出版，2015 年.

[36] 习近平. 习近平在十八届中央纪委第二次全会上发表重要讲话 [DB/OL]. http://news.xinhuanet.com/politics/2013-01/22/c_114461056.htm

[37] 中国共产党巡视工作条例. [Z]. 北京：中国方正出版社，2015.

[38] 建立健全教育、制度、监督并重的惩治和预防腐败体系实施纲要 [M]. 北京：中国方正出版社，2005.

[39] 习近平在会见第一届全国文明家庭代表时强调动员社会各界广泛参与家庭文明建设推动形成社会主义家庭文明新风尚 [N]. 人民日报，2016-12-13（1）

[40] 钱穆. 国史大纲 [M]. 修订本. 北京：商务印书馆，1994.

[41] 陈宏谋. 五种遗规 [M]. 北京：中国华侨出版社，2012.

[42] 庄明辉，章义和. 颜氏家训译注 [M]. 上海：上海古籍出版社，2006.

[43] 雍正，等. 圣谕广训衍说·尚节俭以惜财用 [M]. 刻本. 广州：官刻，1908（清光绪戊申）.

[44] 习近平. 在第十八届中央纪律检查委员会第六次全体会议上的讲话 [N]. 人民日报，2016-05-03（2）.